Hernandes Dias Lopes

1, 2, 3 JOÃO
Como ter garantia da salvação

© 2010 por Hernandes Dias Lopes

1ª edição: junho de 2010
10ª reimpressão: março de 2021

REVISÃO
João Guimarães
Doris Körber

DIAGRAMAÇÃO
Sandra Reis Oliveira

CAPA
Claudio Souto (layout)
Equipe Hagnos (adaptação)

EDITOR
Aldo Menezes

COORDENADOR DE PRODUÇÃO
Mauro Terrengui

IMPRESSÃO E ACABAMENTO
Imprensa da Fé

As opiniões, as interpretações e os conceitos emitidos nesta obra são de responsabilidade do autor e não refletem necessariamente o ponto de vista da Hagnos.

Todos os direitos desta edição reservados à
EDITORA HAGNOS LTDA.
Av. Jacinto Júlio, 27
04815-160 — São Paulo, SP
Tel.: (11) 5668-5668

E-mail: hagnos@hagnos.com.br
Home page: www.hagnos.com.br

**Dados Internacionais de Catalogação na Publicação (CIP)
Câmara Brasileira do Livro, SP, Brasil**

Lopes, Hernandes Dias

1, 2, 3João: Como ter garantia da salvação / Hernandes Dias Lopes. — São Paulo: Hagnos, 2010. (Comentários Expositivos Hagnos)

ISBN 978-85-7742-073-5

Bibliografia

1. Bíblia. NT - João: Crítica e Interpretação 2. Salvação I. Título

10-03549   CDD-226.506

Índices para catálogo sistemático:
1. Epístolas Joaninas: Interpretação e Crítica   226.506

Editora associada à:

Dedicatória

DEDICO ESTE LIVRO à irmã Clarice Robles Egea, amiga preciosa, sábia conselheira, fiel cooperadora, intercessora incansável, bálsamo de Deus em nossa vida, família e ministério.

Sumário

Prefácio	7
1. Uma introdução à Primeira Carta de João	11
2. Jesus, a manifestação de Deus entre os homens *(1Jo 1.1-4)*	35
3. Como o homem pecador pode ter comunhão com o Deus santo *(1Jo 1.5-10)*	55
4. Jesus, o advogado incomparável *(1Jo 2.1,2)*	77
5. Como conhecer um cristão verdadeiro *(1Jo 2.3-11)*	95
6. Como podemos ter garantia de que somos cristãos verdadeiros *(1Jo 2.12-17)*	113
7. Quando a heresia ataca a igreja *(1Jo 2.18-29)*	133
8. Razões imperativas para uma vida pura *(1Jo 3.1-10)*	151

9. O amor, a apologética final   167
(1Jo 3.11-24)

10. Como podemos conhecer um verdadeiro cristão   185
(1Jo 4.1-21)

11. As certezas inabaláveis do crente   207
(1Jo 5.1-21)

12. Como viver à luz da verdade   229
(2Jo 1-13)

13. A liderança na igreja de Cristo   249
(3Jo 1-15)

Prefácio

As três cartas do apóstolo João têm uma mensagem solene e urgente para a igreja contemporânea. Os problemas que motivaram o idoso apóstolo a escrevê-las ainda atingem a igreja hoje. Os tempos mudaram, mas o homem é o mesmo. Os problemas podem ter aspectos diferentes, mas em essência são os mesmos.

O Evangelho de João foi escrito para que as pessoas cressem que Jesus é o Cristo, o Filho de Deus, e para que, crendo, pudessem ter vida em seu nome (Jo 20.31). A Primeira Carta foi escrita com o propósito de dar garantia aos que creram em Cristo acerca da certeza da salvação (1Jo 5.13). A Segunda Carta foi escrita para alertar a igreja sobre o perigo dos falsos mestres e a Terceira Carta para alertar a igreja sobre o perigo dos falsos líderes.

Nessas cartas, o apóstolo João apresenta três provas irrefutáveis que identificam um indivíduo verdadeiramente salvo:

A primeira prova é a prova doutrinária, ou seja, a fé em Cristo. Aquele que nega que Jesus veio em carne e nega que Jesus é o Cristo não procede de Deus. Esse é o enganador e o anticristo. Ninguém pode se considerar cristão negando a encarnação de Cristo. Ninguém pode ser salvo negando a doutrina da natureza divino-humana de Cristo. Jesus Cristo não é meio Deus e meio homem. Ele é Deus-Homem.

O apóstolo João deixa claro que o ensino gnóstico acerca de Jesus estava absolutamente equivocado. Os gnósticos faziam distinção entre o Jesus histórico e o Cristo divino. Para eles, o Cristo veio sobre Jesus no batismo e saiu dele antes da crucificação. O ensino gnóstico era uma perversão da verdade, uma heresia que a igreja deveria rechaçar.

A segunda prova que evidencia um verdadeiro cristão é a prova social, ou seja, o amor. Quem não ama não é nascido de Deus. Quem não ama permanece nas trevas. Quem não ama permanece na morte. Quem não ama jamais viu a Deus, porque Deus é amor. Não podemos separar a nossa relação com Deus da nossa relação com os irmãos. Quem não ama a seu irmão, a quem vê, não pode amar a Deus a quem não vê. Também, o amor cristão não consiste apenas de palavras, mas, sobretudo, de ação. A prova do amor é o serviço. Demonstramos nosso amor não com palavras, mas com ações concretas de ajuda aos necessitados. O amor é a apologética final, a evidência insofismável de que somos discípulos de Cristo.

A terceira prova que evidencia um verdadeiro cristão é a prova moral, ou seja, a obediência. Aqueles que creem em Cristo e amam a Cristo devem andar assim como ele andou. O credo precisa estar sintonizado com a vida. O que cremos precisa desembocar naquilo que fazemos. Não pode existir um abismo entre a teologia e a ética, entre a fé e as obras, entre o que falamos e o que fazemos.

O contexto das três cartas mostra uma igreja assediada pelos falsos mestres. Muitos desses falsos mestres saíram de dentro da própria igreja (1Jo 2.19) e se corromperam teológica e moralmente. O apóstolo Paulo havia alertado para essa possibilidade (At 20.29,30). A heresia é nociva. Ela engana e mata. Não podemos ser complacentes com o erro. Não podemos tolerar a mentira. Não podemos apoiar a causa dos falsos mestres.

Hoje, ainda, há muitos falsos profetas, muitos falsos mestres e muito engano religioso. A igreja evangélica brasileira tem sido condescendente com muitos ensinos forâneos à Palavra de Deus. Novidades estranhas às Escrituras têm encontrado guarida nos redutos evangélicos. Precisamos nos acautelar. Precisamos nos firmar na verdade para vivermos de modo digno de Deus.

A verdade é inegociável. Os absolutos de Deus não podem ser relativizados. Precisamos convocar a igreja evangélica brasileira a voltar-se para as Escrituras. Precisamos de uma nova Reforma. Precisamos de um reavivamento nos púlpitos e nos bancos!

Hernandes Dias Lopes

Capítulo 1

Uma introdução à Primeira Carta de João

A Primeira Carta de João, segundo alguns estudiosos, ocupa o lugar mais elevado nos escritos inspirados, a ponto de João Wesley chamá-la de "a parte mais profunda das Escrituras Sagradas".[1] William MacDonald diz que essa epístola é como um álbum de família. Ela descreve aqueles que são membros da família de Deus. Assim como os filhos refletem os pais, os filhos de Deus têm a sua semelhança. Quando um indivíduo se torna filho de Deus, ele recebe a vida de Deus, ou seja, a vida eterna.[2]

Essa epístola não tem as características normais de uma carta antiga.[3] Simon Kistemaker corretamente afirma que essa carta é desprovida do nome do remetente e dos destinatários, de saudações e bênção e de lugar de origem e destino. Essa epístola poderia ser chamada de tratado teológico.[4]

William Barclay coloca isso de forma ainda mais clara:

> A Primeira Carta de João se denomina uma carta, mas não começa nem termina como tal. Não principia com um destinatário nem finaliza com saudações como ocorre com as cartas de Paulo, no entanto, não se pode lê-la sem perceber seu caráter intensamente pessoal.[5]

Augustus Nicodemus, nessa mesma linha de pensamento, diz que existem 21 cartas no cânon do Novo Testamento, e apenas 1João e Hebreus não trazem o prefácio costumeiro no qual o autor se apresenta.[6]

O autor da carta

Há um consenso quase unânime na história da igreja, por meio de evidências externas e internas, que essa carta foi escrita pelo apóstolo João. Muito embora o nome do apóstolo não apareça no corpo da missiva, como acontece em outras epístolas, a semelhança com o quarto evangelho e com as outras duas missivas, no que tange ao vocabulário, ao estilo, ao pensamento e ao escopo não deixa dúvida de que o evangelho e as três cartas podem ser considerados obras do mesmo autor. Donald Guthrie tem razão quando diz que essa carta combina pensamentos profundos com simplicidade de expressão. Ela é tanto prática quanto profunda.[7]

Antes de prosseguirmos, precisamos conhecer o autor dessa epístola. Quem foi João?

Primeiro, João era filho de Zebedeu e Salomé e irmão de Tiago. Seu pai era um empresário da pesca e sua mãe era irmã de Maria, mãe de Jesus. João era galileu e certamente deve ter crescido em Betsaida, às margens do mar da Galileia. Ele, à semelhança de seu pai, também era pescador.

Segundo, João tornou-se discípulo de Cristo. Inicialmente João era discípulo de João Batista, mas deixou suas fileiras para seguir o carpinteiro de Nazaré, o rabino da Galileia. Depois da morte de João Batista, João abandonou suas redes para integrar o grupo de Jesus permanentemente (Mc 1.16-20), tornando-se mais tarde um dos doze apóstolos (Mc 3.3-19).

Terceiro, João tornou-se integrante do círculo mais íntimo de Jesus. Ao lado dos irmãos Pedro e Tiago, João integrava esse grupo seleto que desfrutava de uma intimidade maior com Jesus. Eles acompanharam Jesus no monte de Transfiguração (Lc 9.28), na casa de Jairo (Lc 8.51), onde Jesus ressuscitou sua filha de 12 anos, e também no Jardim do Getsêmani, na hora mais extrema da sua agonia (Mc 14.33).

Desses três apóstolos, João é o único que encostou a cabeça no peito de Jesus e foi chamado de discípulo amado. No quarto evangelho, João se refere a si mesmo como: "discípulo", "outro discípulo", "o discípulo a quem Jesus amou", "aquele que se reclinou sobre o peito de Jesus". Esse foi o caminho mais modesto de João apresentar-se.[8]

Quarto, João acompanhou o julgamento e a crucificação de Jesus. Enquanto os outros apóstolos fugiram, João, que era aparentado do sumo sacerdote, pôde estar presente no julgamento de Jesus (Jo 18.15,16) e em sua crucificação, quando assumiu a responsabilidade pela mãe de Jesus (Jo 19.26,27).

Quinto, João foi uma testemunha ocular da ressurreição e da ascensão de Cristo. Ele foi um dos primeiros a ver o túmulo de Jesus vazio (Jo 20.1-8) e a testemunhar o Cristo ressurreto, primeiro na casa com as portas trancadas (Jo 20.19-28) e, depois, no mar da Galileia (Jo 21.1-24). Quando Jesus foi assunto aos céus, João estava entre os discípulos que olhavam para as alturas enquanto Jesus subia (At 1.9-11). O autor é testemunha ocular e ouvinte de Jesus (1.2). Ele viu, ouviu e tocou em Jesus.

Sexto, João tornou-se uma das colunas da igreja de Jerusalém. Por volta do ano 40 d.C., quando Paulo e Barnabé subiram a Jerusalém, Tiago, Cefas e João eram considerados colunas da igreja de Jerusalém (Gl 2.6-10). Muito embora não tenhamos nenhum registro de milagre operado por ele, tinha a autoridade de dizer como Pedro ao paralítico: "Olha para nós" (At 3.4).

Sétimo, João passou seus últimos dias em Éfeso. É muito provável que João tenha fugido para Éfeso por volta do ano 68 d.C., antes da destruição da cidade de Jerusalém por Tito Vespasiano em 70 d.C. Dali ele foi banido para a Ilha de Patmos pelo imperador Domiciano, onde escreveu o livro de Apocalipse (Ap 1.9).

João morreu de morte natural, enquanto todos os outros apóstolos foram martirizados. Seu irmão Tiago foi o primeiro dos apóstolos a morrer enquanto João foi o último. De acordo com Ireneu, o apóstolo João viveu "até o tempo de Trajano". João morreu por volta do ano 98 d.C., durante o reinado do imperador Trajano (98-117 d.C.).

O apóstolo João foi o autor desta carta que estamos considerando. Destacaremos duas evidências de autoria joanina:

Em primeiro lugar, *as evidências externas*. Os pais da igreja do segundo século, como Policarpo (69-155), Papias (60-130), Clemente de Alexandria (150-215), e Ireneu

(150-200) dão testemunho eloquente da autoria joanina dessa missiva.[9] Tertuliano, no começo do terceiro século, Cipriano, nos meados do terceiro século, e Eusébio, no quarto século, também dão testemunho que João foi o autor desta carta. Todas as três epístolas se acham nos manuscritos mais antigos. A primeira epístola está incluída também nas mais antigas versões da igreja do Oriente e do Ocidente, a saber, a Siríaca e a Latina.[10] O Cânon Muratório atribui a João tanto o evangelho como esta primeira carta.[11]

Em segundo lugar, *as evidências internas*. A Primeira Carta de João tem forte semelhança com o evangelho segundo João. É impressionante a semelhança entre o evangelho de João e as epístolas quanto aos paralelos verbais e à escolha de palavras. O vocabulário tanto nas epístolas quanto no evangelho mostra semelhança inconfundível. Ambos os livros enfatizam os mesmos temas: amor, luz, verdade, testemunho e filiação. Tanto a epístola quanto o evangelho revelam o uso literário de contraste: vida e morte, luz e trevas, verdade e mentira, amor e ódio.[12]

Embora C. H. Dodd tenha questionado e negado estas semelhanças, concordo com John Stott quando diz que as diferenças existentes entre o evangelho e a carta são explicadas pelo propósito diferente que o autor tinha ao escrever cada uma dessas obras.

Assim escreve Stott:

> João escreveu o evangelho para incrédulos a fim de despertar-lhes a fé (Jo 20.30,31), e a epístola para crentes, a fim de aprofundar a certeza deles (5.13). O seu desejo, quanto aos leitores do evangelho, era que pela fé recebessem a vida; aos leitores da epístola, que soubessem que já a possuíam. Por conseguinte, o evangelho contém "sinais" para evocar a fé, e a epístola, provas para julgá-la. Ademais, no evangelho os inimigos da verdade são judeus incrédulos, que duvidavam, não

da historicidade de Jesus (a quem eles podiam ver e ouvir), mas de que é o Cristo, o Filho de Deus. Contudo, na epístola, os inimigos da verdade são cristãos professos (conquanto as provas dadas por João mostrem que a profissão que fizeram é uma mentira), e o problema deles diz respeito não à divindade de Cristo, mas à sua relação com o Jesus histórico. O tema da epístola é: 'O Cristo é Jesus'; o tema do evangelho é: 'Jesus é o Cristo'.[13]

As semelhanças podem ser observadas tanto com respeito ao conteúdo quanto ao estilo. A Primeira Carta de João, à semelhança de Hebreus, não tem o nome do autor na introdução nem saudações na conclusão. Isso pressupõe que o autor já era uma pessoa muito conhecida de seus leitores e dispensava qualquer apresentação. É uma carta de um pastor que ama as suas ovelhas e está profundamente interessado em protegê-las das seduções do mundo e dos erros dos falsos mestres, e em vê-las firmes na fé, no amor e na santidade.[14]

O local e a data em que a carta foi escrita

Alguns estudiosos acreditam que João escreveu as três cartas canônicas por volta do ano 60 d.C., de Jerusalém, antes da destruição da cidade pelos romanos. A data mais aceita, porém, situa essas cartas em um momento posterior.[15] É muito provável que o apóstolo João, o último representante do colégio apostólico vivo, tenha passado seus últimos dias morando na cidade de Éfeso, a capital da Ásia Menor. É quase certo que João escreveu essa e as outras duas epístolas de Éfeso, onde João pastoreou a igreja nos últimos dias da sua vida.

Simon Kistemaker diz corretamente que as epístolas em si não trazem nenhuma informação que nos ajude a determinar a data de sua composição. Estudiosos normalmente datam a composição das epístolas de João entre 90 e 95 d.C. A razão para isso é o fato de as epístolas terem sido escritas para contra-atacar os ensinamentos do gnosticismo, que estava ganhando proeminência perto do final do século primeiro.[16]

Levando em conta que João escreveu o evangelho que leva seu nome e que há profunda similaridade entre o evangelho e essa carta, concordo com Everett Harrison quando diz que o peso das possibilidades parece favorecer uma data posterior a do evangelho, e isto equivale aos anos 90 ou algo posterior.[17]

Os destinatários da carta

A Primeira Carta de João não foi endereçada a uma única igreja nem a uma pessoa específica, mas às igrejas do primeiro século. Trata-se de uma carta circular, geral ou católica.

Concordo com A. Plummer quando disse que esta carta de João não foi endereçada à igreja de Éfeso, nem à igreja de Pérgamo, nem mesmo às igrejas da Ásia coletivamente, mas a todas as igrejas. Não há dúvida que ela circulou primeiramente entre as igrejas da Ásia e João tinha suas razões para escrevê-la em face dos perigos que atacavam as igrejas daquele tempo. Entretanto, seus ensinos e suas exortações não se restringem àquela época e àquelas igrejas. As doutrinas e exortações são tão oportunas para as igrejas de hoje como o foram para as igrejas daquele tempo.[18]

João não lida com nenhuma situação específica de determinada igreja. Essa carta é uma espécie de tratado teológico, onde João submete os crentes a três testes distintos: o teste teológico, ou seja, se acreditam que Jesus é o Filho de Deus; o teste moral, ou seja, se vivem de forma justa; e o teste social, se amam uns aos outros.[19]

Simon Kistemaker diz que o autor se dirige aos seus leitores com palavras ternas de amor. Os termos *filhinhos* ou *amados* aparecem várias vezes (2.1,12,14,18,28; 3.7,18; 4.4; 5.21) e indicam que o autor é de idade avançada. Como um pai na igreja, ele considera os leitores seus filhos espirituais.[20]

Quando João escreveu essa carta, da cidade de Éfeso, muitos dos cristãos já pertenciam à segunda ou terceira geração. Nessa época, a igreja de Éfeso já havia perdido o seu primeiro amor (Ap 2.4). O amor estava se esfriando (Mt 24.12). O perigo que atacava a igreja não era a perseguição, mas a sedução. O problema não vinha de fora, mas de dentro.

Jesus já havia alertado que "[...] muitos falsos profetas se levantariam, e enganariam a muitos" (Mt 24.11). Paulo já alertara os presbíteros da igreja de Éfeso acerca dos lobos que entrariam no meio do rebanho e de homens pervertidos que se levantariam no meio deles para arrastarem após si os discípulos (At 20.29,30).

Esses falsos mestres saíram de dentro da própria igreja (2.19) para fazer um casamento espúrio entre o cristianismo e a filosofia secular. Esse sincretismo produziu uma perniciosa heresia chamada gnosticismo. É esse perigo mortal que João combate nesta epístola.

Os propósitos da carta

João escreveu o evangelho para os descrentes e seu propósito era que seus leitores cressem que Jesus é o Cristo, o Filho de Deus, e para que, crendo, tenham vida em seu nome (Jo 20.31). A Primeira Epístola, por sua vez, foi escrita aos crentes para dar-lhes segurança da salvação em Cristo (5.13).

Myer Pearlman corretamente diz que o evangelho trata dos fundamentos da fé cristã, a epístola dos fundamentos da vida cristã. O evangelho foi escrito para dar um fundamento da fé; a epístola para dar um fundamento da segurança.[21]

O apóstolo João teve um duplo propósito ao escrever essa carta: Em primeiro lugar, *expor os erros doutrinários dos falsos mestres*. Esses falsos mestres estavam disseminando suas heresias perniciosas. João mesmo diz: "Isto que vos acabo de escrever é acerca dos que vos procuram enganar" (2.26).

João escreveu para defender a fé e fortalecer as igrejas contra os falsos mestres e sua herética doutrina. Esses falsos mestres haviam saído de dentro da própria igreja (2.19). Eles se desviaram dos preceitos doutrinários. João identificou o surgimento de uma perigosa heresia que atacaria implacavelmente a igreja no segundo século, a heresia do gnosticismo.

O gnosticismo era uma espécie de filosofia religiosa que tentava fazer um concubinato entre a fé cristã e a filosofia grega. Os gnósticos, influenciados pelo dualismo grego, acreditavam que a matéria era essencialmente má e o espírito essencialmente bom. Esse engano filosófico desembocou em grave erro doutrinário.

Os gnósticos diziam que o corpo, sendo matéria, não podia ser bom. Por conseguinte, negavam a encarnação de Cristo. Essa posição resultou em duas diferentes atitudes em relação ao corpo: ascetismo ou libertinagem.

William Barclay diz que a ideia de que o celibato é melhor do que o matrimônio e que o sexo equivale a pecado é uma influência das crenças gnósticas. De igual forma, a imoralidade desbragada e a perversão moral que assolam a sociedade contemporânea também são produtos dessa perversa filosofia.[22]

O gnosticismo é termo amplo e abrange vários sistemas pagãos, judaicos e semicristãos. Na origem era pagão, combinando elemento do "intelectualismo ocidental e do misticismo oriental".[23] O gnosticismo é totalmente sincrético em seu gênio, uma espécie de guisado misto teosófico. Ele não hesitou em grudar-se primeiro ao judaísmo e depois ao cristianismo, e em corromper a ambos na mesma ordem.

As principais crenças do gnosticismo são: a impureza da matéria e a supremacia do conhecimento.[24] Com isso, a filosofia gnóstica produziu uma aristocracia espiritual por um lado e uma acentuada imoralidade por outro. O gnosticismo ensinava que a salvação podia ser obtida por intermédio do conhecimento, em vez da fé. Esse conhecimento era esotérico e somente poderia ser adquirido por aqueles que tinham sido iniciados nos mistérios do sistema gnóstico.[25]

O gnosticismo ensinava que o corpo era uma vil prisão em que a parte racional ou espiritual do homem estava encarcerada, e da qual precisava ser libertada pelo conhecimento (*gnosis*). Os gnósticos acreditavam na salvação pela iluminação. Essa iluminação podia ser mediante a comunicação de um conhecimento esotérico em alguma cerimônia secreta de iniciação.

Os iniciados eram os *pneumatikoi*, pessoas verdadeiramente "espirituais", que desprezavam os não iniciados como *psuchikoi*, condenados a uma vida animal na terra.[26]

William Barclay sintetiza esse ponto nas seguintes palavras:

> A crença básica de todo pensamento gnóstico é que só o espírito é bom, e que a matéria é essencialmente má. Assim, o gnosticismo despreza o mundo, porque o mundo é matéria, e todas as coisas criadas do mundo são naturalmente más. Em particular o gnosticismo despreza o corpo: o corpo é matéria, portanto é mau. Prisioneiro dentro do corpo está o espírito, a razão humana. O espírito é uma semente, uma emanação do espírito que é Deus, inteiramente bom. Assim, pois, o propósito da vida deve ser libertar essa semente celestial prisioneira na maldade do corpo; e isso só pode acontecer mediante um complicado e secreto conhecimento e ritual de iniciação que só a fé gnóstica pode administrar. A única tarefa sensata na vida é libertar o espírito da prisão pecaminosa do corpo.[27]

A heresia gnóstica atingiu verdades essenciais do cristianismo. A primeira delas foi a doutrina da Criação. Os gnósticos estavam errados quando afirmavam que a matéria era essencialmente má. Deus criou o mundo e deu uma nota: "Muito bom" (Gn 1.31).

Russell Shedd corretamente afirma que, enquanto o gnosticismo colocou a matéria em oposição a Deus, a Encarnação traz o Deus transcendente para dentro da nossa humanidade. Não é a matéria, em oposição a Deus, o antagonismo fundamental; mas ela é o meio pelo qual Deus se revela no corpo de Cristo. Não é a matéria o obstáculo ao progresso, mas o veículo pelo qual Deus nos salva por meio da cruz e do túmulo vazio.[28]

A segunda verdade que foi afetada pela heresia gnóstica foi a doutrina da Encarnação. Para os gnósticos, era impossível que Deus houvesse assumido um corpo físico, material. Essa heresia em sua forma mais radical é chamada de Docetismo. O verbo grego *dokein* significa "parecer" e os docetistas pensavam que Jesus só parecia ter um corpo.

Afirmavam que seu corpo era um fantasma sem substância; insistiam em que nunca havia tido carne e um corpo humano, físico, senão que era um ser puramente espiritual, que não tinha senão aparência de ter um corpo.[29]

O apóstolo João se levanta contra essa perniciosa heresia com palavras veementes:

> Nisto reconheceis o Espírito de Deus: todo espírito que confessa que Jesus Cristo veio em carne é de Deus; e todo espírito que não confessa a Jesus não procede de Deus; pelo contrário, este é o espírito do anticristo... (4.2,3).

Dentro do Docetismo surgiu uma variante ainda mais sutil e perigosa, liderada por Cerinto, contemporâneo e inimigo do apóstolo João. Ele fazia uma distinção entre Jesus e Cristo; entre o Jesus humano e o Cristo divino. Dizia que Jesus era um homem nascido de uma maneira totalmente natural, que viveu uma vida de particular obediência a Deus e que depois no seu batismo, o Cristo, que era uma emanação divina desceu sobre ele em forma de pomba, capacitando-o a trazer aos homens as novas do Pai, até então desconhecidas. Mas esse Cristo divino deixou o Jesus humano na cruz, e foi embora, antes de sua morte na cruz.[30]

De acordo com essa heresia de Cerinto Jesus morreu, mas Cristo não morreu. Para ele, o Cristo celestial era muito santo para estar em contato permanente com o corpo físico. Dessa maneira, ele negava a doutrina da Encarnação, que Jesus é o Cristo, e que Jesus Cristo é tanto Deus como homem.[31]

João se levanta, e refuta também essa heresia de Cerinto, quando escreve: "Este é aquele que veio por meio de água e sangue, Jesus Cristo; não somente com água, mas também com a água e com o sangue..." (5.6). O ponto deste versículo é que os mestres gnósticos haviam concordado que o Cristo divino havia descido a Jesus por meio da água, ou seja, mediante o batismo, mas negavam que houvesse vindo mediante o sangue, ou seja, por intermédio da cruz. Para eles, o Cristo divino abandonara a Jesus antes de sua crucificação. O apóstolo João afirma, entretanto, que Jesus Cristo veio por meio de água e sangue.

Russell Champlin diz que essa heresia foi tão devastadora que oito livros do Novo Testamento foram escritos para combatê-la: Colossenses, 1 e 2Timóteo, Tito, 1, 2, 3João e Judas.[32]

Augustus Nicodemus destaca o fato de que esses ensinamentos heréticos que negavam a humanidade e a divindade de Cristo foram posteriormente rejeitados pela igreja nos concílios de Niceia e Calcedônia, que adotaram o ensino bíblico da perfeita humanidade e divindade de Cristo.[33]

Em segundo lugar, *confirmar os verdadeiros crentes na doutrina dos apóstolos.* João escreve para fortalecer e encorajar os crentes em três áreas essenciais: primeira, a área doutrinária, mostrando a eles que Jesus é o Filho de Deus e que aqueles que creem em seu nome têm a vida eterna (5.13). Segunda, a área moral, mostrando que aqueles que creem em Cristo, são purificados em seu sangue, habitados pelo seu Espírito e apartados do mundo devem, por conseguinte, aguardar a sua vinda, vivendo em santidade e pureza (2.3-6). Terceira, a área social, mostrando que aqueles que foram amados por Deus devem agora, como prova do seu amor por Deus, amar os irmãos (4.20,21). Esse amor não é apenas de palavras, mas um amor prático que se evidencia na assistência ao necessitado (3.17,18).

L. Bonnet, citando H. Holtzmann, sintetiza as verdades essenciais dessa carta em quatro pontos distintos: 1) A marcha nas trevas e a marcha na luz (1.5 a 2.17); 2) O erro e a verdade (2.18-28); 3) A justiça e o amor fraternal (2.29 a 3.18); 4) A relação do amor fraternal com a verdadeira fé (3.19 a 5.12).[34]

As principais ênfases da carta

A Primeira Carta de João é marcada por contrastes: luz e trevas, vida e morte, santo e pecador, amor e ódio, Cristo e anticristo. Destacaremos agora, as principais ênfases dessa epístola:

Em primeiro lugar, *ela é uma carta geral*. Essa epístola não foi endereçada a uma igreja específica, mas a todos os crentes. Ela é uma carta escrita de um pai para os seus filhos (2.1,12,18,28; 3.1,7,18,21; 4.1,4,7,11; 5.2,21).

Em segundo lugar, *ela é uma carta apologética*. João combate com ousadia os falsos mestres e suas perniciosas heresias. Os hereges cometiam três erros básicos: doutrinário, moral e social. Eles negavam a realidade da pessoa teantrópica de Cristo, ou seja, sua natureza divino-humana. Negavam a necessidade de uma vida santa como prova do conhecimento de Deus e negavam a prática do amor como evidência da conversão.

João descreve-os com três expressões que chamam a atenção para a sua origem diabólica, sua influência perniciosa e seu falso ensino: eles são falsos profetas (4.1), enganadores (2Jo 7) e anticristos (2.18).

Donald Guthrie tem razão quando diz que a heresia gnóstica, ao negar a humanidade de Cristo, atacava o próprio coração do cristianismo, porque se Cristo não se tornou homem e não morreu, então a expiação não foi feita e se ela não aconteceu, então estamos ainda debaixo da condenação do pecado.[35]

John Stott tem razão quando diz que João não está ensinando novas verdades, nem lançando novos mandamentos; os hereges é que são os inovadores. A tarefa de João consiste em fazê-los recordar o que já conhecem e possuem. A epístola é um comentário do evangelho, um sermão cujo texto é o evangelho.[36]

Em terceiro lugar, *ela é uma carta de segurança espiritual*. A expressão: "nós sabemos" é usada nessa carta treze vezes para dar segurança aos crentes. A epístola garante aos crentes que Deus enviou seu Filho ao mundo para salvar o homem, acentuando a doutrina da Encarnação. A carta assegura aos crentes que aqueles que creem têm a vida eterna.

John Stott, citando Robert Law, fala sobre as três grandes provas da vida, ou as três provas cardinais com as quais podemos julgar se possuímos ou não a vida eterna: a primeira é teológica, se cremos que Jesus é "o Filho de Deus" (3.23; 5.6,10,13). A segunda prova é moral, se estamos praticando a justiça e guardando os mandamentos de Deus (1.5; 3.5). A terceira prova é social, se nos amamos uns aos outros. Desde que Deus é amor e todo amor vem de Deus, é claro que uma pessoa sem amor não conhece a Deus (4.7,8).[37]

Em quarto lugar, *ela é uma carta de testes*. Essa carta foi escrita para dar teste após teste aos crentes, pelos quais eles pudessem provar se conheciam ou não a Deus. L. Bonnet tem razão quando diz que a vida em Deus é apresentada por João em contraste absoluto com a vida do mundo. O homem está na luz ou nas trevas; na verdade ou na mentira; ama ou aborrece; está completamente dominado pelo amor do mundo ou pelo amor do Pai; é filho de Deus ou filho do diabo.[38]

Em quinto lugar, *ela é uma carta pessoal e espiritual.* Muito embora essa epístola esteja repleta de doutrina, a ênfase é sobre a justiça pessoal, a pureza, o amor e a lealdade a Jesus Cristo, o Filho de Deus.

Simon Kistemaker diz que os falsos profetas que negam a doutrina central a respeito da pessoa de Cristo também desenvolvem uma visão distorcida do pecado e da lei. Afirmam, por exemplo, que estão livres de pecado (1.8) e tornam conhecido o fato de não terem pecado (1.10). Negam que a comunhão com Deus exija a prática da verdade (1.6). Recusam-se a seguir o exemplo que foi deixado por Jesus durante seu ministério na terra (2.6). Afirmam estar em comunhão com Deus, mas continuam a andar em trevas (1.6) e dizem conhecer a Deus, mas não estão dispostos a obedecer aos seus mandamentos (2.4).[39]

Em sexto lugar, *ela é uma carta que enfatiza o amor.* O amor a Deus e o amor aos irmãos caminham juntos (2.7-11; 3.1-3; 3.11-17; 3.23; 4.7-21). Quem não ama vive nas trevas. Quem não ama não conhece a Deus. A prova do nosso amor por Deus é o nosso amor ao irmão (4.20,21).

Concordo com John MacArthur quando diz que o zelo pela verdade deve ser contrabalançado pelo amor às pessoas. Não há honradez alguma na verdade sem o amor; ela não passa de *brutalidade*. Entretanto, não há caráter algum no amor sem a verdade; ele não passa de *hipocrisia*.[40]

Aqui cabe bem a seguinte história concernente a João: quando o apóstolo chegou a uma idade muito avançada e somente com dificuldade podia ser transportado à igreja nos braços dos seus discípulos, e estava fraco demais para poder proferir exortações extensas, nas reuniões dizia apenas: "Filhinhos, amai-vos uns aos outros".[41]

Em sétimo lugar, *ela é uma carta que enfatiza a essência do próprio Deus.* João diz duas coisas muito importantes acerca do ser de Deus. "Deus é luz, e não há nele treva nenhuma" (1.5). Deus é amor e por causa desse amor ele nos enviou seu Filho para nos redimir do pecado (4.7-10,16).

Em outras palavras Deus é luz e se revela; Deus é amor e se entrega a si mesmo.[42] Deus é a fonte de luz para a mente e a fonte de calor para o coração dos seus filhos.[43]

Em oitavo lugar, *ela é uma carta que enfatiza a divindade de Cristo.* João combate os hereges gnósticos mostrando que Jesus é o Filho de Deus, o Messias prometido, o ungido de Deus (1.7; 2.1,22; 3.8; 4.9,10,14,15; 5.1,9-13,18,20). Já na introdução de sua primeira epístola, João ensina sobre a humanidade e a divindade de Jesus Cristo. Os falsos profetas negavam que Jesus é o Cristo (2.22) e que ele é o Filho de Deus (2.23; 4.15).

Concordo com William Barclay quando diz que afirmar que Jesus é o Filho de Deus é preservar sua relação com a eternidade; mas dizer que é o Cristo, o Messias, é conservar sua conexão com a História, pois Cristo não emergiu da História, mas da eternidade; para ele é que toda a História aponta.[44]

Em nono lugar, *ela é uma carta que enfatiza a humanidade de Cristo.* Contrariando os ensinos gnósticos que proclamavam que a matéria era essencialmente má, João mostra que Jesus veio em carne (1.1-3,5,8; 4.2,3,9,10,14; 5.6,8,20).

John Stott está coberto de razão quando diz que a mensagem de João está supremamente interessada na manifestação histórica, audível, visível e tangível do Eterno. João está atestando a sua mensagem com a sua experiência pessoal. Não se trata de "[...] fábulas engenhosamente inventadas"

(2Pe 1.16), mas de uma revelação histórica verificada pelos três sentidos superiores do homem: audição, visão e tato.[45]

Em décimo lugar, *ela é uma carta que enfatiza que Jesus é o Salvador*. Jesus morreu pelos pecados dos homens (1.7; 2.1,2; 3.5,8,16; 4.9,10,14). O Pai enviou seu Filho como Salvador do mundo (4.14). Ele manifestou-se para tirar os pecados e nele não existe pecado (3.5). Com respeito ao pecado do homem, Jesus é: primeiro, o nosso advogado junto ao Pai (2.1) e, segundo, a propiciação pelos nossos pecados (2.2; 4.10). Um sacrifício propiciatório restaura a relação quebrada entre duas partes. É um sacrifício que reconcilia o homem e Deus.[46]

Em décimo primeiro lugar, *ela é uma carta que enfatiza o Espírito vivendo dentro do crente*. O Espírito é quem nos faz conscientes de que Deus permanece em nós (3.24) e habita em nós e nós habitamos nele (4.13).

Em décimo segundo lugar, *ela é uma carta que enfatiza a necessidade de separação do mundo*. O amor a Deus e o amor ao mundo são incompatíveis e irreconciliáveis (2.15-17; 3.1,3,13; 4.3-5; 5.4; 5.19). O mundo é hostil a Deus e ao crente (3.1). Os falsos profetas são do mundo e não de Deus, porque falam a linguagem do mundo (4.4,5). Todo o mundo está sob o maligno (5.19). Por isso, o crente deve vencer o mundo pela fé (5.4). Todos os desejos do mundo são passageiros (2.17). Entregar o coração ao mundo que marcha para a destruição é uma verdadeira loucura.[47]

Em décimo terceiro lugar, *ela é uma carta que enfatiza a necessidade de obediência aos mandamentos divinos*. A prova moral de que pertencemos à família de Deus é a obediência (2.3-8,29; 3.3-15,22-24; 4.20,21; 5.2-4,17-19,21). O conhecimento de Deus e a obediência a Deus devem caminhar sempre juntos. Aquele que diz que conhece a

Deus, mas não guarda seus mandamentos é mentiroso (2.3-5). A obediência a Deus é uma das condições para termos nossas orações respondidas (3.22). Somos conhecidos como crentes pela obediência a Deus e pelo amor aos irmãos.

A importância dessa carta para a igreja contemporânea

Os tempos mudaram, mas o homem é o mesmo; as heresias que atacaram a igreja no passado mudaram o vestuário e os cosméticos, mas sua essência é a mesma. Nas palavras de Augustus Nicodemus, "os mesmos erros daquela época se manifestam hoje, usando outra embalagem".[48]

Assim como os falsos mestres saíram de dentro da igreja (2.19), hoje há muitos falsos mestres que estão pervertendo o evangelho dentro das próprias igrejas. A igreja evangélica brasileira é um canteiro fértil onde têm florescido muitas novidades estranhas à Palavra de Deus. Precisamos nos acautelar. Precisamos nos firmar na verdade e saber que todos aqueles que não trazem a doutrina de Cristo são movidos pelo espírito do anticristo. Dentre tantos perigos que atacam a igreja contemporânea, destacamos três: o liberalismo, o misticismo e o pragmatismo.

O liberalismo teológico, que nega a inerrância e a suficiência das Escrituras, tem atacado severamente a igreja em nossos dias, devastando muitas delas. À semelhança dos gnósticos, movidos por uma falsa sabedoria, esses mestres do engano disseminam suas heresias negando as verdades essenciais da fé. Temos as doutrinas liberais da *paternidade universal de Deus* e da *irmandade universal do homem* como exemplos. Essas doutrinas são contrárias às doutrinas da religião cristã. Dizer que todos os credos são igualmente verdadeiros e que estão baseados na experiência é simplesmente retroceder ao agnosticismo.

J. Gresham Machen diz que o protestantismo liberal não é um mero tipo de cristianismo diferente, mas totalmente outra religião.[49] Michael Horton é enfático quando escreve:

> O liberalismo representa a fé na humanidade, ao passo que o cristianismo representa a fé em Deus. O primeiro não é sobrenatural, o último é absolutamente sobrenatural. Um é a religião da moralidade pessoal e social, o outro, contudo, é a religião do socorro divino. Enquanto um tropeça sobre a "rocha de escândalo", o outro defende a singularidade de Jesus Cristo. Um é inimigo da doutrina, ao passo que o outro se gloria nas verdades imutáveis que repousam no próprio caráter e autoridade de Deus.[50]

John MacArthur faz um solene alerta à igreja contemporânea, relembrando os ventos liberais que sopraram sobre a Inglaterra no século 19. Segundo ele, no início do século 20 a pregação da falsa doutrina e do mundo, ou seja, o liberalismo teológico já devastara o cristianismo denominacional em todo o mundo.

A maioria das denominações históricas foi violenta e fatalmente alterada por essas influências. Cem anos após Charles Spurgeon ter soado o alarme na Inglaterra, a maior parte da educação teológica na Inglaterra é completamente liberal. O número de pessoas que frequentam as igrejas é apenas uma fração do que foi na época. Cem anos se passaram, e estamos vendo a história se repetir. A igreja evangélica se tornou mundana; e não apenas mundana, mas conscientemente mundana. Os ventos que comprometeram a doutrina voltam a soprar.[51]

O misticismo sincrético, que acrescenta às Escrituras rituais e práticas estranhas, de igual forma está ganhando mais e mais espaço, força e influência em muitas igrejas na atualidade. O evangelho da graça está sendo substituído pelo misticismo semipagão.

Pregadores inescrupulosos reciclam no laboratório do engano velhas heresias e engendram ainda outras novas para enganar os incautos. Não podemos calar nossa voz diante de crendices que se espalham nas igrejas, onde pregadores supostamente espirituais recomendam aos fiéis colocar um copo d'água sobre o televisor e depois da oração de consagração beber essa água ungida como se ela passasse a ter poderes sobrenaturais.

O pragmatismo tornou-se filosofia de ministério em muitas igrejas. John MacArthur diz que o pragmatismo tem suas raízes no darwinismo e no humanismo secular. É inerentemente relativista, rejeitando a noção dos absolutos – certo e errado, bem e mal, verdade e erro.

Em última análise, o pragmatismo define a verdade como aquilo que é útil, significativo e benéfico. As ideias que não parecem úteis ou relevantes são rejeitadas como sendo falsas.[52] Para o pragmatismo, a verdade não mais importa, e sim os resultados. A fidelidade foi substituída pelo lucro. O sucesso tomou o lugar da santidade. A igreja tornou-se um clube, onde multidões se aglomeram para buscar o que gostam, e não para receber o que precisam.

A mensagem da cruz foi substituída pela pregação da prosperidade. A mensagem do arrependimento foi trocada pelo calmante da autoajuda. As glórias do mundo porvir foram substituídas pelos supostos direitos que o homem exige de Deus nesta própria vida. Por estas e muitas outras razões, estudar a Primeira Carta de João é uma necessidade vital para a igreja contemporânea!

Notas do capítulo 1

1. Blaney, Harvey. *A primeira epístola de João*. Em Comentário Bíblico Beacon. Vol. 10. 2005: p. 287.
2. MacDonald, William. *Believer's Bible commentary*. Thomas Nelson Publishers. Nashville, TN. 1995: p. 2.307.
3. Elwell, Water A. e Yarbrough, Robert W. *Descobrindo o Novo Testamento*. Editora Cultura Cristã. São Paulo, SP. 2002: p. 366.
4. Kistemaker, Simon. *Tiago e epístolas de João*. Editora Cultura Cristã. São Paulo, SP. 2006: p. 263.
5. Barclay, William. *I, II, III Juan y Judas*. Editorial La Aurora. Buenos Aires. 1974: p. 9.
6. Lopes, Augustus Nicodemus. *Primeira carta de João*. Editora Cultura Cristã. São Paulo, SP. 2005: p. 9.
7. Guthrie, Donald. *New Testament introduction*. Intervarsity Press. Downers Grove, IL.1990: p. 858.
8. Tuck, Robert. *The first epistle general of John*. In The Preacher's Homiletic Commentary. Vol. 30. 1996: p. 221.
9. Elwell, Walter A. e Yarbrough, Robert W. *Descobrindo o Novo Testamento*. 2002: p. 367.
10. Stott, John. *I, II, III João: Introdução e comentário*. Edições Vida Nova. São Paulo, SP. 1982: p. 13.
11. Lopes, Augustus Nicodemus. *Primeira carta de João*. 2005: p. 10.
12. Kistemaker, Simon. *Tiago e epístolas de João*. 2006: p. 265,266.
13. Stott, John. *I, II, III João: Introdução e comentário*. 1982: p. 21.
14. Stott, John. *I, II, III João: Introdução e comentário*. 1982: p. 7.
15. MacDonald, William. *Believer's Bible commentary*. 1995: p. 2.307,2.308.
16. Kistemaker, Simon. *Tiago e epístolas de João*. 2006: p. 292.
17. Harrison, Everett. *Introducion al Nuevo Testamento*. TELL. Grand Rapids, MI. 1980: p. 445.
18. Plummer, A. *The epistles of St. John*. In The Pulpit Commentary. Vol. 22. Wm B. Eerdmans Publishing Company. Grand Rapids, MI. 1978: p. 6.
19. Blaney, Harvey. *A primeira epístola de João*. Em Comentário Bíblico Beacon. Vol. 10. 2005: p. 287.
20. Kistemaker, Simon. *Tiago e epístolas de João*. 2006: p. 277.
21. Pearlman, Myer. *Através da Bíblia*. Editora Vida. Miami, FL. 1987: p. 331.
22. Barclay, William. *I, II, III Juan y Judas*. 1974: p. 16,17.

23 Tuck, Robert. *The first epistle general of John.* In The Preacher's Homiletic Commentary. Vol. 30. Baker Books. Grand Rapids, MI. 1996: p. 219.
24 Stott, John. *I, II, III João: Introdução e comentário.* 1982: p. 40.
25 Barton, Bruce B. et all. *Life application Bible commentary on Philippians, Colossians and Philemon.* Tyndale House Publishers. Wheaton. IL. 1995: p. 133.
26 Stott, John. *I, II, III João: Introdução e comentário.* 1982: p. 40,41.
27 Barclay, William. *I, II, III Juan y Judas.* 1974: p. 11,12.
28 Shedd, Russell. *Andai nele.* ABU. São Paulo, SP. 1979: p. 10.
29 Barclay, William. *I, II, III Juan y Judas.* 1974: p. 14.
30 Barclay, William. *I, II, III Juan y Judas.* 1974: p. 15,16.
31 MacDonald, William. *Believer's Bible commentary.* 1995: p. 2.308.
32 Champlin, Russell Norman. *O Novo Testamento interpretado versículo por versículo.* Vol. 5. Guaratinguetá, SP. A Voz da Bíblia. S/d: p. 72.
33 Lopes, Augustus Nicodemus. *Primeira carta de João.* 2005: p. 13.
34 Schroeder, L. Bonnet y A. *Comentario del Nuevo Testamento.* Tomo 4. 1982: p. 301.
35 Guthrie, Donald. *1 John.* In New Bible Commentary. Edited by G. J. Wenham et all. Intervarsity Press. Downers Grove, IL. 1994: p. 1.398.
36 Stott, John. *I, II, III João: Introdução e comentário.* 1982: p. 22.
37 Stott, John. *I, II, III João: Introdução e comentário.* 1982: p. 47.
38 Schroeder, L. Bonnet y A. *Comentario del Nuevo Testamento.* Tomo 4. Casa Bautista de Publicaciones. El Paso, TX. 1982: p. 295,296.
39 Kistemaker, Simon. *Tiago e epístolas de João.* 2006: p. 283,284.
40 MacArthur, John. *Doze homens comuns.* 2004: p. 108.
41 Pearlman, Myer. *Através da Bíblia.* 1987: p. 331.
42 Barclay, William. *I, II, III Juan y Judas.* 174: p. 20.
43 Guthrie, Donald. *1 John.* In New Bible Commentary. Edited by G. J. Wenham et all. 1994: p. 1.398.
44 Barclay, William. *I, II, III Juan y Judas.* 1974: p. 21.
45 Stott, John. *I, II, III João: Introdução e comentário.* 1982: p. 24.
46 Barclay, William. *I, II, III Juan y Judas.* 1974: p. 22.
47 Barclay, William. *I, II, III Juan y Judas.* 1974: p. 23.
48 Lopes, Augustus Nicodemus. *Primeira carta de João.* 2005: p. 16.
49 Machen, J. Gresham. *Cristianismo e liberalismo.* Editora Puritanos. São Paulo, SP. 2001: p. 18.
50 Horton, Michael. *Prefácio à obra cristianismo e liberalismo.* Editado por J. Gresham Machen. 2001: p. VIII.

[51] MACARTHUR, John. *Com vergonha do evangelho.* Editora Fiel. São José dos Campos. 1997: p. 19.
[52] MACARTHUR, John. *Com vergonha do evangelho.* 1997: p. 7.

Capítulo 2

Jesus, a manifestação de Deus entre os homens
(1Jo 1.1-4)

A Primeira Carta de João tem uma mensagem tão urgente e decisiva para a igreja que o apóstolo, deixando de lado as saudações costumeiras, vai direto ao assunto e apresenta Jesus, a manifestação suprema de Deus entre os homens.

João não se detém em detalhes como remetente, endereçamento e saudação quando tem algo tão imenso a declarar. Ele está totalmente focado no propósito de apresentar Jesus aos seus leitores.

Somando a isso, João conhece tão bem seus leitores que pode abster-se de apresentação pessoal. A intimidade com seus leitores é tal que várias vezes se dirige a eles como "filhinhos", "amados", "irmãos" (2.1,12,18; 3.7,18; 4.4; 5.21). João é uma pessoa que possui autoridade e fala como testemunha ocular.[53]

Concordo com Werner de Boor quando diz que João não se denomina "apóstolo" nem reivindica expressamente "autoridade apostólica". Mas as primeiras linhas de sua carta representam uma única exposição do que na verdade é o "apóstolo" e sua autoridade apostólica. O apóstolo é a testemunha original que viu com os próprios olhos e ouviu com os próprios ouvidos, de cujo testemunho vive a igreja crente de todos os tempos.[54]

No primeiro parágrafo (1.1-4) o tema central é Jesus, o verbo da vida. João abre sua carta falando sobre Jesus: Quem é Jesus. Como podemos conhecê-lo. Como ele pode ser experimentado. Como ele deve ser proclamado. Qual a principal razão da sua vinda ao mundo.

A mensagem de João é que Deus não está distante nem indiferente a este mundo, como pensam os gnósticos e deístas. O testemunho de João é que Deus está profundamente interessado neste mundo. Ele enviou seu Filho ao mundo e seu nome é Jesus Cristo, o verbo da vida. Ele é o Messias, o Salvador do mundo.

Não há qualquer sombra de dúvida de que o propósito da carta é anunciar aquele que é, desde o princípio, o verbo da vida, a vida eterna. Aquele que estava com o Pai manifestou-se em carne e foi ouvido, visto e tocado. O propósito da carta é proclamar aquele que veio para revelar o Pai e dar vida aos que estavam mortos. Veio para entrar em comunhão com aqueles que estavam perdidos e mortos. Veio para reconciliar aqueles que estavam separados uns dos outros. Veio para dar alegria perfeita àqueles que estão entregues ao infortúnio de seus pecados.

A mensagem do apóstolo é tanto formativa quanto preventiva. Ao ensinar, também previne a igreja contra a incipiente heresia do gnosticismo que negava tanto a divindade quanto a humanidade de Cristo.

Concordo com Augustus Nicodemus quando diz que João, ao dar testemunho como apóstolo acerca da humanidade e da divindade de Cristo, tinha como propósito que seus leitores permanecessem na unidade da doutrina apostólica. Por conseguinte, desde o preâmbulo da carta confronta as doutrinas errôneas sobre a pessoa de Cristo que os falsos mestres ensinaram nas igrejas da Ásia.[55]

Devemos, à luz desse ensinamento do apóstolo João, de igual modo rejeitar prontamente o ensinamento liberal que separa o Jesus histórico do Cristo da fé, pois nos apegamos à doutrina das Escrituras de que Jesus é o Cristo.[56]

Destacaremos, agora, as verdades essenciais do texto em tela:

A preexistência do verbo de Deus (1.1)

João abre sua missiva, dizendo: "O que era desde o princípio, o que temos ouvido, o que temos visto com os nossos próprios olhos, o que contemplamos, e as nossas mãos apalparam, com respeito ao verbo da vida" (1.1). As primeiras palavras nessa epístola são "o que". Em vez de dizer: "Jesus Cristo, aquele que era desde princípio", João escreve "o que era desde o princípio". O termo *o que* é mais amplo do que *quem*, pois inclui a pessoa e a mensagem de Jesus Cristo.[57]

A palavra grega *arche*, "princípio", pode significar "fonte ou origem" (Cl 1.18; Ap 3.14) e também "poder ou autoridade" (1Co 15.24; Ef 1.21). Jesus é tanto o criador do universo (Jo 1.3; Cl 1.16) como seu governador (Ef 1.20-22).[58]

Fritz Rienecker diz que "o princípio" aqui pode se referir ao princípio da criação ou ao princípio em sentido absoluto, enfatizando a preexistência e o caráter divino de Jesus.[59]

Werner de Boor tem razão quando diz que aqui, *arche*, "princípio" não é apenas o início cronológico. Os latinos reproduziram o termo grego *arche* com *principium*. Deriva daí a palavra "princípio". O que era desde o princípio não significa apenas aquilo que era "inicial", mas também o que é "por princípio", fundamental, original, essencial. É aquilo que existia "antes da fundação do mundo" e embasa toda a existência.[60]

O tempo imperfeito do verbo grego *eimi*, "era", descreve uma ação contínua no passado, enfatizando a preexistência do verbo. Isso indica que ele estava continuamente em existência antes do começo. O uso do verbo grego *eimi* enfatiza que o verbo sempre existiu. Dessa forma, tanto a expressão "O que era desde o princípio" (1.1) como a expressão "[...] a qual estava com o Pai" (1.2) apontam para a preexistência do verbo.

O propósito de João é apresentar Jesus, e ele recua ao princípio e diz que Jesus não apenas estava no princípio, mas era desde o princípio. Ele não começou a existir no princípio. Ele é antes do princípio. Ele é o princípio de todas as coisas. Ele não foi criado, é o Criador. Ele não teve origem, ele é a origem de todas as coisas. Ele não passou a existir, ele é preexistente.

O Filho Eterno era antes de sua manifestação histórica. Ele nunca passou a existir, porque ele sempre existiu em comunhão perfeita com o Pai, na harmonia do amor da trindade divina (5.7; Jo 17.24).

Augustus Nicodemus deixa esse ponto absolutamente claro, quando escreve:

A preexistência de Cristo é um dos temas prediletos de João em seus escritos. No seu Evangelho, ele a enfatiza com frequência. Cristo existia antes de João Batista (Jo 1.15) e mesmo antes de Abraão (Jo 8.58). Antes de vir ao mundo, ele estava com Deus Pai, e compartilhava da sua glória (Jo 17.5,24). Jesus não começou a ser divino apenas depois do seu batismo, conforme ensinavam os mestres gnósticos. Ele já existia antes da criação do mundo. Jesus Cristo não foi criado por Deus Pai em algum tempo antes da criação – ele já existia. O Filho eterno era antes da sua manifestação histórica. Com isso, João não afirmou que Jesus já existia antes da sua encarnação com um corpo físico. João asseverou, sim, que o Jesus homem, que nasceu, viveu entre nós e morreu, já existia antes de nós, pois é Deus Filho.[61]

Como a autoexistência e a eternidade são atributos exclusivos da divindade, concluímos, com diáfana clareza, que Jesus é divino. Essa verdade fica ainda mais clara quando lemos no prólogo do evangelho de João: "No princípio era o verbo, e o verbo estava com Deus, e o verbo era Deus" (Jo 1.1).

O verbo pré-encarnado e preexistente tinha plena comunhão com o Pai antes que houvesse mundo (Jo 17.24). Ele não é uma emanação de Deus, como queriam os gnósticos. Ele não é um ser criado antes da criação de todas as coisas, como ensinou mais tarde Ário de Alexandria e como ensina hoje a seita herética "Testemunhas de Jeová". Ele não é apenas um profeta, como ensina o islamismo. Ele é Deus, eternamente coigual, coeterno e consubstancial com o Pai. Ele é o verbo da vida.

Toda a vida física ou espiritual originam-se dele. Ele é o único mediador da vida de Deus para a criação, em qualquer esfera da criação. Cristo é o Alfa e o Ômega de toda a criação, pois tudo foi criado nele, por ele e para ele.[62]

A humanidade do verbo de Deus (1.1)

João continua: "[...] o que temos ouvido, o que temos visto com os nossos próprios olhos, o que contemplamos, e as nossas mãos apalparam, com respeito ao verbo da vida" (1.1). O Eterno penetrou no tempo e foi manifestado aos homens. O verbo de Deus preexistente, eterno e divino fez-se carne (Jo 1.14).

João dá testemunho de que ele e os demais apóstolos o ouviram, o viram e o apalparam. Usando seus três sentidos mais nobres - a audição, a visão e o tato - testemunham que Jesus não era uma emanação divina, uma espécie de fantasma, como pregavam os docetistas, mas uma pessoa real, com um corpo físico real (Lc 24.39).

Concordo com Simon Kistemaker quando diz que João ensina a doutrina apostólica da ressurreição de Jesus. Fala como testemunha ocular, pois, com seus sentidos naturais, ele e aqueles que estavam com ele viram, ouviram e tocaram Jesus pessoalmente e declararam que o corpo físico ressurreto do Senhor é real.[63]

O verbo grego *etheasametha*, "contemplamos", expressa a contemplação tranquila, intencional e constante de um objeto que permanece diante do espectador. Já o verbo *epshelafesan*, "apalparam", traz a ideia de apalpar como um homem cego apalpa, ou seja, cuidadosamente.[64] Esse verbo pode ser empregado no sentido de examinar de perto.[65]

Harvey Blaney é da opinião que esse "toque" lembra o pedido de Tomé de uma evidência sensorial da realidade do corpo ressurreto de Cristo e, portanto, torna-se uma referência ao fato da ressurreição.[66]

Jesus, o verbo da vida, encarnou-se e armou sua tenda entre nós. Jesus, sem deixar de ser Deus, tornou-se homem, perfeitamente homem. Sua encarnação não foi apenas aparente. Ele foi concebido. Ele nasceu. Ele cresceu. Ele viveu. Ele morreu. Ele ressuscitou. Ele voltará.

É preciso destacar que, ao afirmar a humanidade de Cristo, João estava colocando o machado da verdade na raiz da heresia gnóstica que negava tanto a divindade quanto a humanidade de Cristo. João coloca tamanha importância nesse ensino a ponto de considerar como sendo do *anticristo* os que negam a real encarnação de Cristo (4.1-3). De fato, se a morte de Cristo na cruz e a sua ressurreição não fossem fatos concretos e reais, então a nossa fé seria vã e ainda estaríamos em nossos pecados (1Co 15.14,15).

A encarnação de Cristo é a pedra fundamental onde se apoia o cristianismo. Negando a encarnação, os falsos mestres estavam na verdade atacando todas as doutrinas centrais do cristianismo.[67]

João define o verbo de Deus como o "verbo da vida" (1.1). Para João, Jesus não é apenas o doador da vida eterna, mas a própria essência da vida eterna: "[...] e a vida se manifestou, e nós a temos visto, e dela damos testemunho, e vo-la anunciamos, a vida eterna..." (1.2).

Ele é o que dá vida. Em Jesus e nele somente o homem pode vencer a morte e viver abundantemente tanto agora como na eternidade. Em Jesus a própria vida de Deus jorra dentro de nós como uma fonte que salta para a vida eterna. Em Jesus temos vida maiúscula, superlativa, abundante e eterna.

Quando João usa a expressão "verbo da vida", emprega uma palavra conhecida dos gregos. A palavra grega *logos* significa: "verbo, palavra". A filosofia grega afirmava a existência do *logos*, um princípio racional e impessoal que governava o universo e o destino dos homens. Apesar de João usar uma palavra conhecida de seus leitores, dá a ela um novo sentido. Se para os gregos *logos* era um princípio impessoal, para João *logos* é uma pessoa, é Jesus, aquele que executa os planos divinos (Jo 1.3) e traz vida e luz aos homens (Jo 1.4).[68] O *logos* que João apresenta não pode ser apreendido apenas pelo intelecto. Ele não é destinado apenas para uma elite espiritual.

Robert Tuck diz que há coisas que só podem ser conhecidas eficazmente por intermédio da experiência. Não é suficiente apenas uma apreensão intelectual. As maiores verdades espirituais não podem ser apropriadas apenas por meio do intelecto ou dos sentimentos. Nós só podemos conhecer a Cristo depois que entramos num relacionamento pessoal e íntimo com ele, e isto não por meio do conhecimento esotérico do gnosticismo, mas por intermédio da sua generosa graça.[69]

Por que João apresenta Jesus como o verbo da vida? Porque Cristo é para nós o que as nossas palavras são para os outros. Nossas palavras revelam, para os outros, o que nós pensamos e como nós nos sentimos. Cristo nos revela a mente e o coração de Deus. Ele é o meio de comunicação vivo entre Deus e os homens. Jesus é quem revela o Pai. Conhecer a Jesus Cristo é conhecer a Deus.[70] Jesus é a exegese de Deus. Ele é Deus vestido de pele humana. Jesus é o verdadeiro Deus e a verdadeira vida eterna (5.20). Por isso, negar que Jesus Cristo é Deus é seguir o anticristo (2.22,23). Quem tem uma concepção errada de Jesus Cristo terá inevitavelmente uma concepção errada de Deus, pois só podemos conhecer a Deus por seu intermédio.

A manifestação do verbo da vida (1.2)

O verbo da vida, preexistente e eterno, manifestou-se no tempo e na História. Aquele que era desde o princípio não ficou isolado na glória. João escreve: "E a vida se manifestou, e nós a temos visto, e dela damos testemunho, e vo-la anunciamos, a vida eterna, a qual estava com o Pai e nos foi manifestada" (1.2).

Essa audível, visível e tangível apreensão daquilo que era desde o princípio só foi possível aos homens porque a vida se manifestou.[71] Nenhuma pessoa pode encontrá-la por meio da busca; ela pode ser vista e conhecida somente pela revelação.

Simon Kistemaker diz que esse versículo é uma nota explicativa sobre a palavra *vida*, um comentário sobre o texto anterior. João coloca o artigo definido *a* antes do substantivo *vida* para chamar atenção para a plenitude de vida em Jesus Cristo. Quando João diz que a vida se manifestou, ele se refere ao acontecimento histórico que foi o nascimento de Jesus, sua vida, morte, ressurreição e visitas pessoais depois de sua ressurreição.[72]

Concordo com John Stott quando diz que a ênfase a essa manifestação material de Cristo aos ouvidos, olhos e mãos dos homens por certo é dirigida primariamente contra os hereges que perturbavam a igreja. Demonstra-se aos seguidores de Cerinto que "a Palavra da vida", o evangelho de Cristo, tem a ver com a encarnação histórica do Filho eterno. Aquele que é desde o princípio é Aquele a quem os apóstolos ouviram, viram e tocaram. É impossível distinguir entre Jesus e o Cristo, entre o histórico e o eterno.[73]

Nicodemus destaca que João emprega o plural "nós" quatro vezes nessa passagem, referindo-se a ele e aos demais apóstolos, embora os mesmos não tenham escrito essa carta com João. Os apóstolos não inventaram ou imaginaram essas coisas, mas simplesmente as transmitiram da forma com que as receberam.

O testemunho e o ensino dos apóstolos acerca de Cristo foram preservados por escrito; e a coleção desses escritos apostólicos é o Novo Testamento. Essa é a base para afirmarmos que hoje não precisamos ter visões ou novas revelações acerca de Jesus Cristo – Deus nos deixou a sua Palavra escrita como única fonte revestida de autoridade de conhecimento das coisas divinas.[74]

A grande mensagem de João é que a vida se manifestou (1.2). O verbo se fez carne e habitou entre nós (Jo 1.14). Deus veio morar com o homem. O infinito entrou no finito. O eterno entrou no tempo e foi manifestado aos homens. O divino fez-se humano. Aquele a quem nem os céus dos céus podiam conter deitou numa manjedoura e foi enfaixado com panos. Ele comunicou-se com os homens, fazendo-se homem. O Criador do universo nasceu entre os homens. A encarnação é uma verdade bendita e gloriosa, é o raiar do Sol da Justiça na escuridão da história humana.

O apóstolo João deixa claro que o conhecimento de Deus não é fruto de lucubração humana, mas da revelação divina. O homem só conhece a Deus porque Deus se revelou. A fé cristã não é o caminho que o homem abre para Deus. Mas é Deus vindo ao homem em Cristo. Deus estava em Cristo reconciliando consigo o mundo (2Co 5.18). Deus revelou-se na criação (Rm 1.20), mas a criação, por si mesma, jamais seria capaz de contar a história do amor do Criador. Deus também se revelou de maneira mais plena nas Escrituras (2Tm 3.16,17), mas a revelação mais completa e absoluta de Deus deu-se em seu Filho, Jesus Cristo. Jesus disse: "Quem me vê a mim, vê o Pai" (Jo 14.9).[75]

A comunhão com o verbo da vida (1.2)

O verbo da vida não é um ser alienígena, distante e

intangível, mas além de ter se manifestado, também pôde ser ouvido, visto e tocado. Ele deu-se a conhecer aos nossos sentidos mais nobres: audição, visão e tato.

Jesus é o verbo da vida que não apenas se manifestou, mas que também foi experimentado. "[...] e vimos a sua glória, glória como do unigênito do Pai" (Jo 1.14). Aquele que estava com o Pai foi manifestado (1.2). O Jesus que João apresenta não é o Cristo do docetismo (um fantasma). Não é o Cristo do gnosticismo (uma divindade distante que não pode tocar o material e que apenas oferece emanações do seu ser). O verbo da vida é o Deus que se fez carne. Ele é o Deus presente, que tem cheiro de gente, que chora como gente, que sente dor como gente. Ele é o verbo que veio morrer por nós.

Matthew Henry diz que Jesus não é uma mera palavra vocal, ele é a palavra da vida, ele é a palavra eterna do eterno Deus vivo. Ele é a palavra manifestada em carne.[76]

João teve um encontro pessoal com Cristo. Sua experiência com Cristo não era de segunda mão nem arrancada das páginas de algum livro. João conhecia a Cristo face a face. Ele sabia que Jesus era real e não um fantasma, uma visão, mas o Deus encarnado. Ele andou com Cristo, ele viu Cristo. Ele ouviu Cristo. Ele tocou em Cristo. Ele reclinou sua cabeça no peito de Cristo. Ser cristão não é conhecer apenas de ouvir falar, mas ter uma experiência real e pessoal com Cristo (Jo 7.37,38).

O verbo da vida, aquele que estava com o Pai, a vida manifestada, Jesus, é a essência e o conteúdo da própria vida eterna. Conhecer a Cristo é ter a vida eterna (1.2). A vida eterna não é apenas uma quantidade interminável de tempo no céu, mas um relacionamento estreito com Cristo a partir de agora e para sempre (1.2; 5.20; Jo 17.3).

Champlin tem razão quando diz que a vida eterna não consiste apenas de vida "sem fim", porquanto também é uma modalidade de vida, a saber, a participação na mais elevada forma de vida, a própria vida de Deus.[77]

Werner de Boor chama a atenção para o fato de que a ideia de "eterno" para nós sugere um conceito filosófico abstrato que causa a impressão de atemporalidade rígida e vazia. Contudo, isto é exatamente o que a Bíblia, que pensa em termos tão concretos e corporais, não quer dizer! Eterno não é definição de quantidade, mas um conceito de qualidade. Vida eterna é vida verdadeira, plena, divina, que como tal evidentemente também está liberta da transitoriedade e da morte, e dura de forma inesgotável.[78]

João escreveu seu Evangelho para dizer às pessoas como receber a vida eterna (Jo 20.31) e escreveu essa carta para dar garantia de que os crentes em Cristo têm a vida eterna (5.13). Em seis ocasiões ao longo dessa carta João usa a expressão: "nascido de Deus". O próprio Jesus já havia ensinado essa verdade: "Se alguém não nascer de novo, não pode ver o reino de Deus" (Jo 3.3). Quem não é filho de Deus é "[...] filho da ira" (Ef 2.3) e pode tornar-se "[...] filho do diabo" (3.10). Um "filho do diabo" é um cristão falso que age como se fosse "salvo" sem nunca ter nascido de novo. Jesus disse aos fariseus, indivíduos extremamente religiosos: "Vós sois do diabo, que é vosso pai" (Jo 8.44).

Warren Wiersbe compara um cristão falso a uma cédula de dinheiro falsificada. Suponha que uma pessoa tenha uma cédula falsa, mas não saiba disso. Ela a usa para pagar a gasolina no posto. O dono do posto a usa para pagar seu fornecedor de alimentos. O fornecedor a coloca com outras cédulas verdadeiras e leva para o banco, a fim de fazer um depósito. Então, o caixa do banco diz: "Sinto muito, mas esta cédula é falsa".

A cédula falsa pode até ter ajudado muita gente enquanto passava de mão em mão, mas quando chegou ao banco, foi descoberta e tirada de circulação. O mesmo acontece com o falso cristão. Pode fazer muitas coisas boas ao longo da vida, mas, no dia do julgamento final, será rejeitado. Jesus disse: "Muitos, naquele dia, hão de dizer-me: Senhor, Senhor! Porventura, não temos nós profetizado em teu nome, e em teu nome não expelimos demônios, e em teu nome não fizemos muitos milagres? Então, lhes direi explicitamente: nunca vos conheci. Apartai-vos de mim, os que praticais a iniquidade" (Mt 7.22,23).

A proclamação do verbo da vida (1.3,4)

Eis o relato de João:

> O que temos visto e ouvido anunciamos também a vós outros, para que vós, igualmente, mantenhais comunhão conosco. Ora, a nossa comunhão é com o Pai e com seu Filho, Jesus Cristo. Estas coisas, pois, vos escrevemos para que a nossa alegria seja completa (1.3,4).

Quando você experimenta essa vida que é real, a vida de Cristo, a vida eterna, então você tem uma grande alegria em partilhar essa vida com outras pessoas. Quem tem um verdadeiro encontro com Cristo não pode mais calar a sua voz. A manifestação da vida eterna foi proclamada, não monopolizada. A revelação foi dada a poucos para muitos. Eles deviam ministrá-la ao mundo. A manifestação que *nos* foi feita (1.2) torna-se proclamação *a vós* (1.3). João deseja que os seus leitores desfrutem a mesma condição vantajosa que ele e seus colegas de apostolado desfrutavam quanto ao conhecimento de Deus em Cristo.[79]

João emprega dois verbos para descrever a proclamação apostólica. Ambas as palavras implicam autoridade, mas de diferente espécie. *Marturoumen* indica a autoridade da experiência. O testemunho é uma atividade que pertence propriamente a uma testemunha ocular. A pessoa tem de *ser* uma testemunha antes de ter competência para *dar* testemunho.

A testemunha verdadeira fala não do que colheu de segunda mão, de outros, mas do que ela mesma viu e ouviu pessoalmente. Se *marturoumen* é a palavra da experiência, *apangellomen* indica a autoridade da comissão. A experiência é pessoal; a comissão é derivada. A fim de dar testemunho, os apóstolos precisam ter visto e ouvido pessoalmente a Cristo; a fim de proclamar, precisam ter sido comissionados por ele. Jesus não apenas se manifestou aos discípulos para qualificá-los como *testemunhas oculares*, mas também lhes deu uma comissão autorizada como *apóstolos* para pregarem o evangelho.[80]

André encontrou-se com Cristo e levou seu irmão Pedro a ele. Felipe encontrou Natanael e convidou-o a conhecer a Cristo, dizendo-lhe: "Vem e vê". Os apóstolos estiveram com Cristo e disseram: "Nós não podemos deixar de falar do que temos visto e ouvido". Paulo disse: "Ai de mim se não pregar o evangelho". A proclamação da Pessoa de Cristo deve ser uma missão imperativa, intransferível e impostergável. Há cinco grandes comissões nos evangelhos e Atos. O crente é um faminto que encontrou pão e anuncia a outros que achou pão com fartura. É um homem morrendo pregando para outros homens morrendo.

John Stott corretamente diz que a proclamação não era um fim em si mesma; agora se define o seu propósito, imediato e último. O imediato é *comunhão* (1.3), e o último é *alegria* (1.4).⁸¹ A religião cristã é a religião da comunhão, do encontro com Deus e com os homens, e não a religião da solidão. É a religião da alegria e não a religião da tristeza. A proclamação de Cristo visa dois propósitos:

Em primeiro lugar, *promover comunhão com o Pai, com o Filho e uns com os outros* (1.3). João escreve: "O que temos visto e ouvido anunciamos também a vós outros, para que vós, igualmente, mantenhais comunhão conosco. Ora, a nossa comunhão é com o Pai e com seu Filho, Jesus Cristo".

O propósito de João é convidar os leitores à comunhão com os apóstolos, que são testemunhas oculares da vida e ministério de Jesus na terra. Ao mesmo tempo, João quer proteger os leitores dos ataques doutrinários dos falsos profetas e fortalecê-los espiritualmente dentro da comunhão com os apóstolos e discípulos.⁸² Nicodemus diz que a comunhão que João tem em mente é principalmente a unidade doutrinária entre seus leitores e os apóstolos, com respeito à pessoa e à obra de Cristo.⁸³ O mesmo autor ainda alerta:

> A doutrina apostólica é a base para a verdadeira comunhão. Boa parte dos esforços modernos para a unidade entre os cristãos tem ignorado esse princípio fundamental, e tentado promover uma "unidade" que se baseia primariamente em trabalhos conjuntos de evangelização, obras de caridade, shows *gospel*, marcha para Jesus ou luta em defesa dos direitos humanos. A ideia que atua por trás dessa filosofia é a de que definições doutrinárias e exatidão teológica levam à divisão entre os crentes.⁸⁴

A unidade doutrinária com os apóstolos também leva à comunhão com Deus e com Jesus Cristo. Essa comunhão é a suprema bênção cristã. Fala de uma honra indizível, de uma alegria permanente e de uma santidade progressiva.⁸⁵

A nossa comunhão não é apenas de identidade doutrinária, mas também uma comunhão mística com Deus. Essa *koinonia*, "comunhão", é a vida eterna que vem do Pai e se torna a vida compartilhada pelos crentes.[86]

Vale ressaltar, entrementes, que o homem natural não pode ter comunhão com Deus por causa do seu pecado. Mas Deus enviou seu Filho. Ele se fez carne, carregou no seu corpo os nossos pecados sobre o madeiro. Ele morreu pelos nossos pecados e ressuscitou para a nossa justificação. Ele nos perdoou. Ele nos deu um novo coração, uma nova vida.

Agora, podemos ter comunhão com Deus. Podemos nos deleitar em Deus. Agora podemos ser filhos de Deus, herdeiros de Deus, habitação de Deus, herança de Deus, a menina dos olhos de Deus, a delícia de Deus. Agora Deus é o nosso prazer, a nossa alegria, o nosso alvo, a nossa vida. Essa comunhão com Deus e com Jesus é a essência da vida eterna (Jo 17.3). Intimidade com Cristo é a inspiração e o motivo de nosso viver.

Mas a nossa comunhão não é apenas vertical, com Deus; é, também, horizontal, com os nossos irmãos. A comunhão com os irmãos é derivada da nossa comunhão com Deus (1.7). Essa comunhão que houve entre os apóstolos, entre os crentes em Pentecostes, agora se estende a todos os crentes, em todos os lugares, em todos os tempos (1.3). Assim o propósito da proclamação do evangelho é a comunhão dos filhos de Deus. O amor é a marca do discípulo verdadeiro (Jo 13.34,35). A união dos crentes é testemunho ao mundo e o desejo do coração de Cristo (Jo 17.21,22).

William Barclay alerta para o fato de que qualquer mensagem que produza cismas e divisões é uma mensagem falsa, uma vez que a mensagem cristã pode resumir-se em duas grandes finalidades: amor aos homens e amor a Deus.[87] O pecado separa, o evangelho une. O pecado separou o homem de Deus, de si mesmo e do próximo. O evangelho reconcilia o homem com Deus, consigo e com seu próximo. Onde o pecado cava abismos, o evangelho constrói pontes. Onde o pecado gerou a morte, o evangelho trouxe a vida. Onde o pecado abriu fissuras, o evangelho promoveu comunhão e restauração.

Em segundo lugar, *promover completa alegria* (1.4). "Estas coisas, pois, vos escrevemos para que a nossa alegria seja completa." A comunhão é a raiz da alegria; a alegria é o fruto da comunhão. A comunhão é a resposta de Cristo para a solidão da vida; alegria é a sua resposta para o vazio e a superficialidade da vida.

Harvey Blaney diz que comunhão com o Senhor e comunhão com os irmãos constituem a base do nosso gozo mais elevado. E nosso gozo é cumprido por meio da comunhão contínua.[88] A alegria é um apanágio do cristianismo. O evangelho é boa nova de grande alegria. O reino de Deus que está dentro de nós é alegria no Espírito Santo. O fruto do Espírito é alegria, e a ordem de Deus é: "Alegrai-vos" (Fp 4.4).

Na verdade, a alegria é uma das principais marcas da vida cristã. O nosso problema não é a busca da alegria, mas contentar-nos com uma alegria pequena demais, terrena demais. Deus nos salvou para a maior de todas as alegrias, a alegria de glorificá-lo e desfrutá-lo para sempre. No céu Deus enxugará dos nossos olhos toda lágrima. Lá não haverá pranto, nem luto nem dor.

A alegria não é um sentimento que nós mesmos produzimos, mas um subproduto de um relacionamento com Cristo. Só na presença de Deus há plenitude de alegria (Sl 16.11). Essa alegria é divina, ela vem do céu. Esta alegria é imperativa, ultracircunstancial e cristocêntrica, ela reina mesmo no vale da dor. Essa alegria é indestrutível, o mundo não pode dá-la nem tirá-la.

O pecado promete alegria e produz sofrimento. Os prazeres do pecado são transitórios e passageiros – duram apenas algum tempo (Hb 11.25), mas a alegria de Deus é eterna – dura para sempre. Jesus disse: "E a vossa alegria ninguém poderá tirar" (Jo 16.22).

A ideia de plenitude de alegria não é incomum nos escritos de João (Jo 3.29; 15.11; 16.24; 17.13; 1Jo 1.4; 2Jo 12). A perfeita alegria não é possível neste mundo de pecado, porque a perfeita comunhão com Deus não é possível. Assim, deve-se entender que o versículo 4 olha também para além desta vida, para a vida do céu. Então a comunhão consumada produzirá alegria completa. É para esse fim último que aquele que *era desde o princípio se manifestou* no tempo, e que o que os apóstolos ouviram, viram e apalparam, nos proclamaram. A substância da proclamação apostólica era a manifestação histórica do Eterno; seu propósito era e é uma comunhão uns com os outros, a qual se baseia na comunhão com o Pai e o Filho e irrompe na plenitude da alegria.[89]

NOTAS DO CAPÍTULO 2

53 KISTEMAKER, Simon. *Tiago e epístolas de João.* 2006: p. 309.
54 DE BOOR, Werner. *Cartas de João.* Em Comentário Esperança. Editora Esperança. Curitiba, PR. 2008: p. 307.
55 LOPES, Augustus Nicodemus. *Primeira carta de João.* 2005: p. 28.
56 KISTEMAKER, Simon. *Tiago e epístolas de João.* 2006: p. 317.
57 KISTEMAKER, Simon. *Tiago e epístolas de João.* 2006: p. 310.
58 MACARTHUR, John. *The MacArthur New Testament commentary – John 1-11.* Moody Publishers. Chicago, IL. 2006: p. 15,16.
59 RIENECKER, Fritz e ROGERS, Cleon. *Chave linguística do Novo Testamento grego.* 1985: p. 583.
60 DE BOOR, Werner. *Cartas de João.* Em Comentário Esperança. 2008: p. 308.
61 LOPES, Augustus Nicodemus. *Primeira carta de João.* 2005: p. 28.
62 CHAMPLIN, Russell Norman. *O Novo Testamento interpretado versículo por versículo.* Vol. 6. A Voz Bíblica. Guaratinguetá, SP. N.d.: p. 222.
63 KISTEMAKER, Simon. *Tiago e epístolas de João.* 2006: p. 311.
64 RIENECKER, Fritz e ROGERS, Cleon. *Chave linguística do Novo Testamento grego.* 1985: p. 583.
65 STOTT, John. *I, II, III João: Introdução e comentário.* 1982: p. 52.
66 BLANEY, Harvey. *A primeira epístola de João.* Em Comentário Bíblico Beacon. Vol. 10. 2005: p. 292.
67 LOPES, Augustus Nicodemus. *Primeira carta de João.* 2005: p. 29.
68 LOPES, Augustus Nicodemus. *Primeira carta de João.* 2005: p. 29.
69 TUCK, Robert. *The first epistle general of John.* In The Preacher's Complete Homiletic Commentary. Vol. 30. 1996: p. 233.
70 WIERSBE, Warren W. *Comentário bíblico expositivo.* Vol. 6. 2006: p. 609.
71 STOTT, John. *I, II, III João: Introdução e comentário.* 1982: p. 53.
72 KISTEMAKER, Simon. *Tiago e epístolas de João.* 2006: p. 312,313.
73 STOTT, John. *I, II, III João: Introdução e comentário.* 1982: p. 53.
74 LOPES, Augustus Nicodemus. *Primeira carta de João.* 2005: p. 30.
75 WIERSBE, Warren W. *Comentário bíblico expositivo.* Vol. 6. 2006: p. 609.
76 HENRY, Matthew. *Matthew Henry's commentary in one volume.* Marshall, Morgan & Scott. Grand Rapids, MI. 1960: p. 1.955.
77 CHAMPLIN, Russell Norman. *O Novo Testamento interpretado versículo por versículo.* Vol. 6. N.d.: p. 223.

78 DE BOOR, Werner. *As cartas de João*. Em Comentário Esperança. 2008: p. 310.
79 STOTT, John. *I, II, III João: Introdução e comentário*. 1982: p. 54.
80 STOTT, John . *I, II, III João: Introdução e comentário*. 1982: p. 54,55.
81 STOTT, John. *I, II, III João: Introdução e comentário*. 1982: p. 55.
82 KISTEMAKER, Simon. *Tiago e epístolas de João*. 2006: p. 315.
83 LOPES, Augustus Nicodemus. *Primeira carta de João*. 2005: p. 30.
84 LOPES, Augustus Nicodemus. *Primeira carta de João*. 2005: p. 31.
85 TUCK, Robert. *The first epistle general of John*. In The Preacher's Complete Homiletic Commentary. Vol. 30. 1996: p. 234.
86 BARKER, Glenn W. *1 John*. In Zondervan NIV Bible Commentary. Zondervan Publishing House. Grand Rapids, MI. 1994: p. 1.083.
87 BARCLAY, William. *I, II, III Juan y Judas*. 1974: p. 29.
88 BLANEY, Harvey. *A primeira epístola de João*. Em Comentário Bíblico Beacon. Vol. 10. 2005: p. 293.
89 STOTT, John. *I, II, III João: Introdução e comentário*. 1982: p. 57.

Capítulo 3

Como o homem pecador pode ter comunhão com o Deus santo
(1Jo 1.5-10)

João acabara de apresentar Jesus como o verbo da vida, a vida eterna, o Cristo, o Filho de Deus. Agora, vai mostrar a natureza de Deus a quem ele veio revelar. Também João vai enfatizar que o conhecimento de Deus abre o caminho para o autoconhecimento. Somente quando estamos diante da luz reconhecemos as nossas trevas. Somente diante da santidade de Deus é que vemos a malignidade do nosso pecado.

À guisa de introdução, destacamos três pontos:

Em primeiro lugar, *a teologia não é fruto de lucubração humana, mas da revelação divina.* A teologia de João não é resultado de sua própria descoberta ou invenção. Ele não cria nem faz teologia. Ele recebe sua mensagem de Jesus e a transmite. Sua mensagem não emana de suas pesquisas nem de meditações transcendentais. A sua mensagem não é da terra, é do céu; não vem do homem, mas de Deus. Augustus Nicodemus diz que a autoridade do ensino apostólico remonta ao próprio Cristo.[90]

Em segundo lugar, *a teologia não é separada da ética, mas exige santidade de vida*. A teologia cristã não é apenas conceitual, mas, sobretudo, prática. João não é um filósofo, mas um teólogo. Sua mensagem não é apenas para o deleite da mente, mas para a transformação do coração. Sua teologia não é destinada apenas a uma elite intelectual na igreja, mas para todos os que reconhecem seus pecados e se voltam contritos para Deus. Sua mensagem tem profundas implicações práticas.

O propósito do apóstolo é mostrar que não podemos ter comunhão com Deus e com os irmãos sem santidade. É impossível andar nas trevas e ter comunhão com Deus, que é luz. William Barclay tem razão quando diz que o caráter de uma pessoa estará determinado necessariamente pelo caráter do Deus a quem adora.[91]

Concordo com Simon Kistemaker quando diz que a santidade exige verdade em palavras e atos.[92] Como já acentuamos nesta obra, o verdadeiro crente passa pelo teste doutrinário, moral e social. Ele professa o nome de Cristo, anda como Cristo andou e ama aos irmãos não apenas de palavras, mas de fato e de verdade.

Em terceiro lugar, *a teologia não é neutra, mas exige do homem um posicionamento*. Aqueles que dizem conhecer a Deus, que é luz, mas vivem nas trevas; aqueles que, embora pecadores, negam a própria natureza pecaminosa; aqueles que, embora manchados pela mácula do pecado, dizem estar isentos de pecado mentem para si mesmos, para os outros e para Deus.

O cristão é o indivíduo que fez uma escolha e vive de forma consistente com essa escolha. Falar uma coisa e fazer outra é uma contradição. Viver nas trevas e afirmar que tem comunhão com Deus é uma consumada mentira.

Werner de Boor diz que assim como é intrinsecamente impossível que na "luz" haja simultaneamente "treva", assim a permanência em Jesus e o estar abrigado em Deus é inconciliável com qualquer pecado.[93]

A natureza santa de Deus é exposta (1.5)

João escreve: "Ora, a mensagem que, da parte dele, temos ouvido e vos anunciamos é esta: que Deus é luz, e não há nele treva nenhuma". João passa da revelação do verbo de Deus para a revelação do próprio Deus, a quem revela. Destacamos aqui alguns pontos:

Em primeiro lugar, *a mensagem acerca da natureza de Deus vem do próprio Jesus* (1.5). "A mensagem que, da parte dele, temos ouvido..." A palavra grega *aggelia*, "mensagem", pode sugerir que a mensagem contém uma concepção de Deus que os homens não poderiam ter formado por si próprios sem a sua ajuda. É uma revelação e não uma descoberta.[94]

João não é a fonte da mensagem; Jesus o é. A natureza de Deus é revelada por aquele que estava com o Pai (1.2). O próprio João escreve: "Ninguém jamais viu a Deus; o Deus unigênito, que está no seio do Pai, é quem o revelou" (Jo 1.18).

Essa mensagem vem "da parte dele", daquele Único que vem de Deus e conhece a Deus e por isso é capaz de nos dizer qual é a realidade de Deus. De tudo o que Jesus foi, disse e fez resplandeceu essa notícia de que "Deus é luz".[95]

Em segundo lugar, *a mensagem acerca da natureza de Deus é anunciada pelos apóstolos* (1.5). "[...] e vos anunciamos é esta..." João não criou a mensagem acerca do caráter santo de Deus; ele a recebeu. João não é o autor da mensagem, mas seu arauto. João não reteve a mensagem, mas a anunciou com urgência e fidelidade. A proclamação da verdade acerca de Deus não apenas edifica os salvos, mas reprova os falsos mestres. O nosso ministério não é apenas combater a mentira, mas, sobretudo, anunciar a verdade.

Em terceiro lugar, *a mensagem acerca da natureza de Deus é desvendada* (1.5). "[...] que Deus é luz e não há nele treva nenhuma". João já havia registrado as palavras de Jesus à mulher samaritana: "Deus é espírito" (Jo 4.24). Agora diz que Deus é luz (1.5) e mais tarde afirma que Deus é amor (4.8).

Harvey Blaney diz que Deus é espírito em sua natureza essencial. Deus é luz em sua autorrevelação ao homem. E Deus é amor em sua obra de salvação redentora.[96] A síntese do ensino de Jesus acerca de Deus é que ele é luz. A luz ilumina, aquece, purifica e alastra. Ela traz o conhecimento da verdade e resplandece nas trevas da ignorância. O que isto significa?

Primeiro, Deus é luz no sentido de que é da sua natureza revelar-se. Só conhecemos a Deus porque ele se revelou. É de sua natureza revelar-se, assim como a propriedade da luz é brilhar. Dizer que Deus é luz significa que não há nenhuma coisa secreta, furtiva e encoberta ao seu redor. Deus quer que os homens o vejam e o conheçam.[97]

Deus se revelou na criação, na consciência, nas Escrituras e em Jesus, o verbo encarnado. O conhecimento de Deus não é um privilégio apenas de um grupo seleto de iluminados pelos mistérios do gnosticismo, mas é franqueado a todos que contemplam seu Filho, a luz do mundo.

Segundo, Deus é luz no sentido de sua perfeição moral absoluta. Deus é santo e puro. Não há mácula em seu caráter. Ele é imaculado. Ele é puríssimo em seu ser, em suas palavras e em suas obras. Não há trevas que ocultam algum mal secreto em Deus nem sombra de alguma coisa que tema essa luz. João diz que não há nele treva nenhuma.

John Stott diz que, intelectualmente, luz é verdade e trevas, ignorância. Moralmente, luz é pureza e trevas, mal. Por conseguinte, a pretensão dos falsos mestres gnósticos de conhecer a Deus, que é luz, e de manter comunhão com ele apesar de sua indiferença para com a moralidade é vista como sendo absurdo.[98]

Augustus Nicodemus diz que se Deus é luz, segue-se que quem professa ter estreito relacionamento com ele deve exibir santidade em sua vida (1Pe 1.15,16). Caso contrário, o relacionamento é falso.[99]

Terceiro, Deus é luz no sentido de que nada pode ficar oculto aos seus olhos. Deus é luz e habita em luz inacessível (1Tm 6.16). A luz penetra nas trevas e as trevas não podem prevalecer contra ela. Deus é onisciente e para ele luz e trevas são a mesma coisa. Ele a tudo vê, a todos sonda e nada escapa ao seu conhecimento. A luz penetra nas trevas e as dissipa. As trevas não podem prevalecer contra a luz. Faltas ocultas pelas sombras ficam a descoberto pela luz. É impossível esconder-se de Deus, seja nos confins da terra, seja nas profundezas do mar.

Quarto, Deus é luz no sentido de que não há nele treva nenhuma. Nos escritos de João, trevas têm uma conotação moral. Trata-se da vida sem Cristo (Jo 8.12; 2.8). As trevas e a luz são inimigas irreconciliáveis (Jo 1.5). As trevas expressam a ignorância da vida à parte de Cristo (Jo 12.35,46). As trevas significam a imoralidade da vida sem

Cristo (Jo 3.19). As trevas apontam para o desamor e o ódio (2.9-11). Aquele que é puro em seu ser e santo em suas obras não pode tolerar as trevas nem ter comunhão com aqueles que vivem nas trevas.

A natureza pecaminosa do homem é declarada (1.6-10)

Os falsos mestres, que haviam desembarcado na Ásia Menor, traziam em sua bagagem uma teologia falsa acerca de Deus, de Cristo, do homem, do pecado e da salvação. No pacote de suas heresias, esses falsos mestres desconectavam a religião da vida, afirmando que podiam ter comunhão com Deus e ao mesmo tempo viver nas trevas (1.6). Eles chegavam a ponto de negar a própria existência do pecado (1.8) e afirmar que não eram susceptíveis a ele (1.10).

John Stott diz que em 1João 1.6–2.2 três das espúrias pretensões dos falsos mestres são expostas e contraditadas. Cada uma delas é introduzida pela fórmula: "Se dissermos" (1.6,8,10). A simetria dos sete versículos é evidente. Primeiro, ele introduz o ensino falso com as palavras: "se dissermos". Depois, ele o contradiz com um inequívoco: "mentimos" ou expressão parecida. Finalmente, faz uma afirmação positiva e verdadeira correspondente ao erro que refutou: "se, porém, nós", embora no último dos três exemplos o término seja diferente (1.7,9; 2.1,2).

Os três erros de que trata dizem respeito ao fato do pecado em nossa conduta, sua origem em nossa natureza e sua consequência em nossas relações com Deus.[100]

Esses três erros desembocaram em três atitudes. Essas atitudes resumem a tentativa dos falsos mestres e dos falsos crentes de encobrir e negar seus pecados. William Barclay destaca que eles diziam que haviam avançado tanto no caminho do conhecimento que não se importavam mais com o pecado. Diziam ser tão espirituais que de nenhuma maneira os preocupava o pecado.[101] Quais eram essas atitudes?

Em primeiro lugar, *a tentativa de enganar os outros* (1.6). "Se dissermos que mantemos comunhão com ele e andarmos nas trevas, mentimos e não praticamos a verdade." Os mestres gnósticos separaram a teologia da vida, a religião da prática da piedade. Mesmo imersos no caudal de seus pecados ainda proclamavam que tinham comunhão com Deus.

Ainda hoje nós desejamos que os nossos irmãos pensem que somos espirituais; então, mentimos sobre nossa vida e tentamos causar uma boa impressão. Desejamos que eles pensem que estamos andando na luz, embora, na realidade, estejamos andando nas trevas.[102]

John Stott diz que temos razão de suspeitar dos que alegam intimidade mística com Deus e, entretanto, "andam nas trevas". Religião sem moralidade é ilusão, uma vez que o pecado é sempre uma barreira para a comunhão com Deus.[103]

Andar nas trevas significa viver no erro, no pecado, na ignorância de Deus e em hostilidade a ele. Nesse caso, mentimos e não praticamos a verdade. Andamos em trevas quando as coisas mais cruciais da vida passam sem o exame da luz de Cristo. Se nossa carreira, nossa vida sexual, dinheiro, família, autoimagem, esperanças e sonhos jamais lhe foram abertos, nosso cristianismo e vida eclesiástica são uma mentira eloquente. É esse o motivo da falta de poder de tantos cristãos hoje e a razão de haver igrejas sem vida e sem poder.[104]

Concordo com Augustus Nicodemus quando diz: "Os atos de um cristão professo são mais eloquentes do que suas palavras, e revelam o estado real de seu relacionamento com Deus".[105]

Lloyd John Ogilvie esclarece este ponto nas seguintes palavras:

> A intimidade está arraigada na honestidade. É a exposição de nosso ser interior à luz perscrutadora da verdade de Deus. Deus nos conhece por inteiro. Então por que tentar esconder o que somos ou o que temos feito? Por que fingimos ser o que não somos? A desonestidade resulta em colocarmos o disfarce da justiça, enquanto por dentro somos um emaranhado de teias de ambições distorcidas e frustrações, lembranças do passado e temores do futuro. O Senhor deseja ir abaixo da superfície, à pessoa real que vive em nossa pele.[106]

William Barclay está certo quando diz que para o cristão a verdade nunca é somente uma verdade intelectual; a verdade é sempre verdade moral; não se trata de uma coisa que só exercita a mente, mas algo que coloca em marcha toda a personalidade. A verdade não é o descobrimento de uma verdade abstrata; é uma maneira concreta de viver. Não é só pensamento, também é atividade. Por essa razão, é perfeitamente possível que a eminência intelectual e o fracasso moral marchem de mãos dadas. Para o cristão, entretanto, a verdade é algo que primeiro deve descobrir-se, e logo obedecer.[107]

Simon Kistemaker tem toda razão quando escreve: "O pecado aliena o ser humano de Deus e de seu próximo. Ele perturba a vida e gera confusão. Em vez de paz, há discórdia; em vez de harmonia, há desordem; e, no lugar de comunhão, há inimizade".[108]

Em segundo lugar, *a tentativa de enganar a nós mesmos* (1.8). "Se dissermos que não temos pecado nenhum, a nós mesmos nos enganamos, e a verdade não está em nós." O pecado nos leva a mentir não apenas para os outros, mas também a mentir para nós mesmos. O problema agora não é enganar os outros, mas enganar a nós mesmos.

Lloyd John Ogilvie declara que se dissermos que não temos pecado, negamos a razão por que Cristo veio e rejeitamos o perdão pelo qual ele morreu numa cruz.[109] O pecado é uma fraude tão sutil que aquele que o comete perde a consciência dessa realidade. O pecado anestesia o coração, insensibiliza a alma e cauteriza a consciência. É possível viver em pecado e ainda assim sentir-se seguro e ter a certeza de que tudo está bem na relação com Deus.[110] Isso é mais do que esconder o pecado como fez Davi. Isso é negar a própria existência do pecado, como fizeram os falsos mestres do gnosticismo.

William Barclay destaca, também, a tendência do ser humano de fugir da responsabilidade por seus pecados, fazendo projeções e transferências. Podemos atribuir nossos pecados à nossa herança, ao nosso meio ambiente, ao nosso temperamento, à nossa condição física. Podemos argumentar que alguém nos enganou e fomos levados a fazer o que não queríamos.[111] Essa ginástica mental e essa fraqueza moral são tão antigas quanto a queda dos nossos primeiros pais, no Éden.

Simon Kistemaker escreveu: "Qualquer um que não precise fazer o quinto pedido do Pai Nosso – 'perdoa as nossas dívidas' – por achar que não tem pecado engana-se a si mesmo".[112] O rei Salomão observou sabiamente: "O que encobre as suas transgressões jamais prosperará; mas o que as confessa e deixa alcançará misericórdia" (Pv 28.13).

John Stott diz que a primeira alegação herética (1.6) ao menos parecia conceber a existência de pecado, embora negando que ele tivesse o efeito de afastar o pecador de Deus. Agora, o próprio fato do pecado é negado. Esses homens não podem beneficiar-se dos efeitos purificadores do sangue de Jesus porque dizem: "Não temos pecado". Os hereges estão dizendo agora que, seja qual for a sua conduta externa, não há pecado inerente à sua natureza. O apóstolo João possivelmente está se referindo aqui à sutileza gnóstica de que o pecado era uma questão ligada à carne e não tocava nem manchava o espírito.[113]

Pensar e falar alguma coisa não transforma necessariamente o pensamento e as palavras em realidade. Os mestres gnósticos falavam que não eram pecadores, mas a vida deles reprovava suas palavras. Havia um abismo entre sua teologia e sua vida, um hiato entre sua crença e sua prática. A argumentação do apóstolo João é que o homem que fala uma coisa e faz outra, mente. O homem que diz uma coisa com seus lábios e outra totalmente diferente com sua vida é um mentiroso. O que contradiz suas afirmações com sua maneira de viver, está faltando com a verdade e enganando a si mesmo (2.4,22; 4.20).

Em terceiro lugar, *a tentativa de enganar a Deus* (1.10). "Se dissermos que não temos cometido pecado, fazemo-lo mentiroso, e a sua Palavra não está em nós." O pecado pode nos fazer mentir para os outros, mentir para nós mesmos e mentir para Deus. Tendo-se tornado mentiroso, depois também se procura transformar Deus em mentiroso.

Concordo com Harvey Blaney quando diz que essa atitude é a mais repreensível de todas, porque torna Deus um mentiroso. É o pecado acima de todos os outros pecados – o pecado da arrogância e orgulho, que coloca a sabedoria do homem acima da sabedoria de Deus.[114]

Aquele que diz que não é pecador contradiz o testemunho que Deus dá acerca da pecaminosidade humana. Aquele que nega o seu pecado, nega a própria verdade divina e chama Deus de mentiroso.

Werner de Boor diz que quando negamos que somos pecadores transformamos Deus em mentiroso não apenas em sua Palavra, mas em seu feito na cruz. Deus entregou seu Filho porque não podíamos ser salvos de maneira diferente e menos custosa. Nós, porém, declaramos que isso é desnecessário, visto que não teríamos cometido pecado.[115] Isto é escarnecer da cruz. É incluir no rol dos mentirosos aquele que é luz!

John Stott diz que, das três heresias disseminadas pelos falsos mestres, esta era a mais ruidosa. Os hereges sustentavam que a sua iluminação superior os tornava incapazes de pecar.[116] Dizer, porém, que não cometemos pecado não é apenas uma deliberada mentira (1.6), ou uma ilusão (1.8), mas é também uma blasfêmia (1.10). Isso é chamar Deus de mentiroso e aqueles que fazem isso provam que sua palavra não está neles, uma vez que ela sobejamente demonstra a universalidade do pecado (1Rs 8.46; Sl 14.3; Ec 7.20; Is 53.6; Rm 2.23).

Simon Kistemaker diz que esta é a atitude do infiel que não se arrepende. No versículo 8, o descrente diz que não tem pecado; agora, afirma que não é pecador. Se ele não é pecador, pois insiste que não pecou, faz de si mesmo um ser igual a Deus, aquele que não tem pecado. Ainda mais, ao se recusar ouvir as evidências que Deus apresenta, o homem acusa Deus de estar mentindo. Na sequência de três versículos, o autor se dirige para um clímax: "[...] mentimos" (1.6), "[...] a nós mesmos nos enganamos" (1.8) e "[...] fazemo-lo mentiroso" (1.10).[117]

Concluímos este ponto com as palavras de Warren Wiersbe, dizendo que os falsos mestres e os falsos crentes mentem sobre sua comunhão com Deus (1.6), sobre sua natureza pecaminosa (1.8) e sobre seus atos pecaminosos

(1.10).[118] Aquele que procura encobrir os seus pecados perde a Palavra de Deus. Ele deixa de praticar a Palavra de Deus (1.6), logo a verdade deixa de estar nele (1.8), e, finalmente, ele torna a verdade em mentira (1.10). Aquele que tenta encobrir os seus pecados perde a comunhão com Deus e com o seu povo (1.6,7).

Davi tentou encobrir seus pecados, e isto lhe custou a saúde (Sl 32.3,4), a alegria (Sl 51), a família e, por pouco, não lhe custou o reino. Abraão Lincoln costumava dizer que, se um homem deseja ser mentiroso, é melhor ter boa memória! Quando uma pessoa gasta todas as energias fingindo ser algo, não lhe restam forças para viver, e a vida torna-se superficial e insípida.[119]

A natureza da comunhão com Deus e com os irmãos é estabelecida (1.7,9)

João fala acerca da comunhão com os irmãos (1.7) e da comunhão com Deus (1.9). Para termos comunhão uns com os outros precisamos andar na luz como Deus está na luz, e para termos comunhão com Deus precisamos reconhecer o pecado e confessá-lo. Vamos destacar aqui esses dois pontos vitais:

Em primeiro lugar, *a comunhão com os irmãos* (1.7). "Se, porém, andarmos na luz, como ele está na luz, mantemos comunhão uns com os outros, e o sangue de Jesus, seu Filho, nos purifica de todo pecado." Destacamos aqui três pontos:

Uma exigência (1.7a). "Se, porém, andarmos na luz, como ele está na luz..." Não há comunhão fora da verdade. Onde as trevas escondem as motivações, distorcem as palavras e maculam as ações não pode existir verdadeira comunhão. O engano do pecado nos leva a pensar que se as pessoas nos conhecerem como somos de fato, elas se afastarão de nós. Somos induzidos a esconder os nossos pecados para sermos aceitos. Mas isto é um engodo. A verdadeira comunhão só acontece na luz.

Concordo com Werner de Boor quando diz que quando ocultamos a verdade da nossa vida a comunhão já está destruída. Estamos separados dos outros por temor e constrangimento, sensíveis e desconfiados em nossa conduta. Em contrapartida, quando temos a coragem de mostrar nossa vida sob luz total pode despertar em outros uma maravilhosa confiança. No entanto, observe também que não se trata de exibir o pecado em si, mas de testemunhar da experiência do perdão purificador de Deus. Essa experiência abre corações e conduz para um convívio franco, livre e alegre.[120]

Andar na luz é um ato contínuo. Significa que vivemos no brilho da luz de Deus, de modo que refletimos virtudes e glória.[121] O próprio Deus vive em "[...] luz inacessível" (1Tm 6.16).

John Stott está correto quando diz que Deus está eterna e necessariamente na luz porque ele mesmo é luz. Deus está na luz porque ele é sempre fiel a si próprio e sua atividade é coerente com sua natureza "[...] de maneira nenhuma pode negar-se a si mesmo" (2Tm 2.13). Andar na luz descreve sinceridade absoluta, não ter nada para esconder.[122] Andar na luz produz dois resultados: comunhão com os irmãos e purificação de todo pecado. Esses dois resultados serão tratados nos dois pontos seguintes.

Uma realidade (1.7b). "[...] mantemos comunhão uns com os outros..." Andar na luz pavimenta o caminho da comunhão com Deus e com o próximo. Andar na luz é a exigência para a comunhão fraternal. Viver para Deus significa que temos um relacionamento íntegro com o nosso próximo. Um profundo desejo de glória celestial na presença de Deus deve ser acompanhado de uma vontade intensa de ter comunhão com a igreja na terra.[123]

A comunhão fraternal é resultado da santidade. Nas trevas não há comunhão, mas cumplicidade. Nas trevas não há comunhão, mas parceria no pecado. Porém, se andamos na luz, temos comunhão uns com os outros. Nenhuma crença pode ser autenticamente cristã se separar o homem de sua relação com os demais. Nada que destrua a comunhão fraternal pode ser verdadeiro.[124]

Uma promessa (1.7c). "[...] e o sangue de Jesus, seu Filho, nos purifica de todo pecado". O fato de andarmos na luz e mantermos comunhão uns com os outros não implica ausência de pecado nem nos torna essencialmente perfeitos e imaculados. Ainda continuamos sujeitos ao pecado, mas temos a promessa da purificação pelo sangue de Jesus. Seremos iguais a ele somente na glorificação. Agora, porém, nós, que andamos na luz, temos a purificação no sangue de Jesus. Andar na luz, portanto, é confessar pecado; andar nas trevas é ignorar ou negar pecado. Quando andamos na luz temos provisão divina para limpar-nos de todo e qualquer pecado. Essa provisão é o sangue de Jesus, o Filho de Deus.

João enfatiza a natureza divino-humana daquele cujo sangue nos purifica. Ele é o homem Jesus, mas também é o Filho de Deus. Harvey Blaney diz que na criação o homem foi feito à imagem de Deus. Na redenção, Deus foi feito à imagem do homem.[125]

O verbo divino se fez carne. Deus se fez homem. O segredo do poder desse sangue é que foi derramado pelo Filho de Deus, imaculado, perfeito e sem pecado algum. O sangue humano comum está contaminado pela corrupção do pecado. A morte de um ser humano não tem qualquer poder para limpar ou remover a culpa de outros seres humanos. Jesus, porém, sendo Filho de Deus, derramou sangue isento de pecado, não contaminado e, por isso, eficaz para esse fim.[126]

O verbo grego *katkarizein*, traduzido aqui por "purificar", sugere que Deus faz mais que perdoar: ele apaga a mancha do pecado. E o tempo presente mostra que é um processo continuado.[127] O sacrifício de Cristo foi eficaz não apenas para perdoar os pecados passados, mas também para purificar-nos no presente, dia a dia.

L. Bonnet diz que o tempo presente do verbo "purificar" indica a ação permanente do sacrifício de Cristo. O sacrifício da cruz é o meio do perdão e da reconciliação com Deus e, ao mesmo tempo, o meio da purificação interna do pecado, abrindo-nos a porta da plena comunhão com Deus e com os irmãos.[128]

Jesus nos purifica e nos apresenta a si mesmo como "[...] igreja gloriosa, sem mácula, nem ruga, nem coisa semelhante, porém santa e sem defeito" (Ef 5.27).

Simon Kistemaker diz que o pecado pertence ao mundo de trevas e não pode entrar na esfera de santidade. Assim, Deus deu seu Filho para morrer na terra. Por meio da morte de seu Filho, Deus removeu o pecado e a culpa do ser humano para que este possa ter comunhão com ele.[129]

O sangue de Jesus é suficiente para nos limpar profunda e totalmente. Nenhuma terapia humana, nenhum rito religioso pode purificar o homem do seu pecado. Nenhum esforço humano ou obra de caridade pode produzir essa realidade. Somente o sangue de Jesus, o Filho de Deus, pode nos lavar, nos purificar e nos tornar aceitáveis a Deus.

Digno de observar é o fato de que o sangue de Jesus purifica não apenas alguns pecados, mas todo pecado. Não há causa perdida para Deus. Não há pecador irrecuperável para Deus. Não há pecado imperdoável para Deus, exceto a blasfêmia contra o Espírito Santo, ou seja, a rejeição consciente da graça e a atribuição da ação divina ao próprio diabo.

Em segundo lugar, *a comunhão com Deus* (1.9). "Se confessarmos os nossos pecados, ele é fiel e justo para nos perdoar os pecados e nos purificar de toda injustiça." O crente verdadeiro não é aquele que esconde seus pecados nem os justifica, mas os confessa a Deus para receber perdão e purificação. O pecado é maligno. Ele é treva e Deus é luz. O pecado faz separação entre o homem e Deus (Is 59.2). A única condição, portanto, para o homem ter comunhão com Deus é reconhecer o seu pecado e confessá-lo. Antes de termos comunhão com Deus precisamos ser perdoados e purificados. Destacamos aqui três sublimes verdades:

A condição do perdão. "Se confessarmos os nossos pecados...". Esta é a parte condicional da frase, que mostra nosso conhecimento do pecado. Encaramos o pecado aberta e honestamente sem escondê-lo ou achando desculpas para ele. Confrontamos os pecados que cometemos sem nos defendermos ou justificarmos. Confessamos nossos pecados para mostrar arrependimento.[130]

O que é confessar os pecados? É concordar com Deus que pecamos. A palavra grega *homologeo* significa homologar, concordar com, dizer a mesma coisa. Confessar é concordar com o diagnóstico de Deus a nosso respeito, que somos pecadores e que temos cometido pecados, e assim verbalizamos essa concordância com tristeza e pesar.[131]

Em vez de negar o pecado ou escondê-lo, devemos admitir a nossa culpa e confessar o nosso pecado. Esta é a condição do perdão e o caminho da comunhão com Deus. Vale ressaltar, igualmente, que não se trata de uma confissão genérica, inespecífica e superficial. A verdadeira confissão requer a especificação dos pecados. Chamá-los pelo mesmo nome que Deus chama: inveja, ódio, mágoa, impureza. Confessar é ser honesto com Deus e consigo mesmo. É mais do que admitir o pecado, é julgá-lo.[132]

John Stott tem razão quando diz: "O que se requer não é uma confissão geral do pecado, mas uma confissão particular de pecados".[133]

Simon Kistemaker ressalta que não nos é dito quando, onde e como confessar nossos pecados, mas o arrependimento diário dos pecados nos leva à confissão contínua. João, na verdade, escreve: "Se continuarmos confessando nossos pecados". Ele escreve a palavra "pecados" no plural para indicar a magnitude de nossas transgressões.[134] Nós devemos confessar nossos pecados primeiramente a Deus e depois àqueles contra quem os cometemos. A confissão deve ser tão extensa quanto o estrago feito pelo pecado. A confissão de certos pecados exige uma reparação, além da confissão. Em alguns casos, a disciplina deve também ser aplicada.

A base do perdão. "[...] ele é fiel e justo..." A garantia e a segurança do perdão estão no caráter fiel e justo de Deus. A segurança da salvação não está edificada sobre o frágil alicerce da confiança humana, mas sobre a rocha firme da pessoa divina e suas promessas. Deus é fiel às suas promessas e é justo para não aplicar em nós o castigo dos mesmos pecados que Jesus carregou sobre o corpo no madeiro. Deus é fiel para perdoar porque ele cumpre a sua aliança e sua promessa de perdoar os nossos pecados e não se lembrar mais deles. "Pois perdoarei as suas iniquidades e dos seus pecados jamais me lembrarei" (Jr 31.34; Hb 8.12; 10.17).

À primeira vista, poderíamos pensar que Deus, em sua justiça, estaria muito mais propenso a condenar do que a perdoar. O justo não perdoa, mas aplica a pena da lei aos transgressores. Se Deus visita no pecador o seu pecado e "[...] não inocenta o culpado" (Êx 34.7), como ele pode perdoar pecados? Este é o dilema divino.

O Juiz de toda a terra não pode apagar o pecado levianamente. A cruz é, de fato, absolutamente a única base moral sobre a qual ele pode perdoar o pecado, pois ali o sangue de Jesus, seu Filho, foi derramado para que ele pudesse ser "a propiciação" por nossos pecados (2.2). Assim, podemos dizer que, ao perdoar os nossos pecados e nos purificar deles, Deus manifesta lealdade à sua aliança – sua fidelidade por causa da palavra que a iniciou e sua justiça por causa do efeito que a ratificou. Mas, simplesmente, é fiel para perdoar porque prometeu fazê-lo e justo porque seu Filho morreu por nossos pecados.[135]

Werner de Boor expressa com clareza esta ideia:

> Como Deus pode ser justo ao apagar o pecado? Jamais poderíamos imaginar ou experimentar isso se o perdão apenas consistisse de um "dito" de Deus. Contudo, ele reside em uma ação de seriedade absoluta e suprema justiça. "Aquele que não conheceu pecado, ele o fez pecado por nós; para que, nele, fôssemos feitos justiça de Deus" (2Co 5.21). Todo pecado foi julgado e punido no Cabeça da humanidade, Cristo. Deus é justo ao não vingar o pecado pela segunda vez em nós quando aceitamos Jesus como nosso substituto pela fé.[136]

A posse do perdão. "[...] para nos perdoar os pecados e nos purificar de toda injustiça". É justamente de nossas "injustiças" que essa "justiça de Deus" nos purifica.

John Stott diz que, na primeira frase, pecado é um débito que Deus quita, e, na segunda, uma mancha que ele remove.[137] Deus perdoa os pecados e purifica de toda injustiça. Ele lava por fora e purifica por dentro. Deus não coloca mais os nossos pecados em nossa conta, este é o lado judicial; Deus limpa e purifica, este é o lado pessoal. O primeiro verbo, *perdoar*, descreve o ato de cancelar uma dívida e pagar pelo devedor. E o segundo verbo, *purificar*, se refere ao fazer do pecador alguém santo, de modo que possa ter comunhão com Deus.[138] Deus toma a iniciativa, pois ele nos diz: "Vinde, pois, e arrazoemos, diz o Senhor; ainda que os vossos pecados sejam como a escarlata, eles se tornarão brancos como a neve; ainda que sejam vermelhos como o carmesim, se tornarão como a lã" (Is 1.18).

NOTAS DO CAPÍTULO 3

[90] LOPES, Augustus Nicodemus. *Primeira carta de João*. 2005: p. 34.
[91] BARCLAY, William. *I, II, III Juan y Judas*. 1974: p. 34.
[92] KISTEMAKER, Simon. *Tiago e epístolas de João*. 2006: p. 323.
[93] DE BOOR, Werner. *Cartas de João*. Em Comentário Esperança. 2008: p. 315.

94 RIENECKER, Fritz e ROGERS, Cleon. *Chave linguística do Novo Testamento grego*. 1985: p. 584.
95 DE BOOR, Werner. *Cartas de João*. Em Comentário Esperança. 2008: p. 314.
96 BLANEY, Harvey. *A primeira epístola de João*. Em Comentário Bíblico Beacon. Vol. 10. 2005: p. 294.
97 BARCLAY, William. *I, II, III Juan y Judas*. 1974: p. 34.
98 STOTT, John. *I, II, III João: Introdução e comentário*. 1982: p. 61.
99 LOPES, Augustus Nicodemus. *A primeira carta de João*. 2005: p. 35.
100 STOTT, John. *I, II, III João: Introdução e comentário*. 1982: p. 63,64.
101 BARCLAY, William. *I, II, III Juan y Judas*. 1974: p. 37.
102 WIERSBE, Warren W. *Comentário bíblico expositivo*. Vol. 6. 2006: p. 617.
103 STOTT, John. *I, II, III João: Introdução e comentário*. 1982: p. 64,65.
104 OGILVIE, Lloyd John. *Quando Deus pensou em você*. Editora Vida. Miami, FL. 1983: p. 16.
105 LOPES, Augustus Nicodemus. *A primeira carta de João*. 2005: p. 35.
106 OGILVIE, Lloyd John. *Quando Deus pensou em você*. 1983: p. 15.
107 BARCLAY, William. *I, II, III Juan y Judas*. 1974: p. 38,39.
108 KISTEMAKER, Simon. *Tiago e epístolas de João*. 2006: p. 323.
109 OGILVIE, Lloyd John. *Quando Deus pensou em você*. 1983: p. 19.
110 WIERSBE, Warren W. *Comentário bíblico expositivo*. Vol. 6. 2006: p. 617.
111 BARCLAY, William. *I, II, III Juan y Judas*. 1974: p. 42.
112 KISTEMAKER, Simon. *Tiago e epístolas de João*. 2006: p. 325.
113 STOTT, John. *I, II, III João: Introdução e comentário*. 1982: p. 67.
114 BLANEY, Harvey. *A primeira epístola de João*. Em Comentário Bíblico Beacon. Vol. 10. 2005: p. 297.
115 DE BOOR, Werner. *Cartas de João*. Em Comentário Esperança. 2008: p. 320.
116 STOTT, John. *I, II, III João: Introdução e comentário*. 1982: p. 69.
117 KISTEMAKER, Simon. *Tiago e epístolas de João*. 2006: p. 328.
118 WIERSBE, Warren W. *Comentário bíblico expositivo*. Vol. 6. 2006: p. 617.
119 WIERSBE, Warren W. *Comentário bíblico expositivo*. Vol. 6. 2006: p. 618.
120 DE BOOR, Werner. *Cartas de João*. 2008: p. 318.
121 KISTEMAKER, Simon. *Tiago e epístolas de João*. 2006: p. 324.
122 STOTT, John. *I, II, III João: Introdução e comentário*. 1982: p. 65.
123 KISTEMAKER, Simon. *Tiago e epístolas de João*. 2006: p. 324.

[124] BARCLAY, William. *I, II, III Juan y Judas*. 1974: p. 39.
[125] BLANEY, Harvey. *A primeira epístola de João*. Em Comentário Bíblico Beacon. Vol. 10. 2005: p. 296.
[126] LOPES, Augustus Nicodemus. *A primeira carta de João*. 2005: p. 36,37.
[127] STOTT, John. *I, II, III João: Introdução e comentário*. 1982: p. 65,66.
[128] SCHROEDER, L. Bonnet y A. *Comentario del Nuevo Testamento*. Tomo 4. 1982: p. 309.
[129] KISTEMAKER, Simon. *Tiago e epístolas de João*. 2006: p. 324.
[130] KISTEMAKER, Simon. *Tiago e epístolas de João*. 2006: p. 326.
[131] LOPES, Augustus Nicodemus. *A primeira carta de João*. 2005: p. 40.
[132] WIERSBE, Warren W. *Comentário bíblico expositivo*. Vol. 6. 2006: p. 620.
[133] STOTT, John. *I, II, III João: Introdução e comentário*. 1982: p. 68.
[134] KISTEMAKER, Simon. *Tiago e epístolas de João*. 2006: p. 326,327.
[135] STOTT, John. *I, II, III João: Introdução e comentário*. 1982: p. 68.
[136] DE BOOR, Werner. *Cartas de João*. Em Comentário Esperança. 2008: p. 319.
[137] STOTT, John. *I, II, III João: Introdução e comentário*. 1982: p. 67.
[138] KISTEMAKER, Simon. *Tiago e epístolas de João*. 2006: p. 327.

Capítulo 4

Jesus, o advogado incomparável
(1Jo 2.1,2)

O APÓSTOLO JOÃO AINDA ESTÁ lidando com o problema do pecado. O pecado é universal e também enganador. O pecado nos induz a tentar enganar os outros (1.6), a nós mesmos (1.8) e ao próprio Deus (1.10). Podemos ter três atitudes em relação ao pecado: escondê--lo (1.5,6,8,10), confessá-lo (1.7,9) e triunfar sobre ele (2.1,2).

João agora nos aponta o caminho para vencermos o pecado. O propósito dessa carta é encorajar os crentes a não pecarem (2.1). A prática do pecado é incompatível com a nova vida em Cristo. Quem vive pecando não viu a Deus nem o conheceu (3.6). Quem vive na prática do pecado não é nascido de Deus (3.9).

Toda essa carta está impregnada de horror, ódio, temor e repúdio ao pecado. João espera que os crentes sejam preservados do mau ensino dos hereges e que não caiam em pecado.[139] Precisamos ressaltar, entretanto, que a perfeição moral absoluta é impossível de ser conquistada nesta vida. O perfeccionismo não é bíblico. Precisamos distinguir entre perfeição posicional e perfeição processual. Somos perfeitos em Cristo (Cl 2.10; Fp 3.15), mas ainda estamos num processo de aperfeiçoamento. A santificação é um processo gradual. A perfeição obtida em Cristo é operada gradualmente em nós (2Co 7.1). Esse processo só é terminado na glorificação (1Co 15.51,52).[140]

Há duas posições perigosas em relação ao pecado: a indulgência por um lado e a severidade por outro. Vale ressaltar que João trata da questão do pecado de forma negativa - "Filhinhos meus, estas coisas vos escrevo para que não pequeis" - e depois positivamente - "Se, todavia, alguém pecar...".

John Stott está correto quando diz que é importante manter essas duas afirmações em equilíbrio. É possível ser demasiado indulgente e demasiado severo para com o pecado. A indulgência demasiado grande seria quase encorajar o pecado no cristão salientando a provisão de Deus para o pecador. Uma severidade exagerada, entretanto, seria negar a possibilidade de um cristão pecar ou recusar-lhe perdão e restauração, se ele cair. As duas posições extremas são contestadas por João.[141]

É preciso tocar a trombeta e alertar que o pecado é maligno e jamais deve ser incentivado ou tolerado. Cristo morreu não para nos salvar em nossos pecados, mas dos nossos pecados. Entretanto, aqueles que fecham a porta da esperança para os que são surpreendidos no pecado estão também em desacordo com a Palavra de Deus. O propósito de João é que os crentes não pequem, mas, se pecarem, eles têm Jesus como advogado e propiciação.

O apóstolo João nos mostra como triunfar sobre o pecado nesses dois versículos em apreço (2.1,2). Ele nos apresenta Jesus como o advogado, o Justo e a Propiciação. Trataremos, portanto, desses três pontos, sob a perspectiva de Jesus, como o advogado incomparável.

Jesus é o advogado incomparável quanto ao seu caráter (2.1)

O apóstolo escreve: "Filhinhos meus, estas coisas vos escrevo para que não pequeis. Se, todavia, alguém pecar, temos advogado junto ao Pai, Jesus Cristo, o Justo" (2.1). João se dirige aos crentes como seus filhos na fé. Ele tem amor e autoridade para ensiná-los. Não apenas os chama carinhosamente de filhinhos, mas de *meus* filhinhos. A palavra grega *teknion* pode ser traduzida por "criancinha". A forma diminutiva é usada para expressar afeto.[142]

Werner de Boor diz acertadamente que o trato leviano com o pecado por parte dos cristãos por causa do perdão "justo" (1.9) e pleno não representa mero perigo teórico. Quem encontra o "perdão justo" de Deus exclusivamente na cruz e no sangue do Filho de Deus de forma alguma pode pensar: logo, pecar não é tão grave, posso tranquilamente continuar a pecar. Então jamais teria compreendido o que o perdão de seus pecados custou. De qualquer modo, o apóstolo deseja constatar expressamente que a finalidade de sua mensagem é a rejeição séria e resoluta do pecado.[143]

A ordem de João para os seus queridos filhos é: "não pequeis". O verbo grego *hamarthete,* "pequeis", no aoristo indica atos específicos de pecado e não um estado habitual de pecado.¹⁴⁴ Em outras palavras, o pecado na vida dos crentes deve ser um acidente e não um hábito, uma prática.

João usa o termo *parakletos* para descrever Jesus. Essa palavra significa ajudador, advogado, intercessor. Fritz Rienecker diz que na literatura rabínica essa palavra podia indicar a pessoa que oferecia auxílio legal ou aquela que intercedia em favor de outra. No presente contexto, a palavra significa, indubitavelmente, advogado de defesa – num sentido jurídico.¹⁴⁵

William Barclay diz que o termo *parakletos*, "advogado", era usado em oposição ao termo "acusador".¹⁴⁶ A palavra *parakletos* aparece mais quatro vezes no Novo Testamento, todas no evangelho de João, onde é traduzida como "Consolador", e se refere ao Espírito Santo (Jo 14.16,26; 15.26; 16.7). Essa palavra significa, em geral, alguém que se coloca ao lado de outro para ajudar. Quando João usa a palavra aqui, aplicada a Cristo, a ideia é que ele fala com o Pai sobre nós, em nossa defesa, e intercede para que sejamos perdoados (Rm 8.34; 1Tm 2.5; Hb 7.24,25).¹⁴⁷

John Stott destaca o fato de que se temos um advogado no céu, Cristo tem um advogado na terra. O Espírito é o Paráclito de Cristo, como o Senhor Jesus é o nosso. No entanto, enquanto que o Espírito Santo pleiteia a causa de Cristo perante um mundo hostil, Cristo pleiteia a nossa causa contra o nosso "acusador" (Ap 12.10) e junto ao Pai, que ama e perdoa a seus filhos.¹⁴⁸

Agora não somos mais réus, mas filhos. Deus não é mais o nosso Juiz, mas Pai. Nós, que cremos em Cristo, não entramos mais em juízo, mas passamos da morte para a vida (Jo 5.24). Uma vez justificados, entramos na família de Deus. Se pecarmos, não precisaremos de uma nova justificação do Juiz divino, mas do perdão do Pai.

Esta expressão, "Jesus Cristo, o Justo" indica a sua natureza humana (Jesus), o seu ofício messiânico (Cristo) e o seu caráter justo (o Justo).[149] João enfatiza não apenas a humanidade de Jesus e o ofício messiânico de Cristo, mas também, seu caráter perfeito, justo e impoluto como homem (Mt 27.19,24). Ele é o Justo que veio morrer pelos injustos (Rm 5.6-11; 1Pe 3.18). Sendo justo, Jesus pode comparecer diante de Deus e nos defender.[150]

Destacamos aqui dois pontos para a nossa reflexão:

Em primeiro lugar, *Jesus Cristo não é apenas nosso advogado, mas também, nosso exemplo* (2.1). Hoje vemos uma separação entre a vida moral e o desempenho profissional. Muitos advogados são gigantes na tribuna, mas nanicos na conduta. São imbatíveis na oratória, mas vulneráveis na ética. Muitos advogados, por esperteza e pela ganância do lucro fácil, burlam as leis, corrompem os tribunais, aviltam a justiça e assaltam o direito dos inocentes.

No tribunal dos homens, muitas vezes a verdade é pisada e a justiça, negada. No tribunal dos homens, não raras vezes a lei é torcida, as testemunhas são subornadas, os juízes são corrompidos e as sentenças, compradas. No tribunal dos homens, muitas vezes vemos um Herodes livre e um João Batista na prisão; um Pilatos julgando e o Jesus de Nazaré sendo julgado; um Nero no trono e um Paulo no calabouço.

No entanto, Jesus como advogado nunca usou de espertezas para torcer a lei. Jesus nunca aceitou suborno. Ele nunca vendeu sua consciência. O diabo quis dar-lhe os reinos do mundo em troca de sua adoração (Mt 4.8-11). As multidões queriam fazê-lo rei (Jo 6.15). Nunca ninguém pôde acusá-lo de pecado. Não havia dolo em sua boca. Sua vida era impoluta e sem jaça. Ele é a Verdade, a luz do mundo, o verbo da vida, o advogado junto ao Pai, Jesus Cristo, o Justo.

Em segundo lugar, *Jesus Cristo como nosso advogado nunca transigiu com o erro* (2.1). Jesus não veio para manipular a lei, mas para cumpri-la. Ele não veio para encontrar brechas na lei para nos inocentar da culpa, mas para cumprir as exigências da lei e nos livrar da condenação do pecado. Ele se colocou sob a lei e viveu em obediência à lei.

Os judeus o acusaram de beberrão, violador do sábado, amigo dos pecadores e até de endemoninhado. Os membros do sinédrio contrataram testemunhas falsas para acusá-lo. Ninguém, contudo, pôde acusá-lo de pecado. Por essa razão, ele pode ser o nosso advogado.

Jesus é o advogado incomparável quanto ao seu método (2.1,2)

Jesus é singular não apenas quanto ao seu caráter, mas também quanto ao seu método. Destacaremos aqui alguns pontos importantes:

Em primeiro lugar, *Jesus não veio para defender nossa inocência, mas destacar a nossa culpa* (2.1,2). Jesus não veio para mostrar nossas virtudes, mas para apontar os nossos pecados. Jesus como nosso advogado não defende que somos inocentes, nem aduz circunstâncias atenuantes. Reconhece a nossa culpa e apresenta a sua obra vicária como a base da nossa absolvição.[151]

Jesus Cristo, nosso advogado, não veio buscar justos, mas pecadores. Ele não veio para os sãos, mas para os enfermos. Ele não veio salvar os que se julgam bons, mas veio buscar e salvar os perdidos (Lc 19.10). Destacamos alguns pontos:

Jesus não veio para dizer que o homem é bom. O pensador francês Jean Jacques Rousseau diz que o homem é bom.

Muitos creem nessa tolice e se julgam perfeitos e essencialmente bons. Mas a Bíblia diz que todos pecaram e destituídos estão da glória de Deus (Rm 3.23). As Escrituras nos informam que "Não há justo, nem um sequer" (Rm 3.10).

É bom enfatizar que Jesus veio para morrer pelos pecadores e não por aqueles que aplaudem as próprias virtudes. Aquele que diz que não tem pecado engana-se a si mesmo e ainda faz Deus mentiroso.

Jesus não veio para dizer que temos méritos diante de Deus para sermos absolvidos. A defesa que Jesus apresenta em nosso favor à destra de Deus não é fazendo uma apologia dos nossos méritos pessoais, mas da virtude e eficácia de seu sacrifício em nosso favor. Somos salvos pela fé e não pelas obras (Ef 2.8,9). Não somos aceitos por Deus pelas obras que fazemos, mas pela obra que Cristo fez. Não somos recebidos nos céus pelas obras que fazemos para Deus, mas pela obra que Deus fez por nós em Cristo.

Jesus não veio para dizer que somos inocentes. Longe de defender nossa inocência, Jesus reafirma a nossa culpa. Deus não inocenta o culpado (Êx 34.7) e a alma que pecar, essa morrerá (Ez 18.4). Só aqueles que se reconhecem pecadores culpados podem ter a Jesus como seu advogado. Só aqueles que estão desesperados por causa de seus pecados podem encontrar o alívio do perdão e a alegria da reconciliação por meio de Cristo. Se não tivermos uma concepção real da malignidade e gravidade do pecado não teremos uma visão correta do Salvador nem mesmo da salvação.

Jesus não veio para dizer que somos livres. O pecado escraviza. O pecado é uma prisão. Jesus diz que quem pratica o pecado é escravo do pecado. Muitos pensam que o maior problema do homem é a ignorância. Os positivistas pensaram que se déssemos educação ao homem ele viveria num paraíso, mas o maior problema do homem não é ignorância, mas o pecado.

Há pessoas cultas que ainda são escravas do seu pecado. Somente Cristo liberta. Jesus disse: "Conhecereis a verdade e a verdade vos libertará" (Jo 8.32). Ele mesmo disse: "Se, pois, o Filho vos libertar, verdadeiramente sereis livres" (Jo 8.36). Só aqueles que se reconhecem culpados, perdidos e condenados é que podem ser livres e salvos. No tribunal de Deus não existe réu primário, bons antecedentes e pena comutada. Só os arrependidos serão absolvidos!

Jesus não veio para dizer que a sinceridade é suficiente. Muitos pensam que o importante é ser sincero. Mas a Bíblia diz que "Há caminho que ao homem parece direito, mas ao cabo dá em caminhos de morte" (Pv 14.12). Há muitas pessoas sinceramente enganadas. Há muitos indivíduos que estão no caminho largo da perdição e jamais se aperceberam que estão caminhando para a morte. Jesus não veio para dizer que a sinceridade é a porta do céu. A porta do céu é Jesus. O caminho para Deus é Jesus. O único advogado junto ao Pai é Jesus Cristo, o Justo.

Em segundo lugar, *Jesus não cobra honorários, ele defende a nossa causa de graça.* Quanto mais famoso é um advogado, tanto mais caro é o seu serviço. Jesus é o advogado divino e ele não cobra nada; aliás, ele pagou tudo.

A salvação é de graça, mas não é barata. Ela custou muito caro para Deus. Ela custou o sangue do seu Filho bendito. Jesus suportou a ignomínia da cruz para nos salvar (Hb 12.2). Ele suportou o escárnio, as cusparadas e a vil humilhação para ser o nosso advogado. Ele foi esbordoado, despido e pregado na cruz por ser o nosso representante e substituto. Ele morreu a nossa morte. Ele ressuscitou e está à destra de Deus.

A graça é um dom imerecido. Jesus é o advogado daqueles que estão desamparados, que estão esmagados pela culpa, que estão sob o senso da condenação. Jesus não cobra pelo seu serviço. Ele não exige o pagamento de custas processuais nem cobra honorários.

Em terceiro lugar, *Jesus é o titular da ação ou pede substabelecimento*. Jesus não é um advogado dentre outros. Ele é o único advogado que nós temos junto ao Pai. Ele é o único Mediador entre Deus e os homens. Ninguém pode ir ao Pai senão por ele. Não há salvação em outro nome dado entre os homens pelo qual importa que sejamos salvos. Não podemos confiar em nossos méritos, obras, penitências, nem recorrermos a Pedro, Maria ou outros intercessores. Jesus é o titular da ação ou, então, não é o nosso advogado.

Em quarto lugar, *Jesus jamais está ocupado, mas está sempre pronto a nos atender*. Quanto mais importante é um advogado, tanto mais cheia é a sua agenda e tanto mais indisponível está para os seus clientes. Jesus, o advogado incomparável, está sempre disponível. Ele não está ocupado em viagens e audiências. Temos livre acesso a ele a qualquer tempo, em qualquer lugar. Sua assistência é direta e constante. Podemos falar com ele em casa, no trabalho, na escola ou no hospital. Sua linha nunca está ocupada. Ele está à direita do Pai e intercede por nós (Rm 8.34).

Jesus é o advogado incomparável quanto à sua eficácia (2.2)

Alistaremos em seguida as razões por que Jesus é absolutamente eficaz em seu ministério como nosso advogado.

Em primeiro lugar, *Jesus veio não apenas para estar ao nosso lado, mas em nosso lugar*. Ele não veio apenas para falar por nós, mas para morrer por nós. Jesus é o nosso fiador, representante e substituto. O apóstolo João diz que Jesus é a propiciação pelos nossos pecados. Destacamos aqui dois pontos: a natureza do seu sacrifício e o alcance do seu sacrifício.

A natureza do sacrifício de Cristo. João escreve: "E ele é a propiciação pelos nossos pecados..." (2.2a) A palavra grega *hilasmos* significa satisfação e propiciação. A ideia é aplacar a ira de Deus. A ideia dessa passagem é que Jesus propicia a Deus com relação a nossos pecados.[152]

A "propiciação" está ligada aos sacrifícios do Antigo Testamento. Animais eram sacrificados e o seu sangue derramado como "pagamento" pelo pecado (Lv 16.14,15; 17.11). Os sacrifícios eram oferecidos para cobrir os pecados e afastar a ira de Deus sobre os pecadores. Cristo é o sacrifício, providenciado pelo próprio Deus, que satisfaz a justa ira de Deus pelos nossos pecados, e desvia essa ira de sobre nós, apaziguando a Deus e nos reconciliando com ele (4.10; Rm 3.25,26; 1Pe 2.24; 3.18).[153]

Cristo morreu na cruz para propiciar a Deus. John Stott é categórico quando diz que Deus precisa ser propiciado, uma vez que sua ira permanece sobre todo pecado e de algum modo tem de ser afastada ou aplacada, se é que o pecador há de ser perdoado.[154]

John Stott ainda refuta aqueles que rejeitam a doutrina da propiciação, vinculando-a a toscas ideias pagás do aplacamento da ira caprichosa dos deuses por meio de dádivas e sacrifícios. Ele ressalta que a ira de Deus não é arbitrária nem caprichosa. Não tem semelhança com as paixões imprevisíveis e com o espírito vingativo e pessoal das divindades pagás. Em vez disso, ela é seu determinado, controlado e santo antagonismo a todo mal. Também a propiciação é uma iniciativa inteiramente de Deus.[155]

É sempre bom enfatizar que não foi a cruz que produziu o amor de Deus, mas o amor de Deus que produziu a cruz (4.10). Não devemos imaginar nem que o Pai enviou seu Filho para fazer alguma coisa que o Filho estava relutante em fazer nem que o Filho era uma terceira parte que interveio entre o pecador e um Deus relutante. O que João atribui tanto ao Pai como ao Filho é amor, e não relutância.

Jesus não é apenas o propiciador, ele é a propiciação. Como ele fez isso? Para defender-nos diante do tribunal de Deus era necessário que a lei violada por nós fosse cumprida e que a justiça de Deus ultrajada por nós fosse satisfeita. Jesus veio como nosso fiador e substituto. Ele tomou sobre si os nossos pecados. Ele sofreu o duro golpe da lei em nosso lugar. Ele levou sobre si a nossa culpa. Ele bebeu sozinho o cálice da ira de Deus contra o pecado. Ele se fez pecado por nós. Ele foi humilhado, cuspido, espancado, moído. Ele morreu a nossa morte. A cruz é a justificação de Deus. Pelo seu sacrifício, nossos pecados foram cancelados. Agora estamos quites com a lei de Deus e com a justiça de Deus. Agora estamos justificados. Jesus é a propiciação pelos nossos pecados.

John Stott de forma oportuna alerta:

> Cristo ainda é a propiciação, não porque em algum sentido ele continue a oferecer o seu sacrifício, mas porque o seu sacrifício único, uma vez oferecido, tem virtude eterna que é eficaz hoje nos que creem. Assim, a provisão do Pai para o cristão que peca está em seu Filho, que possui tríplice qualificação: seu caráter justo, sua morte propiciatória e sua advocacia celestial. Cada uma depende das outras. Ele não poderia ser nosso advogado no céu hoje, se não tivesse morrido para ser a propiciação pelos nossos pecados; e a sua propiciação não teria sido eficaz, se em sua vida e caráter não tivesse sido Jesus Cristo, o Justo.[156]

Podemos sintetizar a explanação feita em três pontos básicos:

Primeiro, a necessidade da propiciação. O fim principal do homem é glorificar a Deus e ter comunhão com ele. O problema supremo do homem, porém, é o pecado, pois este separa o homem de Deus. Porém, mediante o sacrifício de Cristo essa comunhão que foi quebrada pelo pecado é restaurada.

William Barclay está certo quando diz que Jesus é a pessoa em virtude da qual são removidas tanto a culpa do pecado passado como a contaminação do pecado presente.[157] A necessidade da propiciação não se constitui nem da ira de Deus, isoladamente, nem do pecado do homem, isoladamente, mas de ambos juntos. O pecado é transgressão da lei de Deus e rebelião contra Deus. O pecado provoca a ira de Deus e precisa ser propiciado para sermos perdoados e aceitos por Deus.

Segundo, a natureza da propiciação. Jesus Cristo é a nossa propiciação (2.2; 4.10). É por meio do seu sangue que somos purificados do pecado (1.7). Ele sofreu a morte que era a recompensa justa dos nossos pecados. E a eficácia de sua morte permanece, de sorte que hoje ele é a propiciação.

Terceiro, a origem da propiciação. A origem da propiciação é o amor de Deus (4.10). Deus deu o seu Filho para morrer pelos pecadores. Esse dom não foi apenas resultado do amor de Deus (Jo 3.16), nem somente prova e penhor dele (Rm 5.8; 8.32), mas a própria essência desse amor: "Nisto consiste o amor [...] em que ele nos amou, e enviou o seu Filho como propiciação pelos nossos pecados" (4.10). Portanto, não pode haver a questão de homens apaziguando com suas ofertas uma divindade irritada. A propiciação cristã é completamente diferente, não só no caráter da ira divina, mas no meio pelo qual é propiciada. É um apaziguamento da ira de Deus pelo amor de Deus, mediante a dádiva de Deus.[158]

O alcance do sacrifício de Cristo. O apóstolo João conclui: "[...] e não somente pelos nossos próprios, mas ainda pelos do mundo inteiro" (2.2b). O que João está ensinando certamente não é o universalismo. O sacrifício de Cristo alcança todo mundo em extensão, no sentido de que ele morreu para comprar para Deus os que procedem de toda tribo, língua, povo e nação, mas não todo o indivíduo indistintamente de cada tribo, língua, povo e nação. É todo o mundo sem acepção, mas não todo o mundo sem exceção.

Simon Kistemaker, nessa mesma linha de pensamento, diz que a frase "o mundo inteiro" não está relacionada a cada criatura feita por Deus. A palavra *inteiro* descreve o mundo em sua totalidade, não necessariamente em sua individualidade. O universalismo, a crença de que Deus salvará a todos, é uma falácia. O próprio apóstolo João, em outro contexto, distingue entre filhos de Deus e filhos do diabo (3.1,10) e então conclui que "Cristo entregou sua vida por nós" (3.16).[159]

Augustus Nicodemus lança luz sobre este assunto quando escreve:

> Essa declaração de João parece contradizer outros textos bíblicos que declaram que Cristo morreu com o propósito de pagar os pecados somente do seu povo. Fica difícil entender que João está ensinando aqui (2.2) que Cristo pagou efetivamente os pecados de cada homem e mulher que já existiram. Isto significaria três coisas: 1) que Cristo sofreu e morreu em vão por milhares de pecadores que irão sofrer eternamente no inferno; 2) que a pena paga por Cristo no lugar deles não foi válida, pois os perdidos pagarão outra vez essa pena, sofrendo eternamente; 3) o sacrifício de Cristo apenas torna possível a toda

e qualquer pessoa salvar-se pela fé, mas não assegura a salvação de ninguém.

Em outros escritos de João, porém, está claro que Jesus veio dar a sua vida somente para os seus. Aqueles pelos quais Jesus sofreu e morreu são chamados de "[...] minhas ovelhas" (Jo 10.11,15,26-30) e "[...] meus amigos" (Jo 15.13); é por eles, e não pelo mundo, que Jesus roga ao Pai (Jo 17.9-20). Esse conceito se percebe também em outras partes do Novo Testamento: Jesus veio salvar "[...] o seu povo dos pecados deles" (Mt 1.21); o que Deus comprou com o seu sangue foi a sua igreja (At 20.28), pois Cristo amou a igreja e a si mesmo se entregou por ela (Ef 5.25).[160]

Em segundo lugar, *Jesus veio não apenas para cuidar das nossas causas temporais, mas, sobretudo, das eternas*. Jesus, como nosso advogado, tem competência não apenas para nos consolar, mas também autoridade para nos perdoar. Seu sangue nos purifica de todo o pecado. Quando Jesus nos absolve, ele é a última instância. Não cabe mais nenhum recurso nem apelação no supremo pretório divino.

O apóstolo pergunta: "Quem intentará acusação contra os eleitos de Deus? É Deus quem os justifica. Quem os condenará? É Cristo Jesus quem morreu ou, antes, quem ressuscitou, o qual está à direita de Deus e também intercede por nós" (Rm 8.33,34).

Jesus é o advogado das causas perdidas. Ele nunca perdeu uma causa. Ele nunca sofreu uma derrota. Não há pecado que ele não possa perdoar. Não há casos indefensáveis para ele. Para ele não há vidas irrecuperáveis. Jesus limpou os leprosos, curou os cegos, levantou os coxos, ressuscitou os mortos, perdoou as prostitutas e recebeu os publicanos e pecadores. Ele pode salvar totalmente aqueles que se achegam a ele, vivendo sempre para interceder por eles (Hb 7.25).

A mulher que foi apanhada em flagrante adultério e lançada aos pés de Jesus, exposta ao vexame público pelos escribas e fariseus, estava condenada pelo tribunal da lei, pelo tribunal da religião e pelo tribunal da consciência. Mas Jesus a absolveu, dizendo: "Nem eu tampouco te condeno, vai e não peques mais" (Jo 8.11).

O endemoninhado gadareno já havia sido rejeitado pela sociedade e enjeitado pela família. Vivia entre os sepulcros, nu, furioso, insano, gritando de noite e de dia, ferindo-se com pedras. Era um aborto vivo, um vivo morto, um espectro humano, um pária da sociedade. Jesus não apenas o libertou e o curou, mas também o salvou (Mc 5.1-20).

O ladrão na cruz estava condenado. Estava no apagar das luzes de uma vida vivida no crime. Mas na undécima hora arrependeu-se e pediu a Jesus que lembrasse dele quando viesse no seu reino e Jesus o perdoou, dando-lhe garantia imediata e graciosa de comunhão na bem-aventurança eterna.

Em terceiro lugar, *Jesus é o nosso advogado hoje; amanhã será o nosso Juiz.* Quem não o recebe agora como advogado, enfrenta-lo-á inexoravelmente como o Juiz (At 17.30,31). Todos os homens comparecerão perante o tribunal justo de Deus: ricos e pobres, ateus e religiosos, doutores e analfabetos (Mt 25.31-46; Ap 20.11-15). Não haverá revelia, pois todos estarão lá. Não haverá réplica nem tréplica, mas todos estarão calados, cobertos por um pesado silêncio.

Aqueles que recusaram confiar sua causa a Jesus, como advogado, testemunhas se levantarão contra eles no tribunal. A própria consciência os julgará. Os homens desesperados vão clamar: "Montes, caí sobre nós..." (Ap 6.16). As suas obras os condenarão, pois os livros serão abertos e eles serão julgados segundo as suas obras (Ap 20.12). Suas palavras os condenarão no juízo, pois eles darão contas no dia do juízo por todas as palavras frívolas que proferiram. Suas omissões e seus desejos secretos os denunciarão naquele grande dia do juízo. A única maneira de entrarem pelos portais da bem-aventurança eterna é terem a garantia de que Jesus é o seu advogado.

Notas do capítulo 4

[139] Stott, John. *I, II, III João: Introdução e comentário*. 1982: p. 70.
[140] Lopes, Augustus Nicodemus. *Primeira carta de João*. 2005: p. 46.
[141] Stott, John. *I, II, III João: Introdução e comentário*. 1982: p. 69.
[142] Rienecker, Fritz e Rogers, Cleon. *Chave linguística do Novo Testamento grego*. 1985: p. 584.
[143] de Boor, Werner. *Cartas de João*. Em Comentário Esperança. 2008: p. 320.
[144] Rienecker, Fritz e Rogers, Cleon. *Chave linguística do Novo Testamento grego*. 1985: p. 584.
[145] Rienecker, Fritz e Rogers, Cleon. *Chave linguística do Novo Testamento grego*. 1985: p. 584.
[146] Barclay, William. *I, II, III Juan y Judas*. 1974: p. 47.
[147] Lopes, Augustus Nicodemus. *Primeira carta de João*. 2005: p. 47.

[148] STOTT, John. *I, II, III João: Introdução e comentário.* 1982: p. 70.
[149] STOTT, John. *I, II, III João: Introdução e comentário.* 1982: p. 70,71.
[150] LOPES, Augustus Nicodemus. *Primeira carta de João.* 2005: p. 47.
[151] STOTT, John. *I, II, III João: Introdução e comentário.* 1982: p. 71.
[152] RIENECKER, Fritz e ROGERS, Cleon. *Chave linguística do Novo Testamento grego.* 1985: p. 584.
[153] LOPES, Augustus Nicodemus. *Primeira carta de João.* 2005: p. 47.
[154] STOTT, John. *I, II, III João: Introdução e comentário.* 1982: p. 72.
[155] STOTT, John. *I, II, III João: Introdução e comentário.* 1982: p. 72.
[156] STOTT, John. *I, II, III João: Introdução e comentário.* 1982: p. 73.
[157] BARCLAY, William. *I, II, III Juan y Judas.* 1974: p. 49.
[158] STOTT, John. *I, II, III João: Introdução e comentário.* 1982: p. 77.
[159] KISTEMAKER, Simon. *Tiago e epístolas de João.* 2006: p. 336.
[160] LOPES, Augustus Nicodemus. *Primeira carta de João.* 2005: p. 48.

Capítulo 5

Como conhecer um cristão verdadeiro
(1Jo 2.3-11)

No capítulo 1 de sua epístola, o apóstolo João identificou três marcas de um falso cristão: ele tenta enganar os outros, a si mesmo e a Deus. Agora, o apóstolo passa a falar sobre as marcas do cristão verdadeiro. Quais são os critérios para avaliarmos se um indivíduo é verdadeiramente salvo? Num universo tão diversificado, de tantas igrejas com tão variadas doutrinas e práticas, como podemos distinguir o verdadeiro do falso? Como podemos saber que uma pessoa é verdadeiramente convertida?

Como já destacamos nesta obra, João enfatiza nessa missiva três provas básicas para identificarmos um cristão verdadeiro: a obediência (a prova moral), o amor (a prova social) e a fé em Cristo (a prova doutrinária).[161]

Nós só podemos conhecer um cristão verdadeiro verificando sua vida com o modelo perfeito que é Jesus. O cristão precisa andar como Cristo andou. Ele precisa amar como Cristo amou. Ele precisa ter a vida que Cristo doou.

Augustus Nicodemus destaca com pertinência que isto não significa a perfeição absoluta aqui neste mundo.[162] É bem conhecida a interpretação de Calvino a este respeito. Para o reformador genebrino, João se refere aos que lutam de acordo com a capacidade da fraqueza humana, para formar sua vida na obediência a Deus.

No texto em tela, vamos nos concentrar em duas dessas provas básicas: a obediência e o amor.

A obediência, a evidência do verdadeiro conhecimento de Deus (2.3-6)

Conhecer a Deus e ter comunhão com ele é a própria essência da vida eterna (Jo 17.3). Comunhão com Deus e conhecimento de Deus são dois lados da mesma moeda.[163]

Em suas *Confissões,* Agostinho de Hipona diz: "Deus nos criou para ele e nossa alma não encontrará repouso até descansarmos nele". William Barclay destaca as três formas de conhecimento correntes no primeiro século.[164]

Os gregos pensavam que podiam conhecer a Deus simplesmente por intermédio da razão. Os falsos mestres do gnosticismo desprezavam os cristãos julgando-se superiores a eles, uma vez que estes tinham fé, enquanto eles tinham conhecimento. O gnosticismo defendia a supremacia do conhecimento. Eles se consideravam superiores aos outros homens. Eles viam a si mesmos como uma casta espiritual. Para os gregos, o caminho para Deus era o intelecto.

O cristianismo deveria converter-se em uma satisfação intelectual em vez de uma ação moral.[165] Movidos por essa cosmovisão, os grandes expoentes da cultura grega, como Sócrates e Platão, não tinham uma vida moral ilibada. Eles, por exemplo, tinham amantes e defendiam o homossexualismo. O conhecimento estava separado da ética. Vemos, ainda hoje, resquícios dessa visão equivocada. Há aqueles que têm conhecimento, mas não têm vida. São ortodoxos de cabeça, mas hereges de conduta.

Posteriormente os gregos falavam no conhecimento de Deus por intermédio da emoção. Com o surgimento das religiões de mistério, um grande destaque foi dado à questão emocional e mística. As cerimônias e rituais eram regados de emocionalismo. Criava-se uma atmosfera emocional, por uma iluminação sutil, música sensual, incenso perfumado e uma cativante liturgia.

A proposta não era conhecer a Deus, mas sentir Deus. Isso criou uma religião narcotizante. As pessoas entravam em transe. Tinham catarses. Eram arrebatadas emocionalmente. Essa tendência está em alta ainda hoje. O evangelicalismo brasileiro tem laivos fortes desse misticismo. As pessoas não querem conhecimento, mas experiências; não querem saber, querem sentir. Buscam não a verdade, mas arrebatamentos emocionais.

O conhecimento de Deus por meio da própria revelação. A visão judeu-cristã é que só podemos conhecer a Deus porque ele se revelou e se revelou de forma plena e final em seu Filho Jesus Cristo. O conhecimento de Deus não é produto da especulação humana nem de exóticas experiências emocionais, mas da revelação do próprio Deus ao homem por intermédio de Cristo. Logo que Pedro confessou a Jesus como o Cristo, o Filho do Deus vivo, o Senhor lhe disse:

"Bem-aventurado és, Simão Barjonas, porque não foi carne e sangue que to revelaram, mas meu Pai, que está nos céus" (Mt 16.17).

Dito isto, vamos agora considerar os versículos 3 a 6 do texto em apreço. O ponto nevrálgico é identificar o verdadeiro conhecimento de Deus. Estariam os gnósticos e as religiões de mistério com a razão? Será que o conhecimento de Deus nos é concedido por meio do intelecto ou das emoções? Será que o verdadeiro conhecimento de Deus é fruto do conhecimento esotérico e das experiências místicas?

João rechaça essas possibilidades, e levanta a bandeira do verdadeiro conhecimento de Deus. A verdade incontroversa e irrefutável ensinada pelo apóstolo é que o verdadeiro conhecimento de Deus nos vem pela revelação e é evidenciado pela obediência.

Destacaremos quatro pontos para a nossa reflexão:

Em primeiro lugar, *a obediência é a prova do conhecimento de Deus* (2.3). "Ora, sabemos que o temos conhecido por isso: se guardamos os seus mandamentos."

Harvey Blaney diz que para os gregos o conhecimento da realidade máxima vinha por meio da contemplação racional; para os gnósticos, ela vinha como resultado de uma experiência mística. Para João, o conhecimento máximo é o conhecimento de Deus em Jesus Cristo.[166]

Conhecer nas Escrituras e especialmente em João (2.3,4,13,14) não significa nunca um conhecimento intelectual, teórico, mas um conhecimento experimental do coração.[167] O que João está dizendo é que nenhum conhecimento é verdadeiro se não for transformador.

John Stott tem razão quando diz que nenhuma experiência religiosa é válida se não tiver consequências morais (Tt 1.16).[168]

Não conhecemos a Deus pelo tanto de informações que temos na mente, mas pelo grau de obediência que manifestamos na vida. As palavras de um homem devem ser provadas por suas obras. Se a sua vida contradiz as suas palavras, o seu conhecimento de Deus é falso. João não pode conceber um verdadeiro conhecimento de Deus que não resulte em obediência.

O conhecimento de Deus só pode ser provado pela obediência a Deus, e só pode ser adquirido obedecendo a Deus. Conhecer a Deus é experimentar o amor de Cristo e devolver esse amor em obediência.[169]

Warren Wiersbe diz que a obediência pode ter três motivações: obedecemos porque somos obrigados, porque precisamos ou porque queremos. O escravo obedece porque é *obrigado*. Do contrário, será castigado. O empregado obedece porque *precisa*. Pode não gostar de seu trabalho, mas certamente gosta de receber o salário no final do mês! Precisa obedecer, pois tem uma família para alimentar e vestir. Mas o cristão deve obedecer ao Pai celestial porque *quer* – porque tem um relacionamento de amor com Deus.[170] Jesus disse: "Se me amais, guardareis os meus mandamentos" (Jo 14.15).

Em segundo lugar, *a inconsistência moral é a negação do conhecimento de Deus* (2.4). "Aquele que diz: Eu o conheço e não guarda os seus mandamentos é mentiroso, e nele não está a verdade." O pior dos enganos é o autoengano. Há aqueles que estão certos de que conhecem a Deus, mas estão enganados, são mentirosos, porque sua vida está plantada na areia movediça da inconsistência moral. Alguém poderá dizer: "Eu sou cristão, eu estou no caminho do céu, eu pertenço a Cristo". Mas se não fizer o que Cristo lhe manda, é mentiroso.

Simon Kistemaker diz que a pessoa que fala uma coisa e faz exatamente o contrário é uma mentira ambulante.[171] A prova do conhecimento de Deus é a obediência moral. As palavras de um homem devem ser provadas por suas obras. Jesus Cristo acentua essa verdade no Sermão do Monte, quando diz:

> Muitos, naquele dia, hão de dizer-me: Senhor, Senhor! Porventura, não temos nós profetizado em teu nome, e em teu nome não expelimos demônios, e em teu nome não fizemos muitos milagres? Então, lhes direi explicitamente: nunca vos conheci. Apartai-vos de mim, os que praticais a iniquidade (Mt 7.22,23).

Os falsos mestres gnósticos, em virtude de sua teologia herética, bandearam para a imoralidade. Influenciados pelo dualismo grego, acreditavam que a matéria era essencialmente má. Por conseguinte, desvalorizavam o corpo e não acreditavam na sua santidade. Essa atitude os levou ora para o ascetismo, ora para a libertinagem. O resultado disso é que professavam conhecer a Deus, mas negavam esse conhecimento pela vida desregrada que tinham. O conhecimento de Deus que alegavam ter era falso.

Em terceiro lugar, *a obediência à Palavra é a prova de que Deus está em nós e nós nele* (2.5). "Aquele, entretanto, que guarda a sua palavra, nele, verdadeiramente, tem sido aperfeiçoado o amor de Deus. Nisto sabemos que estamos nele..." O amor de Deus por nós é aperfeiçoado na obediência à Palavra. Nosso amor por Deus é demonstrado pela observância dos mandamentos de Cristo (5.3; Jo 14.15,21,23).

Como podemos saber que estamos em Deus? João responde com uma sucessão de declarações: Quando estamos nele (2.5), quando permanecemos nele (2.6) e quando andamos assim como ele andou (2.6). Concordo com John Stott quando diz que o verdadeiro amor a Deus se expressa, não em linguagem sentimental ou em experiência mística, mas na obediência moral. A prova do amor é a lealdade.[172]

Em quarto lugar, *a imitação de Cristo é a prova de que pertencemos a ele* (2.6). "Aquele que diz que permanece nele, este deve também andar assim como ele andou." Cristo não é apenas nosso mestre; é também nosso exemplo. Qualquer pessoa que diga que é cristão deve viver como Cristo viveu.

A tradução Phillips deixa isso claro: "A vida daquele que professa viver em Deus deve produzir perfeitamente o caráter de Cristo". Não basta conhecer seus mandamentos e sua Palavra, precisamos também imitá-lo (2.6; 3.3).

Precisamos andar como ele andou. Como Cristo andou? Ele andou regido pela humildade. Ele se esvaziou a si mesmo. Ele andou em total submissão ao Pai. Ele se entregou a si mesmo. Ele andou por toda a parte fazendo o bem e curando os oprimidos do diabo. Ele andou em amor e perdoou até mesmo os seus algozes. É assim que devemos andar, uma vez que o conhecimento de Deus não é apenas intelectual ou emocional, mas sempre desembocará na obediência moral.

Concordo com William Barclay quando escreve:

> O cristianismo é a religião que oferece o maior privilégio e também a maior obrigação. No cristianismo, o esforço intelectual e a experiência emocional não são descuidados – longe disso – devem, contudo, combinar-se para frutificar em ação moral.[173]

John Stott tem razão quando diz: "Não podemos pretender permanecer nele, a menos que nos comportemos como ele".[174]

O amor, a evidência da verdadeira caminhada na luz (2.7-11)

Se a obediência é a prova moral que identifica o verdadeiro cristão, o amor é a prova social. João faz uma transição da prova moral para a prova social, da obediência aos mandamentos para o amor ao próximo. Algumas verdades preciosas são aqui destacadas:

Em primeiro lugar, *o amor é um mandamento velho e novo ao mesmo tempo* (2.7,8). O apóstolo João escreve:

> Amados, não vos escrevo mandamento novo, senão mandamento antigo, o qual, desde o princípio, tivestes. Esse mandamento antigo é a palavra que ouvistes. Todavia, vos escrevo novo mandamento, aquilo que é verdadeiro nele e em vós, porque as trevas se vão dissipando, e a verdadeira luz já brilha.

O amor fraternal era parte integrante da mensagem original que chegara aos cristãos. O apóstolo não está inventando esta mensagem agora. Não era uma inovação como o que os hereges pretendiam ensinar. Era tão antigo como o próprio evangelho.[175]

João mostra que o novo surge a partir do antigo, quando diz que o novo mandamento, na verdade, é antigo. O mandamento de amar o próximo é antigo. Ele é da lei: "Amarás o teu próximo como a ti mesmo" (Lv 19.18). Ele faz parte do Antigo Testamento. Entretanto, é um novo mandamento, porque Cristo o revestiu de um significado mais rico e mais amplo (Jo 13.34,35).

Lloyd John Ogilvie diz que Jesus transformou esse mandamento em novo mandamento no fato de que ele realmente chamou as pessoas a vivê-lo. Sua vida toda o encarnou. Esse mandamento se torna novo toda vez que permitimos que seu prumo desafiador caia em nossos relacionamentos. A vida cristã é um milhão de novos começos instigados pelo desafio sempre novo de amar uns aos outros como Cristo nos amou. É verdade que reorienta em meio ao conflito. É nosso mandato quando lidamos com pessoas difíceis e impossíveis. É na prática do amor de alto preço que o mandamento se torna novo outra vez.[176] Conquanto o cristianismo doutrinário seja sempre antigo, o cristianismo experimental é sempre novo.[177]

João não está entrando em contradição. Na língua grega há duas palavras para "novo". A palavra *neós* é novo em termos de tempo e *kainós* é novo em termos de qualidade. A palavra usada por João aqui é *kainós*. O mandamento para amar uns aos outros não é novo em termos de tempo, mas o é em termos de qualidade.[178]

Simon Kistemaker esclarece esse ponto quando diz que não há nenhuma contradição nas palavras de João, considerando três aspectos: 1) Literal – A palavra *novo* em grego sugere que o antigo deu à luz o novo. O antigo não deixa de existir, mas continua com o novo. Observamos um bom exemplo com respeito aos dois testamentos: o Antigo Testamento preparou o caminho para o Novo Testamento, mas não perdeu a sua validade quando o Novo chegou. 2) Teológico – O conceito de *próximo* (Lv 19.18) inclui tanto o israelita quanto o estrangeiro que vivia na terra prometida com o povo de Deus (Lv 19.34). Na época do Novo Testamento, porém, Jesus deu novo significado ao mandamento de amar ao próximo, quando contou a parábola do bom samaritano (Lc 10.25-37) e quando disse aos ouvintes que o mandamento de amar o próximo também era válido para os inimigos (Mt 5.43,44). Jesus tornou-se conhecido como "[...] amigo de publicanos e pecadores" (Mt 11.19). 3) Evidente – Se a comunhão cristã é caracterizada por tal amor, então será reconhecida como a comunhão dos seguidores de Cristo; terá a marca inconfundível de seu amor.[179]

Podemos afirmar que o mandamento de amar o próximo é novo em três aspectos:

O mandamento é novo em profundidade. O novo mandamento de Cristo nos desafia a amar como ele nos amou. Isso é mais do que amar o próximo como a si mesmo, uma vez que Cristo nos amou e a si mesmo se entregou por nós. O amor cristão não é sentimento, é ação. Não somos quem dizemos ser, mas o que fazemos. Cristo deu sua vida por nós e devemos dar a nossa vida pelos irmãos (3.16).

O mandamento é novo em extensão. Jesus redefiniu o significado de "próximo". O próximo que devemos amar é qualquer pessoa que precise da nossa compaixão, independentemente de raça ou posição. Devemos amar até mesmo os nossos inimigos. Em Jesus o amor busca o pecador. Para os rabinos judeus ortodoxos, o pecador era uma pessoa a quem Deus queria destruir.

Os judeus desprezavam os pecadores, considerando-os indignos do amor de Deus, e repudiavam os gentios, considerando-os combustível do fogo do inferno. Porém Deus amou o mundo. Deus provou seu amor por nós, sendo nós ainda pecadores. Ele não amou por causa dos nossos méritos, mas apesar dos nossos deméritos. Jesus amou aqueles que o feriram e perdoou aqueles que o pregaram na cruz. O nosso amor deve alcançar a todos sem fazer discriminação. O nosso amor deve incluir a todos sem acepção. O nosso amor deve abranger a todos sem exceção.

O mandamento é novo em experiência. Andar em amor e andar na luz são a mesma coisa. Quando conhecemos a Deus tornamo-nos filhos da luz. Na vida cristã as trevas vão se dissipando, pois as trevas não podem prevalecer sobre a luz. Na vida cristã a verdadeira luz, que é Cristo, já brilha. Quando Jesus nasceu, o "[...] sol nascente das alturas" visitou o mundo (Lc 1.78).

Seu nascimento foi o início de um novo dia para a humanidade. "O povo que jazia em trevas viu grande luz, e aos que viviam na região e sombra da morte resplandeceu-lhes a luz" (Mt 4.16). Jesus é o Sol da Justiça. A vida cristã é viver em Cristo, é permanecer nele. Por isso, a vida do justo "[...] é como a luz da aurora, que vai brilhando mais e mais até ser dia perfeito" (Pv 4.18).

Lloyd John diz que o antigo mandamento se torna novo todas as vezes que vemos a verdade de Cristo penetrar as trevas do preconceito. Na luz, vemos as pessoas pelo que são em sua necessidade. Ao se dissiparem as trevas, a realidade do indivíduo fica exposta, e novamente somos desafiados a praticar o amor. Para João, luz é igual a amor, e trevas equivalem a ódio. A aurora já raiou em Jesus Cristo, e as trevas já vão se dissipando.[180]

Os cristãos já foram libertados e desarraigados deste mundo perverso (Gl 1.4) e já começaram a saborear os poderes da era por vir (Hb 6.5). John Sott conclui esse pensamento quando diz que o novo mandamento continua novo porque pertence à nova era já introduzida pelo brilho da verdadeira luz.[181]

Em segundo lugar, *o ódio não sobrevive na luz* (2.9). "Aquele que diz estar na luz e odeia a seu irmão, até agora, está nas trevas." O falso mestre ou o falso cristão afirma que está na luz. Na verdade, ele é a mesma pessoa que já afirmou estar em comunhão com Deus (1.6) e conhecer a Deus (2.4). Ele deixa isso claro a qualquer um que lhe der ouvido, mas seus atos não são coerentes com suas palavras;

sua afirmação não tem valor, pois sua conduta a contradiz; sua profissão da luz se traduz numa vida de trevas e, na falta de amor, ele experimenta o poder destruidor do ódio em seus relacionamentos pessoais.[182]

Concordo com Lloyd John quando diz que a inimizade é cancerosa.[183] Ela gera a própria espécie. Ela se multiplica desordenadamente. Ela adoece, deforma e mata.

Assim como o amor não pode habitar nas trevas, o ódio não pode sobreviver na luz. John Stott está coberto de razão quando diz que luz e amor, trevas e ódio se pertencem mutuamente. O verdadeiro cristão, que conhece a Deus e anda na luz, obedece a Deus e ama a seu irmão. Vê-se a genuinidade da sua fé em sua correta relação com Deus e com o homem.[184]

Quem odeia a seu irmão está nas trevas e não conhece a Deus, pois Deus é luz (1.5) e Deus é amor (4.8). Simon Kistemaker diz corretamente que odiar o irmão não é uma questão trivial. João repete a ideia desse capítulo nos dois capítulos seguintes, quando diz que "Todo aquele que odeia a seu irmão é assassino" (3.15) e que "Se alguém disser: Amo a Deus, e odiar a seu irmão, é mentiroso" (4.20). Quem odeia a seu irmão desobedece aos mandamentos de Deus, está longe da verdade e vive em trevas espirituais.[185]

Augustus Nicodemus diz que o ódio ao irmão é bastante revelador: indica a falta do verdadeiro conhecimento de Deus. Indica falta de conversão; aponta, portanto, para o estado de perdição daquele que odeia.[186] Mas em que consistiria esse ódio? O mesmo escritor responde:

> O ódio a que João se refere na carta é a falta de cuidado, provisão e ajuda para com irmãos verdadeiramente necessitados. Por desprezar o corpo, o gnosticismo não via como parte da verdadeira religião a preocupação para com as necessidades físicas dos outros.[187]

João mostra com diáfana clareza que a vida cristã estabelece uma correta relação tanto com Deus quanto com o homem. Deve existir coerência entre o dizer e o fazer. O amor é ativo como a luz. No amor não existe penumbra como meio-termo. Não há neutralidade nas relações pessoais. Não podemos estar em comunhão com Deus e com as relações quebradas com os nossos irmãos ao mesmo tempo. Não podemos cantar hinos que falam do amor e ao mesmo tempo guardarmos mágoa no coração.

William Barclay é enfático: "Um homem está caminhando na luz do amor ou nas trevas da maldade".[188] Simon Kistemaker ainda reforça esse pensamento quando diz: "Para João não há crepúsculo. Só há luz ou trevas, amor ou ódio. Onde não há amor, o ódio reina em meio à escuridão. Onde, porém, prevalece o amor, ali há luz".[189]

Em terceiro lugar, *o amor não produz tropeço para si nem para os outros* (2.10). "Aquele que ama a seu irmão permanece na luz, e nele não há nenhum tropeço." A palavra grega *skandalon*, traduzida por "tropeço", é metáfora bíblica para uma pedra saliente que faz tropeçar o viajor.[190] O uso desta palavra mostra que a falta de amor produz escândalo e causa tropeço.

Um crente que guarda ódio no coração encontra em si mesmo tropeço para crescer espiritualmente e serve de escândalo na comunidade onde vive. Ele causa problemas em vez de ajudar a resolvê-los. Em vez de bênção, transforma-se em maldição. Em vez de pacificador, ele é perturbador. Em vez de apagar os focos de incêndio, ele mesmo é um incendiário.

Lloyd John está correto quando escreve: "As trevas da animosidade tornam o caminho traiçoeiro, mas a luz de Cristo transforma as pedras de tropeço em calçada".[191]

Warren Wiersbe narra a história de um homem que certa noite andava por uma rua escura quando viu um ponto muito pequeno de luz vindo em sua direção com movimentos hesitantes. Pensou que a pessoa carregando a luz talvez estivesse doente ou bêbada, mas, ao se aproximar, viu que o homem com a lanterna também segurava uma bengala branca. *Por que será que um homem cego está carregando uma lanterna acesa?*, o homem pensou e resolveu perguntar a ele. O cego sorriu e respondeu: "Eu carrego essa luz não para que eu veja, mas para que outros me vejam. Não posso fazer coisa alguma a respeito da minha cegueira, mas posso fazer algo para não ser um tropeço".[192]

Em quarto lugar, *o ódio é um veneno que destrói aqueles que dele se nutrem* (2.11). "Aquele, porém, que odeia a seu irmão está nas trevas, e anda nas trevas, e não sabe para onde vai, porque as trevas lhe cegaram os olhos."

Augustus Nicodemus diz, acertadamente, que as trevas a que João se refere são a escuridão moral e espiritual, característica do estado de pecado e corrupção em que a humanidade vive. Nessa escuridão não brilha o verdadeiro conhecimento de Deus, que é o Senhor Jesus. Os incrédulos estão cegos, andando no escuro com relação às coisas espirituais e morais; dessa forma, estão perdidos, sem rumo algum neste mundo.[193]

A Escritura diz: "O caminho dos perversos é como a escuridão; nem sabem eles em que tropeçam" (Pv 4.19).

O ódio afasta o homem de Deus e do próximo. Quem guarda mágoa no coração não pode adorar a Deus, não pode orar a Deus nem levar sua oferta ao altar de Deus. Quem tem ódio no coração não pode ser perdoado por Deus. Quem se alimenta de ódio adoece emocional, espiritual e fisicamente. Quem se empanturra de mágoa é entregue aos flageladores da alma, aos verdugos da consciência. Quem se alimenta do absinto do ódio não tem paz, não tem alegria nem liberdade. Quem odeia a seu irmão está nas trevas, anda nas trevas e não sabe para onde vai. Quem odeia a seu irmão está cego pelo príncipe das trevas. Quem odeia a seu irmão é responsável pela própria ruína.

Quem odeia a seu irmão evidencia em sua vida três amargas realidades:

Quem odeia a seu irmão não tem a salvação de sua alma (2.11a). "Aquele, porém, que odeia a seu irmão está nas trevas...". As trevas são o oposto da luz. O diabo é o príncipe das trevas. O seu reino é o reino das trevas. Os súditos do seu reino são filhos das trevas. Por conseguinte, quem odeia a seu irmão ainda não é convertido, ainda não foi transportado do reino das trevas para o reino da luz.

Quem odeia a seu irmão não tem propósito na vida (2.11b). "[...] e anda nas trevas...". Quem anda nas trevas, anda sem segurança. Quem anda nas trevas, anda sem projeto e sem propósito. Quem anda nas trevas, não sai do lugar, não faz progresso, não tem direção clara na jornada na vida. De igual forma, quem odeia a seu irmão vive um arremedo de vida, sem alegria, sem paz, sem liberdade, sem propósito e sem crescimento espiritual.

Quem odeia a seu irmão não tem direção na caminhada da vida (2.11c). "[...] e não sabe para onde vai...". Aquele que vive e anda nas trevas não tem direção segura na vida. Aquele que anda nas trevas vive tateando, tropeçando e caindo. Fazer uma viagem nas trevas é caminhar em direção ao desastre.

João ergue sua voz para dizer que o ódio cega como as trevas. O amor não é cego; o ódio, sim, cega! Uma pessoa amargurada fica cega. Seu raciocínio obscurece. Perde-se o equilíbrio. Perde-se o discernimento. Perde-se a direção. Perde-se a bem-aventurança eterna.

Notas do capítulo 5

[161] STOTT, John. *I, II, III João: Introdução e comentário*. 1982: p. 77.
[162] LOPES, Augustus Nicodemus. *Primeira carta de João*. 2005: p. 52.
[163] KISTEMAKER, Simon. *Tiago e epístolas de João*. 2006: p. 339.
[164] BARCLAY, William. *I, II, III Juan y Judas*. 1974: p. 51-53.
[165] BARCLAY, William. *I, II, III Juan y Judas*. 1974: p. 51.
[166] BLANEY, Harvey. *A primeira epístola de João*. Em Comentário Bíblico Beacon. Vol. 10. 2005: p. 301.
[167] SCHROEDER, L. Bonnet y A. *Comentario del Nuevo Testamento*. Tomo 4. 1982: p. 311.
[168] STOTT, John. *I, II, III João: Introdução e comentário*. 1982: p. 78.
[169] BARCLAY, William. *I, II, III Juan y Judas*. 1974: p. 52.
[170] WIERSBE, Warren W. *Comentário bíblico expositivo*. Vol. 6. 2006: p. 621.
[171] KISTEMAKER, Simon. *Tiago e epístolas de João*. 2006: p. 340.
[172] STOTT, John. *I, II, III João: Introdução e comentário*. 1982: p. 79.
[173] BARCLAY, William. *I, II, III Juan y Judas*. 1974: p. 53.
[174] STOTT, John. *I, II, III João: Introdução e comentário*. 1982: p. 80.
[175] STOTT, John. *I, II, III João: Introdução e comentário*. 1982: p. 80.
[176] OGILVIE, Lloyd John. *Quando Deus pensou em você*. 1983: p. 26,27.
[177] STOTT, John. *I, II, III João: Introdução e comentário*. 1982: p. 81.

[178] WIERSBE, Warren W. *Comentário bíblico expositivo.* Vol. 6. 2006: p. 624.
[179] KISTEMAKER, Simon. *Tiago e cartas de João.* 2006: p. 346,347.
[180] OGILVIE, Lloyd John. *Quando Deus pensou em você.* 1983: p. 27,28.
[181] STOTT, John. *I, II, III João: Introdução e comentário.* 1982: p. 81.
[182] KISTEMAKER, Simon. *Tiago e cartas de João.* 2006: p. 349.
[183] OGILVIE, Lloyd John. *Quando Deus pensou em você.* 1983: p. 29.
[184] STOTT, John. *I, II, III João: Introdução e comentário.* 1982: p. 82.
[185] KISTEMAKER, Simon. *Tiago e cartas de João.* 2006: p. 350.
[186] LOPES, Augustus Nicodemus. *Primeira carta de João.* 2005: p. 57.
[187] LOPES, Augustus Nicodemus. *Primeira carta de João.* 2005: p. 57.
[188] BARCLAY, William. *I, II, III Juan y Judas.* 1974: p. 57.
[189] KISTEMAKER, Simon. *Tiago e cartas de João.* 2006: p. 350.
[190] OGILVIE, Lloyd John. *Quando Deus pensou em você.* 1983: p. 30.
[191] OGILVIE, Lloyd John. *Quando Deus pensou em você.* 1983: p. 30.
[192] WIERSBE, Warren W. *Comentário bíblico expositivo.* Vol. 6. 2006: p. 628.
[193] LOPES, Augustus Nicodemus. *Primeira carta de João.* 2005: p. 58.

Capítulo 6

Como podemos ter garantia de que somos cristãos verdadeiros
(1Jo 2.12-17)

João acabara de submeter os crentes a dois dos três testes que identificam o cristão verdadeiro: o teste moral (a obediência) e o teste social (o amor). Eles poderiam ficar desanimados ou até em dúvida se eram de fato cristãos ou mesmo se estavam salvos. Os falsos mestres gnósticos encastelados em sua presunção e soberba acusavam os cristãos de não terem ainda alcançado as alturas excelsas do conhecimento de Deus. Eles, sim, se julgavam espirituais, dotados de um conhecimento superior, esotérico e místico. A tese de João é que o conhecimento deles era falso. A vida deles era imoral e a teologia deles era herética.

O propósito do apóstolo ao escrever essa passagem é encorajar os crentes, assegurando a eles o que são e o que têm em Cristo Jesus, ao mesmo tempo em que mostra a eles como deve ser o relacionamento deles com o mundo.

Augustus Nicodemus tem razão quando diz que João, o sábio pastor de almas, tempera a exortação de sua mensagem com palavras de ânimo e conforto. Nesta passagem (2.12-14), ele interrompe a apresentação dos testes e critérios pelos quais se poderia reconhecer o verdadeiro cristianismo para dar uma palavra de conforto e ânimo aos seus leitores.[194]

Vamos destacar duas verdades preciosas nesta exposição: uma palavra de encorajamento e uma palavra de advertência.

Uma palavra de encorajamento – O que temos em Cristo (2.12-14)

O apóstolo João escreve assim:

> Filhinhos, eu vos escrevo, porque os vossos pecados são perdoados, por causa do seu nome. Pais, eu vos escrevo, porque conheceis aquele que existe desde o princípio. Jovens, eu vos escrevo, porque tendes vencido o Maligno. Filhinhos, eu vos escrevi, porque conheceis o Pai. Pais, eu vos escrevi, porque conheceis aquele que existe desde o princípio. Jovens, eu vos escrevi, porque sois fortes, e a Palavra de Deus permanece em vós, e tendes vencido o Maligno (2.12-14).

Antes de examinarmos, à luz do texto, o que temos em Cristo, precisamos resolver dois problemas. Primeiro, o que João verdadeiramente quer dizer com as palavras "filhinhos", "jovens" e "pais"? Segundo, por que João usou nos versículos 12 e 13 o verbo "conhecer" no presente e no versículo 14, o usou no pretérito perfeito, ou seja, no passado?

Os estudiosos têm se debruçado sobre este assunto. Alguns pensam que João está falando de três faixas etárias na igreja (crianças, jovens e velhos). Outros creem que João está falando sobre três estágios de desenvolvimento espiritual na igreja (os recém-nascidos em Cristo, os jovens e os amadurecidos na fé).[195]

Estas duas interpretações encontram algumas dificuldades. Primeiro, porque todas as verdades aqui descritas se aplicam a todos os crentes de todas as idades e de todos os estágios da vida cristã.[196] Segundo, porque o termo "filhinhos" nunca é empregado nessa carta para descrever as crianças nem mesmo os recém-convertidos, mas os crentes em geral (2.1; 2.12,14,28; 3.7; 4.4; 5.21).[197] Por conseguinte, somos da opinião de que não é propósito de João fazer essas distinções no texto em apreço. Talvez ele até esteja destacando dois grupos: os jovens e os pais, ou seja, aqueles que estão vivendo no fragor da luta espiritual e aqueles que já são mais experimentados.

John Stott diz que entre os filhinhos e os pais estão os *jovens*, ativamente envolvidos na batalha do viver cristão. A vida cristã, pois, não é só gozar o perdão e a comunhão de Deus, mas combater o inimigo. O perdão dos pecados passados deve ser acompanhado pela libertação do poder atual do pecado, a justificação pela santificação.[198]

João usa duas palavras gregas distintas e que foram traduzidas da mesma forma nos versículos 12 e 14: a palavra *teknia*, "filhinhos" (2.12), e a palavra *paidia*, "filhinhos" (2.14). A palavra *teknia* salienta a associação natural entre a criança e o seu pai, ao passo que *paidia* se refere à menoridade da criança como alguém sob disciplina. *Paidia* difere de *teknia* pela ênfase que dá à ideia de subordinação e não à de parentesco.[199] William Barclay diz que *teknia* se refere a uma criança tenra em idade e *paidia* a uma criança tenra em experiência.[200]

O outro problema que precisamos resolver é sobre o tempo verbal usado por João. Por que ele usa nos versículos 12 e 13 o verbo "conhecer" no presente e o mesmo verbo no passado no versículo 14? Alguns estudiosos creem que João, a partir do versículo 14, está escrevendo uma nova carta e então, referindo-se a uma carta anterior. Outros creem que João deu uma pausa depois do versículo 13 e está recomeçando sua missiva. Entendemos, porém, que essas conjecturas não têm qualquer fundamentação. Essa era uma maneira comum dos judeus escreverem.

John Stott diz que o aoristo usado no versículo 14 é o aoristo epistolar e se refere à presente epístola. Assim não há diferença entre os dois tempos verbais. Primeiro "escreve" e depois confirma o que "escreveu". Sua mensagem é segura e firme; não muda de opinião; esse é seu "testemunho completo e final".[201]

Augustus Nicodemus, nessa mesma linha de pensamento, escreve: "Como é quase certo que João não se refere a outra carta que porventura haja escrito antes dessa aos moradores da Ásia, cremos que o sentido é mesmo 'eu escrevo' em todas as ocorrências do verbo".[202]

O propósito de João ao escrever para os crentes é dar-lhes uma palavra de encorajamento. Eles não podem ficar abalados com as acusações dos falsos mestres. Eles não podem claudicar na vida espiritual, pensando que ainda estão perdidos.

João fala sobre três preciosas bênçãos que os cristãos têm em Cristo Jesus:

Em primeiro lugar, *o cristão tem perdão em Cristo Jesus* (2.12). "Filhinhos, eu vos escrevo, porque os vossos pecados são perdoados, por causa do seu nome". Aqueles que creem no Senhor Jesus já estão perdoados. Seus pecados já foram cancelados. Eles já estão limpos.

Fritz Rienecker diz que o perfeito *afeontai*, "perdoado", indica que os pecados foram e permanecem perdoados.[203] E isso não por causa de um conhecimento esotérico ou experiências místicas, como ensinavam os falsos mestres, mas por causa do nome de Cristo. Ou seja, por causa da obra expiatória de Cristo na cruz. O perdão não é merecimento nosso, é merecimento de Cristo. Não o alcançamos pelas nossas obras, mas pela obra de Cristo na cruz. Não é um troféu que merecemos, mas uma graça que não merecemos. João diz que temos perdão pelo nome de Jesus.

Concordo com Augustus Nicodemus que João não está atribuindo nenhum poder mágico ao nome de Jesus.[204] Werner de Boor interpreta corretamente a expressão "pelo nome de Jesus" quando escreve: "O nome contém toda a natureza e obra daquele que o carrega. Assim somos perdoados por causa de toda a obra de Jesus ao se encarnar, sofrer, morrer e ressuscitar".[205]

Em segundo lugar, *o cristão tem o verdadeiro conhecimento de Deus* (2.13,14). "Pais, eu vos escrevo, porque conheceis aquele que existe desde o princípio [...]. Filhinhos, eu vos escrevi, porque conheceis o Pai. Pais, eu vos escrevi, porque conheceis aquele que existe desde o princípio..."

Os falsos mestres pensavam que eram os detentores do verdadeiro conhecimento de Deus. Ufanavam-se por causa disso. Porém, João escreve aos crentes para mostrar-lhes que o verdadeiro conhecimento de Deus não é um privilégio dos gnósticos, mas dos crentes. Este conhecimento não é teórico nem esotérico. Este conhecimento não é apenas intelectual. Trata-se de um conhecimento experimental, relacional, profundo. Não é conhecer a Deus apenas de ouvir falar. É conhecê-lo por intermédio de um íntimo relacionamento. O conhecimento de Deus é a própria essência da vida eterna (Jo 17.3). O povo que conhece a Deus é um povo forte e ativo (Dn 11.32).

Em terceiro lugar, *o cristão tem a força vitoriosa contra o Maligno* (2.13,14). "[...] jovens, eu vos escrevo, porque tendes vencido o Maligno [...]. Jovens, eu vos escrevi, porque sois fortes, e a palavra de Deus permanece em vós, e tendes vencido o Maligno". Os jovens são fortes não por causa de sua força física. Eles são fortes não por causa de sua audácia. Eles são fortes porque a Palavra de Deus permanece neles. Eles têm vencido o Maligno não fiados em sua própria força, mas pelo poder da Palavra que neles permanece.

É importante ressaltar que João fala que os jovens já venceram o Maligno. João não apenas deseja que eles possam vencê-lo. Não desafia a igreja para a luta e o engajamento, para que talvez obtenha a vitória. Ele fala no pretérito: "tendes vencido o Maligno". Como isso aconteceu? Esses "jovens" estão "em Cristo" e têm "comunhão com ele". Portanto, são partícipes da vitória que Jesus conquistou sobre todos os poderes das trevas ao morrer na cruz. A vitória dos crentes sobre o Maligno é um fato consumado.[206]

A vitória dos cristãos sobre o Maligno consiste em diversos pontos: 1) eles não vivem mais na prática do pecado, que é característica dos filhos do diabo (3.8); 2) eles não são mais do Maligno, como Caim que odiava seu irmão e acabou por matá-lo (3.12); 3) eles foram libertados do domínio e do poder que o Maligno exerce sobre o mundo (5.19). Tal vitória foi concedida mediante Jesus Cristo e não mediante a *gnose*.[207]

Uma palavra de advertência – não devemos amar o mundo (2.15-17)

O apóstolo João escreve:

> Não ameis o mundo nem as coisas que há no mundo. Se alguém amar o mundo, o amor do Pai não está nele; porque tudo que há no mundo, a concupiscência da carne, a concupiscência dos olhos e a soberba da vida, não procede do Pai, mas procede do mundo. Ora, o mundo passa, bem como a sua concupiscência; aquele, porém, que faz a vontade de Deus permanece eternamente (2.15-17).

O apóstolo João passa do encorajamento para a advertência, faz uma transição do nosso relacionamento com Deus para o nosso relacionamento com o mundo.

John Stott diz que João agora se volta de uma descrição da igreja para uma descrição do mundo e instruções sobre a atitude da igreja para com o mundo.[208]

Se a marca do verdadeiro crente é conhecer a Deus, agora João diz que outra marca é não amar o mundo. Esse é o amor que Deus odeia. Warren Wiersbe ilustra essa verdade de forma bem simples. Um grupo de crianças da primeira série foi conhecer um grande hospital. Depois de falar sobre os cuidados e a higiene no hospital e percorrer os corredores, ao final do *tour* pelo hospital, a enfermeira perguntou se alguém tinha alguma pergunta. Uma criança levantou a mão e perguntou: "Por que as pessoas que trabalham aqui estão sempre lavando as mãos?" A enfermeira sorriu e respondeu: "As pessoas que trabalham no hospital estão sempre lavando as mãos por duas razões: Primeira, porque elas amam a saúde; e segunda, porque elas odeiam os micróbios".[209]

Muitas vezes, o amor e o ódio caminham lado a lado: "Vós que amais o Senhor, detestai o mal" (Sl 97.10). O apóstolo

Paulo escreve: "O amor seja sem hipocrisia. Detestai o mal, apegando-vos ao bem" (Rm 12.9). A mesma Bíblia que nos ensina a amar a Deus e ao próximo (4.20,21) também nos ensina a não amar o mundo (2.15).

Há três motivos eloquentes pelos quais não devemos amar o mundo:

Em primeiro lugar, *por causa da incompatibilidade entre o amor do mundo e o amor do Pai* (2.15). "Não ameis o mundo nem as coisas que há no mundo. Se alguém amar o mundo, o amor do Pai não está nele." De que tipo de mundo João está falando? Há três significados diferentes no Novo Testamento para a palavra "mundo": 1) o mundo físico, o universo – "Deus que fez o mundo e tudo o que nele existe" (At 17.24); 2) o mundo humano, a humanidade – "Porque Deus amou o mundo de tal maneira que deu o seu Filho unigênito para que todo o que nele crer não pereça, mas tenha a vida eterna" (Jo 3.16); 3) o mundo sistema, inimigo de Deus – "Não ameis o mundo nem as coisas que há no mundo..." (2.15).[210]

É desse terceiro tipo de "mundo" que João está falando. Devemos amar o mundo como sinônimo de natureza e o mundo como sinônimo de pessoas; porém, o mundo como sinônimo de sistema, esse não podemos amar. O cristão deve amar a Deus (2.5) e a seu irmão (2.10), mas não deve amar o mundo (2.15).

O que significa este mundo sistema? William Barclay define *kosmos*, "mundo", como a sociedade pagã com seus falsos valores, sua falsa maneira de viver e seus falsos deuses.[211] O mundo é o sistema de Satanás que se opõe à obra de Cristo na terra. Esse sistema se opõe a tudo o que é piedoso (2.16). João diz: "O mundo inteiro jaz no Maligno" (5.19). Jesus chamou o diabo de príncipe deste mundo (Jo

12.31). O diabo tem uma organização de espíritos maus trabalhando com ele e influenciando as coisas deste mundo (Ef 2.11,12).

Lloyd John Ogilvie diz que a palavra grega *kosmos*, "mundo", tem aqui uma inferência moral profunda. Implica a vida à parte de Deus. O mundo é qualquer pessoa, relacionamento, estrutura social, circunstâncias ou situações que não foram redimidos pela graça de Deus. O mundo é a sociedade independente de Deus, governo sem a linha do prumo de Deus, sistemas econômicos que não têm a soberania de Deus, indústrias e corporações sem interesse pelas pessoas ou pelos propósitos divinos.[212]

As pessoas não salvas pertencem a esse sistema do mundo. Elas são filhas do mundo (Lc 16.8). Este mundo não conheceu a Cristo nem conhece a nós (3.1). Esse sistema odiou a Cristo e odeia a igreja (Jo 15.18). Este sistema do mundo não é o *habitat* natural do crente.

Nossa cidadania está no céu (Fp 3.20). Estamos no mundo, mas não somos do mundo (Jo 15.15). Estamos no mundo, mas o mundo não deve estar em nós, assim como a canoa está na água, mas a água não deve estar nela. Há um processo na mundanização do homem: primeiro, ele se torna amigo do mundo (Tg 4.4). Segundo, ele ama o mundo (2.15). Terceiro, ele se contamina com o mundo (Tg 1.27). Quarto, ele se conforma com o mundo (Rm 12.2). Quinto, ele é condenado com o mundo (1Co 11.32).

As Escrituras nos ensinam a não amar o mundo (2.15), a não sermos amigos do mundo (Tg 4.4) nem a nos conformarmos com o mundo (Rm 12.2).

Da mesma maneira que não nos conformamos com a poluição do meio ambiente, com a contaminação dos rios, com as chaminés das indústrias poluidoras, com as toneladas de dióxido de carbono despejados pelos milhões de carros que circulam em nossas cidades, devemos também protestar contra a poluição moral do sistema do mundo: o crime organizado, o tráfico de drogas, a prostituição institucionalizada, a corrupção galopante, a impunidade criminosa.

Mais do que isso, o mundo não é tanto uma questão de atividade, mas de atitude interior. É possível ter uma vida externa irretocável e um coração cheio de podridão. É possível que um fariseu legalista não passe de um sepulcro caiado. É possível nunca ir com uma mulher para a cama do adultério e ainda assim desejá-la no coração. É possível nunca assassinar alguém e ainda assim odiar esse alguém. É possível nunca ser rico e ainda assim, cobiçar a riqueza.

O amor ao mundo compromete o nosso amor a Deus, o Pai. A razão pela qual somos intimados a não amar o mundo é que o amor pelo Pai e o amor pelo mundo são mutuamente exclusivos. Concordo com Werner de Boor quando diz que é essencialmente impossível amar a Deus e ao mundo ao mesmo tempo.[213] É impossível haver um vazio na alma. Neste assunto não cabe neutralidade: amamos a Deus ou amamos o mundo. Jesus Cristo mesmo disse: "Ninguém pode servir a dois senhores" (Mt 6.24).

Em segundo lugar, *por causa dos resultados opostos entre o amor do mundo e o amor do Pai* (2.16). "Porque tudo que há no mundo, a concupiscência da carne, a concupiscência dos olhos e a soberba da vida, não procede do Pai, mas procede do mundo."

O sistema do mundo usa três armadilhas para derrubar o cristão: a concupiscência da carne, a concupiscência dos olhos e a soberba da vida. De acordo com Simon Kistemaker, as duas primeiras categorias (concupiscência da carne e dos olhos) se referem a desejos pecaminosos; a última (soberba) é um comportamento pecaminoso. As duas primeiras são pecados internos e ocultos; a última é um pecado externo e revelado. As primeiras dizem respeito à pessoa como indivíduo; a última, à pessoa em relação àqueles que estão ao seu redor.[214] Vamos analisar mais detidamente essas três armadilhas.

A concupiscência da carne (2.16). A carne fala daquelas tentações que nos atacam de dentro para fora. São desejos sórdidos. É o apelo para se viver o prazer imediato. É endeusar os prazeres puramente físicos e carnais. É viver sob o império dos sentidos.

Segundo Lloyd John Ogilvie, a concupiscência da carne simboliza a vida dominada pelos desejos, com pouco respeito por nós mesmos e por outras pessoas, a ponto de usá-las como coisas.[215]

A carne é a nossa natureza caída. São os impulsos e os desejos que gritam para ser satisfeitos. Estes desejos estão dentro do nosso coração. Segundo Augustus Nicodemus, "a carne" se refere aos desejos impuros, que incluem todos os pensamentos, palavras e ações não castos: fornicação, adultério, estupro, incesto, sodomia e demais desejos não naturais, quer à intemperança no comer e no beber, motins, arruaças e farras, bem como todos os prazeres sensuais da vida, que gratificam a mente carnal e pelos quais a alma é destruída e o corpo, desonrado.[216]

A tese de João prova que o homem não é apenas o produto do meio, como pensava John Locke. Também o homem não é bom, como ensinava Jean Jacques Rousseau. Jesus diz que é do coração do homem que os maus desígnios procedem.

As pessoas que tentaram fugir do pecado, trancando-se em mosteiros, na Idade Média, não conseguiram resolver o problema da concupiscência da carne. O pecado não está apenas do lado de fora, mas está, sobretudo, do lado de dentro, em nosso coração. O sistema do mundo é a vitrina que busca satisfazer os desejos da carne.

Concordo com Werner de Boor quando diz que a "carne" é a condição natural egoísta, que nasce em cada nova criança. Essa nossa natureza egocêntrica é, desde a infância, um feixe de "desejos": eu quero... eu gostaria... eu exijo.[217]

Uma coisa boa em si mesma pode ser pervertida quando ela nos controla: comer não é um mal, mas a glutonaria sim. Beber não é um mal, mas a bebedice sim. O sexo não é um mal, mas a imoralidade sim. O sono não é um mal, mas a preguiça sim.

A concupiscência dos olhos (2.16). A concupiscência dos olhos são as tentações que nos atacam de fora para dentro. A concupiscência dos olhos é a tendência a deixar-se cativar pela exibição externa das coisas, sem investigar os seus valores reais. A concupiscência dos olhos inclui o amor pela beleza separado do amor pela bondade.[218]

William Barclay diz que a concupiscência dos olhos é o espírito que não pode ver nada sem desejá-lo. É o espírito que crê que a felicidade se encontra nas coisas que pode comprar com dinheiro e desfrutar com os olhos.[219]

Lloyd John Ogilvie diz que a concupiscência dos olhos é a ostentação do espetáculo externo em nossa feira da vaidade. É a incapacidade de alguém ver algo sem desejá-lo para si mesmo como um símbolo de segurança. Mais, mais, mais! O ponto é que tentamos encher com coisas, pessoas e atividades o vazio que somente Deus pode preencher.[220]

Os olhos são a lâmpada do corpo e as janelas da alma. Por eles entram os desejos. Eva caiu porque viu o fruto proibido. Ló viu as campinas do Jordão e foi armando suas tendas para as bandas de Sodoma. Siquém viu Diná e a seduziu. A mulher de Potifar viu José e tentou deitar-se com ele. Acã viu a capa babilônica e arruinou-se. Davi viu Bate-Seba e adulterou com ela e a espada não se apartou da sua casa. Cuidado com os seus olhos. Se eles o fazem tropeçar, arranque-os, porque é melhor você entrar no céu caolho do que todo o seu corpo ser lançado no inferno.

A soberba da vida (2.16). A palavra grega que descreve soberba é *alazoneia*. Essa palavra só aparece novamente em Tiago 4.16. O soberbo é o *alazon*. O *alazon* é um fanfarrão. Na antiguidade, essa palavra era usada para descrever os charlatães que faziam propaganda de produtos falsos.

Aristóteles usou *alazon* para definir o homem que atribui a si mesmo qualidades dignas de louvor que realmente não tem. Teofrasto usou o termo *alazon* para descrever o indivíduo que frequenta os mercados e fala com os forasteiros acerca da frota de barcos que não tem, e de grandes negócios, quando seu saldo no banco é precisamente irrisório. Gaba-se de cartas que diz que os grandes governantes lhe escrevem solicitando ajuda e conselho. Alardeia a grande mansão em que vive, quando na verdade vive numa pousada. Trata-se daquela atitude de querer impressionar todos com a sua inexistente importância.[221]

Lloyd John diz que a soberba é como um narcótico. É um falso moderador de humor, que estimula nossa autoimagem e um sedativo que anestesia uma aceitação honesta de nosso verdadeiro eu. A soberba produz uma alucinação ilusória em nós mesmos.[222]

A *alazoneia*, jactância ou soberba é a vanglória com coisas externas como riqueza, posição social, inteligência, poder, beleza, joias, carros, vestuário. É ostentação pretensiosa.

É gostar dos holofotes. É o desejo de brilhar ou de ofuscar os outros com uma vida luxuriosa.[223]

Há muitas pessoas que sacrificam a própria integridade para ostentar poder, posses e honras. Eu visito todas as semanas as livrarias. Gosto de ver as novas publicações. Chama-me a atenção o número colossal de revistas que discorrem sobre essas frivolidades mundanas.

Enfim, o *alazon* é a pessoa que se jacta do que tem, quando nada possui. É aquele que faz propaganda enganosa de si mesmo, de suas obras e de suas posses. William Barclay diz que *alazon* é um interminável jactar-se acerca de coisas que não se possui, e que a vida desse tipo de pessoa é um esforço para impressionar a todos os que encontra com a própria fictícia importância.[224]

Em terceiro lugar, *por causa da transitoriedade do mundo contrastado com a eternidade daquele que faz a vontade do Pai* (2.17). "Ora, o mundo passa, bem como a sua concupiscência; aquele, porém, que faz a vontade de Deus permanece para sempre."

O apóstolo João contrasta dois estilos de vida: aqueles que vivem apenas para o aqui e agora e aqueles que vivem na perspectiva da eternidade. Não somente a efemeridade do mundo é contrastada com a eternidade de Deus, mas, também, aqueles que fazem a vontade de Deus e permanecem para sempre são contrastados com aqueles que vivem no fluxo da transitoriedade e frivolidade.[225]

Não devemos amar o mundo por duas sobejas razões: primeira, por causa de sua transitoriedade; segunda, por causa da permanência daqueles que fazem a vontade de Deus. Vamos destacar esses dois pontos:

A transitoriedade do mundo (2.17). João está dizendo que não devemos amar o mundo, porque chegou a nova era e a era presente está condenada. O mundo e as suas trevas estão se dissipando (2.8) e os homens na sua concupiscência mundana passarão com ele. O mundo não é permanente. Um dia este sistema passará. Seus prazeres e encantos passarão. A grande meretriz, a grande Babilônia, o sistema deste mundo corrompido e mau, com seus encantos, cairá e entrará em colapso. O mundo não permanecerá para sempre.

Um cristão maduro considera-se estrangeiro e peregrino sobre a terra (Hb 11.13). Ele não tem cidade permanente aqui, mas procura a cidade que está por vir (Hb 13.14). Não podemos nos sentir em casa aqui neste mundo. Nossa pátria está no céu (Fp 3.20). Jesus disse que não somos do mundo, embora estejamos no mundo. Lloyd John Ogilvie diz corretamente que o cristianismo não é uma virtude enclausurada que deve ser vivida em separação monástica.[226]

Quem passa atentamente pela vida vê em todos os lugares o "passar" do mundo. As coisas que cobiçamos não preenchem o vazio do nosso coração. Quando colocamos as mãos em alguma coisa, já começamos a desejar outra.

Concordo com Werner de Boor, quando expõe que de forma alguma o desejo saciado é silenciado, mas fica sedento de novas conquistas. Nossa vida torna-se inquieta e insatisfeita enquanto estivermos sujeitos ao mundo e às suas cobiças. Finalmente, ao morrermos, somos privados de tudo o que tínhamos no mundo. Na morte, todo o mundo é aniquilado para nós.[227]

Quando John Rockeffeler, o primeiro bilionário do mundo, morreu, perguntaram para o seu contador no cemitério: "Quanto o Dr. John Rockeffeler deixou?" Ele respondeu de pronto: "Ele deixou tudo; ele não levou nenhum centavo".

João está contrastando dois tipos de vida: a vida vivida para a eternidade e a vida vivida para o tempo. Uma pessoa mundana vive para os prazeres da carne, mas um cristão vive para as alegrias do Espírito. Uma pessoa mundana vive para as coisas que pode ver, segundo o desejo dos olhos, mas um cristão vive para as realidades invisíveis de Deus (2Co 4.16-18). O homem, portanto, que se apega aos caminhos mundanos está entregando sua vida ao que, literalmente, não tem futuro. O homem do mundo está condenado ao desengano e à desilusão.[228]

Em 1793, durante a revolução ateísta da Revolução Francesa, a atriz Maillard desfilou garbosamente num carro alegórico representando a deusa razão. Quinze anos depois, o Dr. Restorini atende uma mulher acabada, num sótão sujo, à beira da morte. O médico pergunta à mulher moribunda: "Quem é você?" Ela responde: "Eu sou a deusa razão".

A permanência eterna daqueles que fazem a vontade de Deus (2.17). Mesmo depois que este mundo acabar, com sua refinada cultura, suas vaidosas filosofias, seu egocêntrico intelectualismo, seu impiedoso materialismo. Mesmo depois que tudo isso for esquecido e este mundo tiver dado lugar aos novos céus e à nova terra, os fiéis servos de Deus permanecerão para sempre, refletindo a glória de Deus por toda a eternidade.

É conhecida a famosa expressão do missionário Jim Elliot: "Não é tolo aquele que dá o que não pode reter para ganhar o que não pode perder".

A vontade de Deus não é alguma coisa que devemos consultar esporadicamente, como uma enciclopédia, mas é algo que deve controlar nossa vida. A vontade de Deus não é como um restaurante *self-service* em que você apanha o que gosta e deixa o que não gosta.[229] Precisamos experimentar toda a boa, perfeita e agradável vontade de Deus para a nossa vida.

O apóstolo João diz que não devemos amar o mundo, porque o mundo passa. O investimento no mundo é um péssimo negócio. Ary Velloso conta a história narrada por Joseph Aldrich em seu livro *Satisfaction*.[230] Suponhamos que você tivesse chegado ao topo, com alguns dos mais bem-sucedidos empresários do mundo, que se reuniram no Edgewater Beach Hotel, de Chicago, em 1923.

À guisa de ilustração imagine-se como um deles, mas invisível, participando dessa reunião histórica. Você está ao lado de gigantes do mundo dos negócios. Olhando à sua volta, você vê, naquele elegante salão, o presidente de uma grande companhia de aço, o presidente do National City Bank, o presidente de uma grande companhia de aparelhos elétricos, o presidente de uma companhia de gás, o presidente da New York Stock Exchange, um grande especulador de trigo, um membro do gabinete do presidente dos Estados Unidos, o diretor do maior monopólio do mundo, o presidente do Bank of International Settlement e você.

A conversa casual gira em torno de iates, férias exóticas, casas, propriedades, clubes a que pertencem e assombrosas transações financeiras. Esses homens acharam a mina! São donos do mundo. Eles não precisam procurar coisa alguma. Têm tudo e muito mais. Mas o que aconteceu com esses homens que chegaram ao ponto máximo de suas carreiras?

Vinte e cinco anos mais tarde, o que aconteceu a estas personalidades? O presidente da grande companhia de aparelhos elétricos morreu como fugitivo da justiça, sem dinheiro e em terra estrangeira. O presidente da companhia de gás ficou completamente louco. O presidente do New

York Stock Exchange foi solto da penitenciária de Sing--Sing. O membro do gabinete do presidente dos Estados Unidos teve sua pena comutada para que pudesse morrer em casa. O grande especulador de trigo, falido, morreu no estrangeiro. O líder da Wall Street suicidou-se. O diretor do maior monopólio morreu, também cometendo suicídio. O presidente do Bank of International Settlement teve o mesmo fim, suicidou-se. O Senhor Jesus é enfático em sua pergunta: "O que adianta ao homem ganhar o mundo inteiro e perder a sua alma?"

NOTAS DO CAPÍTULO 6

[194] LOPES, Augustus Nicodemus. *Primeira carta de João.* 2005: p. 62.
[195] STOTT, John. *I, II, III João: Introdução e comentário.* 1982: p. 83.
[196] BARCLAY, William. *I, II, III Juan y Judas.* 1974: p. 62.
[197] DE BOOR, Werner. *Cartas de João.* Em Comentário Esperança. 2008: p. 331.
[198] STOTT, John. *I, II, III João: Introdução e comentário.* 1982: p. 84,85.
[199] STOTT, John. *I, II, III João: Introdução e comentário.* 1982: p. 84.
[200] BARCLAY, William. *I, II, III Juan y Judas.* 1974: p. 62.
[201] STOTT, John. *I, II, III João: Introdução e comentário.* 1982: p. 83.
[202] LOPES, Augustus Nicodemus. *Primeira carta de João.* 2005: p. 63.

203 RIENECKER, Fritz e ROGERS, Cleon. *Chave linguística do Novo Testamento grego*. 1985: p. 585.
204 LOPES, Augustus Nicodemus. *Primeira carta de João*. 2005 p. 63.
205 DE BOOR, Werner. *Cartas de João*. Em Comentário Esperança. 2008: p. 331.
206 DE BOOR, Werner. *Cartas de João*. Em Comentário Esperança. 2008: p. 332.
207 LOPES, Augustus Nicodemus. *Primeira carta de João*. 2005: p. 64.
208 STOTT, John. *I, II, III João: Introdução e comentário*. 1982: p. 85.
209 WIERSBE, Warren W. *Comentário bíblico expositivo*. Vol. 6. 2006: p. 631.
210 WIERSBE, Warren W. *Comentário bíblico expositivo*. Vol. 6. 2006: p. 631.
211 BARCLAY, William. *I, II, III Juan y Judas*. 1974: p. 67.
212 OGILVIE, Lloyd John. *Quando Deus pensou em você*. 1983: p. 39.
213 DE BOOR, Werner. *Cartas de João*. 2008: p. 333.
214 KISTEMAKER, Simon. *Tiago e epístolas de João*. 2006: p. 361.
215 OGILVIE, Lloyd John. *Quando Deus pensou em você*. 1983: p. 40.
216 LOPES, Augustus Nicodemus. *Primeira carta de João*. 2005: p. 69.
217 DE BOOR, Werner. *Cartas de João*. Em Comentário Esperança. 2008: p. 334.
218 STOTT, John. *I, II, III João: Introdução e comentário*. 1982: p. 86,87.
219 BARCLAY, William. *I, II, III Juan y Judas*. 1974: p. 68.
220 OGILVIE, Lloyd John. *Quando Deus pensou em você*. 1983: p. 41.
221 BARCLAY, William. *Palabras griegas del Nuevo Testamento*. Casa Bautista de Publicaciones. Buenos Aires. 1977: p. 37,38.
222 OGILVIE, Lloyd John. *Quando Deus pensou em você*. 1983: p. 41.
223 Stott, John. *I, II, III João: Introdução e comentário*. 1982: p. 87.
224 BARCLAY, William. *I, II, III Juan y Judas*. 1974: p. 69.
225 LOPES, Augustus Nicodemus. *Primeira carta de João*. 2005: p. 70.
226 OGILVIE, Lloyd John. *Quando Deus pensou em você*. 1983: p. 37.
227 DE BOOR, Werner. *Cartas de João*. Em Comentário Esperança. 2008: p. 335.
228 BARCLAY, William. *I, II, III Juan y Judas*. 1974: p. 69.
229 WIERSBE, Warren W. *Comentário bíblico expositivo*. Vol. 6, 2006: p. 637.
230 VELLOSO, Ary. *É hora de investir*. Editora Modelo. Campinas, SP. 2009: p. 10-12.

Capítulo 7

Quando a heresia ataca a igreja
(1Jo 2.18-29)

O APÓSTOLO JOÃO ESTÁ FAZENDO nesta carta uma distinção entre o verdadeiro crente e o falso crente. Para isto, ele criou três provas: a) a prova moral (2.6); b) a prova social (2.10) e c) a prova doutrinária (2.23).

A heresia tem solapado as igrejas hoje. Muitas pessoas dizem que não importa o que você crê, o importante é ser sincero. Mas é a sinceridade um ingrediente mágico que transforma o falso em verdadeiro? Se isso pode ser aplicado no campo religioso, deveria também ser válido em outras áreas da vida.

Warren Wiersbe cita duas possibilidades:[231]

Primeira, *uma enfermeira,* num hospital, dá um remédio para um paciente e logo ele começa a passar mal. A enfermeira é sincera, mas deu o remédio errado e o paciente quase morre.

Segunda, *um homem escuta um barulho dentro de casa durante a noite* e, certo de que é um ladrão, levanta-se, pega a sua arma e atira "no ladrão", que na verdade era sua filha! Sem sono, a menina havia se levantado para fazer um lanche e acabou tornando-se vítima da "sinceridade" do pai.

É preciso muito mais do que "sinceridade" para que algo seja verdadeiro. A fé em uma mentira sempre traz consequências desastrosas. O apóstolo João já havia advertido a igreja sobre o conflito entre luz e trevas (1.5–2.6) e entre amor e ódio (2.7-17). Agora, João os adverte sobre o terceiro conflito: o conflito entre a verdade e a mentira (2.18-29). Não é suficiente ao cristão andar na luz e no amor, ele deve também andar na verdade.[232]

John Stott, expondo o texto em apreço, diz que João primeiro traça uma clara distinção entre os hereges e os cristãos genuínos (2.18-21); depois define a natureza e o efeito da heresia (2.22,23); e, finalmente, descreve as duas salvaguardas contra a heresia (2.24-29).[233] Vamos seguir por essa mesma trilha.

A distinção entre os hereges e os cristãos genuínos (2.18-21)

O apóstolo João destaca quatro pontos importantes aqui:

Em primeiro lugar, *já estamos vivendo a última hora* (2.18). "Filhinhos, já é a última hora; e, como ouvistes que vem o anticristo, também, agora, muitos anticristos têm surgido; pelo que conhecemos que é a última hora." Apesar de a frase "a última hora" aparecer apenas aqui em todo o Novo Testamento, ela parece equivalente às expressões "os últimos dias" ou "os últimos tempos".[234]

João é enfático em afirmar que vivemos a última hora. A era por vir já tinha vindo. O futuro já tinha chegado. Estamos vivendo a escatologia antecipada. Vivemos sob a tensão entre o *já* e o *ainda não*. Uma nova realidade já foi implantada.

O mundo e as trevas já estavam passando (2.8; 2.17). Desde a morte e ressurreição de Cristo, Deus está fazendo coisa nova neste mundo. O tempo do fim chegou com Cristo. A era messiânica já foi inaugurada com Cristo. O tempo do fim, a última hora, é o tempo que vai da primeira à segunda vinda de Cristo.

Augustus Nicodemus diz: "De acordo com o Novo Testamento, a última hora deste mundo perdido já soou com a ressurreição de Cristo e terminará com seu regresso em glória".[235] Aquele que está além e acima do tempo não trabalha no tempo humano. Para ele, mil anos são como um dia.

Concordo com Warren Wiersbe quando diz que "a última hora" descreve um tipo de tempo, e não uma duração de tempo.[236] John Stott tem razão quando diz que João estava expressando uma verdade teológica, e não fazendo uma referência cronológica.[237] Os últimos tempos são descritos em 1Timóteo 4. O apóstolo Paulo, assim como o apóstolo João, observou características do seu tempo e nós vemos as mesmas características hoje em intensidade ainda maior.

Estamos vivendo sempre nos últimos dias. Ainda é "a última hora", a hora da oposição final a Cristo. Embora possa haver ainda um tempo especial de tribulação antes do desenlace, toda a era cristã consiste da "grande tribulação", pela qual todos os remidos têm de passar. Ainda esperamos o fim.

Em segundo lugar, *o espírito do anticristo já está operando no mundo* (2.18). A palavra *anticristo* só aparece nas epístolas de João (1Jo 2.18,22; 4.3; 2Jo 7), mas o conceito se acha em outros lugares. O profeta Daniel o descreveu como o pequeno chifre (Dn 7.8,11,20-26) e o príncipe que há de vir (Dn 9.26), cuja característica principal é a guerra contra o povo de Deus e o desejo de ocupar o lugar de Deus.

O Senhor Jesus expandiu a nossa compreensão deste assunto no sermão escatológico: antes do anticristo surgirão anticristos, falsos mestres apresentando-se em nome de Cristo, fazendo sinais e prodígios e enganando a muitos (Mt 24.5,11,24).

Jesus fez referência ao anticristo, chamando-o de "[...] o abominável da desolação" (Mt 24.15). O apóstolo Paulo o chamou de "[...] o homem da iniquidade, o filho da perdição, o iníquo" (2Ts 2.3,8). Ele virá no poder de Satanás, fazendo sinais e prodígios da mentira e com todo engano de injustiça aos que perecem (2Ts 2.9,10). Em Apocalipse, temos uma descrição simbólica dessa figura sinistra (Ap 13.1-10).[238]

O prefixo *anti* tem dois significados: "contra" ou "em lugar de".[239] O anticristo é aquele que imita e também se opõe a Cristo. O anticristo é o adversário de Cristo ou aquele que procura ocupar o lugar de Cristo (2Ts 2.3,4). O espírito do anticristo está por trás de toda doutrina falsa e por trás de qualquer prática religiosa que tome o lugar de Cristo.

Warren Wiersbe tem razão quando diz que atualmente há duas forças em ação no mundo a verdade operando por intermédio da igreja e do Espírito Santo e o mal operando por meio da energia de Satanás.[240]

O aparecimento do anticristo é um sinal claro do tempo do fim (2Ts 2.7-12; Ap 13.1-10). Mas o espírito do anticristo já está em ação no mundo (1Jo 4.3). Os muitos anticristos são precursores do que ainda há de vir.[241] Assim como Cristo é a encarnação de Deus, o anticristo será uma espécie de encarnação do diabo.

Werner de Boor diz que o anticristo é o adversário direto de Cristo, aquele que tenta eliminar o Cristo de Deus, assumir o lugar dele, arrancando definitivamente o mundo e a humanidade de Deus e apoderando-se deles. O anticristo detém poder, e até mesmo poder mundial. Ele não é apenas um falso mestre que nega a Jesus na teoria, tentando expurgá-lo da fé da igreja, mas o soberano universal que dissipa a igreja de Jesus com terror e sangue e tenta aniquilar toda recordação de Jesus, para externa e internamente manter a humanidade sob seu próprio e total controle (Ap 13.3,4,7,8).[242]

Em terceiro lugar, *os anticristos saem de dentro da própria igreja* (2.19). "Eles saíram de nosso meio; entretanto, não eram dos nossos; porque, se tivessem sido dos nossos, teriam permanecido conosco; todavia, eles se foram para que ficasse manifesto que nenhum deles é dos nossos." Os muitos anticristos que já vieram (em contraste com o anticristo que virá) são identificados como mestres humanos que abandonaram a igreja (Mt 24.5; Mc 13.6; At 20.29,30).

Werner de Boor tem razão quando diz que o aspecto perigoso dessas pessoas é que não chegam de fora. Saíram das fileiras da própria igreja. Devem até mesmo ter argumentado com este fato: ora, somos do meio de vocês! Conhecemos muito bem esse seu cristianismo. Agora, porém, encontramos algo maior e melhor e queremos trazê-lo a vocês para substituir essa sua estreita e precária fé em Jesus.[243]

Com a sua deserção, deram clara prova do seu verdadeiro caráter. O rompimento da conexão mostra que essa condição de membro era apenas exterior.[244] Com a saída deles, as máscaras caíram. Aquilo que estava escondido veio à plena luz e suas intenções perniciosas foram manifestas.[245]

Fritz Rienecker diz corretamente que João não relata, apenas, o fato de saírem da comunidade, mas vê também um propósito nele. Os hereges saíram por sua livre vontade, mas por trás dessa decisão estava o propósito divino de que eles "seriam manifestos". Sua saída foi seu "desmascaramento". O fingimento não pode ficar sempre escondido.[246]

Augustus Nicodemos é da opinião que esses falsos doutrinadores tinham sido pastores e mestres que acabaram sucumbindo à atração oferecida pelas ideias daquela forma inicial de gnosticismo; após terem apostatado da fé, saíram das igrejas e passaram a tentar convencer os demais cristãos, infiltrando-se nas comunidades e fomentando suas ideias.[247]

Lloyd John Ogilvie alerta para o fato de que hoje a heresia tem muitas formas sutis. Uns colocam Jesus entre grandes mestres como Buda, Confúcio e Maomé. Outros sugerem que Jesus ensinou grandes princípios acerca de Deus, mas não foi o Deus encarnado. Ainda outros negam que a morte de Jesus na cruz foi uma expiação necessária de nossos pecados.[248]

Esse versículo 19 lança luz sobre duas gloriosas doutrinas: a perseverança dos santos e a natureza da igreja. "Aquele, porém, que perseverar até o fim, esse será salvo" (Mc 13.13), não porque a salvação é o prêmio da constância, mas porque a constância é o carimbo dos salvos.[249]

A constância é uma marca dos salvos. Os que caem e deixam a igreja total e finalmente, nunca dela fizeram parte. Nem todos os membros da igreja visível fazem parte da igreja invisível. Nem todos os membros comungantes da igreja, professos e batizados, são necessariamente membros do corpo de Cristo. Nem todos os que têm seus nomes arrolados na igreja têm seus nomes escritos no livro da vida. Somente o Senhor conhece os que lhe pertencem (2Tm 2.19). Nem todos os que estão na igreja realmente pertencem à igreja.

O pertencer à igreja não garante que um homem pertença a Cristo, e não ao anticristo. O apóstolo Paulo diz que nem todos os de Israel são, de fato, israelitas (Rm 9.6). John Stott tem razão quando diz que nem todos os que compartilham nossa companhia terrena compartilham o nosso nascimento celeste.[250]

F. F. Bruce é oportuno quando escreve: "A perseverança dos santos é uma doutrina bíblica, mas não é uma doutrina criada para levar os indiferentes a um sentimento de falsa segurança; significa que a perseverança é a marca essencial da santidade".[251]

Warren Wiersbe alerta para o fato de que ao investigarmos a história das seitas e de sistemas religiosos contrários ao cristianismo, vemos que, na maioria dos casos, seus fundadores saíram de igrejas. Estavam "em nosso meio" e, no entanto, "não eram dos nossos", de modo que "se foram".[252]

Em quarto lugar, *os verdadeiros crentes têm duas marcas claras: unção e conhecimento* (2.20,21). "E vós possuís unção que vem do Santo e todos tendes conhecimento. Não vos escrevi porque não saibais a verdade; antes, porque a sabeis, e porque mentira alguma jamais procede da verdade."

A proteção contra o anticristo está na unção que os crentes recebem.[253] No Antigo Testamento os sacerdotes, os reis e os profetas eram ungidos e separados por Deus para um ministério especial. Na dispensação cristã, a unção com o Espírito Santo é um privilégio de todos os crentes. Nós fomos selados com o Espírito Santo como propriedade exclusiva de Deus. Temos o selo de Deus (Ef 4.30; Ap 9.4).

Concordo com Augustus Nicodemus quando ele diz que a unção a que João se refere é o Espírito Santo, pois: 1) Jesus Cristo foi ungido pelo Espírito Santo por ocasião de seu batismo no Jordão (At 10.38); 2) Cristo é o Ungido (Dn 9.26), e o Santo (At 4.27,30) que unge os crentes com este mesmo Espírito, quando eles se convertem ao Evangelho da verdade (Ef 1.13); desta forma, os separa e os consagra para Deus; 3) esta unção ou selo, que é a presença do Espírito nos crentes, é a defesa contra o erro religioso propagado pelos anticristos, pois o Espírito ilumina, guia e sela os cristãos na verdade (Jo 15.26; 16.13), dando-lhes o verdadeiro conhecimento de Deus.[254]

Concordo com John Stott quando diz que é pela iluminação do Espírito da verdade que temos conhecimento, como o versículo 27 desenvolve. Não somos uma minoria esotérica, iluminada, como os hereges pretendiam ser. É provável que usassem a palavra grega *chrisma*, "unção", como um termo técnico para a iniciação numa *gnose* especial.[255]

Os falsos cristãos do tempo de João costumavam usar duas palavras para descrever sua experiência: "conhecimento" e "unção". Afirmavam ter uma unção especial de Deus que lhes dava um conhecimento singular. Eram "iluminados" e, portanto, viviam em um nível muito mais elevado do que o restante das pessoas. Mas João ressalta que todos os cristãos verdadeiros conhecem a Deus e recebem o Espírito de Deus.[256]

Simon Kistemaker diz que o crente ungido com o Espírito Santo é capaz de discernir a verdade do engano, opor-se à heresia e suportar os ataques de Satanás.[257]

William Barclay interpreta corretamente quando diz que o propósito de João não é comunicar um novo conhecimento, mas conduzi-los a um uso dinâmico do conhecimento que já possuem. A maior defesa cristã é recordar o que já sabemos.[258] O que eles precisavam não era uma nova verdade, mas pôr em prática em suas vidas a verdade que já conheciam. Temos o conhecimento verdadeiro: conhecimento doutrinário da verdade e comunhão com aquele que é a verdade. O verdadeiro conhecimento não é o esotérico dos gnósticos, mas o conhecimento do Deus vivo. Devemos permanecer na doutrina de Cristo e não ultrapassá-la (2Jo 9).

João estava convencido de que os crentes, seus filhos na fé, estavam firmes na verdade: "Não vos escrevi porque não saibais a verdade; antes, porque a sabeis; e porque mentira alguma jamais procede da verdade" (2.21). A verdade a que João se refere é o Evangelho de Cristo, conforme pregado pelos apóstolos e registrado nas Escrituras. A mentira, ou seja, os erros religiosos que surgiram no mundo, procederam não do puro evangelho, mas de distorções dele, uma vez que a mentira procede do diabo (Jo 8.44).[259]

A natureza e o efeito da heresia (2.22,23)

Duas verdades merecem destaque aqui:

Em primeiro lugar, *a mentira das mentiras é a negação da messianidade de Cristo* (2.22). "Quem é o mentiroso, senão aquele que nega que Jesus é o Cristo? Este é o anticristo, o que nega o Pai e o Filho." Para o apóstolo João não tem meio-termo quando se trata de doutrina. É verdade ou mentira (2.21). João já havia falado sobre duas mentiras básicas dos hereges: 1) é mentiroso aquele que diz que tem comunhão com Deus e anda nas trevas (1.6); 2) é mentiroso aquele que diz que conhece a Deus, mas não guarda os seus mandamentos (2.4). O falso ensino dos que deixaram a igreja é revelado agora. Eles negavam que Jesus é o Cristo. Assim, o apóstolo João aponta a terceira mentira básica dos hereges: é mentiroso por excelência aquele que nega que Jesus é o Cristo (2.22). Essa é a arquimentira, a mentira das mentiras. Ela é a mentira engendrada pelo próprio espírito do anticristo (4.3; 2Jo 7).

John Stott tem toda razão quando afirma: "A teologia dos hereges não é apenas defeituosa, mas diabólica".[260] A natureza diabólica da heresia é negar a encarnação, a morte, a ressurreição e a obra expiatória de Cristo. Vale lembrar que os hereges, influenciados pelo dualismo grego, consideravam a matéria essencialmente má. Por conseguinte, negavam a doutrina da encarnação. E, ao negarem a encarnação, negavam também sua morte expiatória e sua ressurreição.

Os hereges criaram um *Cristo* místico, um *Cristo* falso. Certo segmento do gnosticismo separava o homem Jesus do Cristo divino. Conforme já destacamos nesta obra, eles acreditavam que o Cristo divino tinha descido sobre o Jesus humano no batismo. Na cruz, porém, antes de Jesus morrer, o Cristo divino o abandonou, ocasionando o grito: "Deus meu, Deus meu, por que me desampareste?" O resultado final deste ensino era a separação entre Jesus e o Cristo, a negação de que Jesus e o Cristo eram uma e a mesma pessoa.[261]

Em segundo lugar, *o efeito da heresia é a consequente negação do próprio Pai* (2.23). "Todo aquele que nega o Filho, esse não tem o Pai; aquele que confessa o Filho tem igualmente o Pai." Tendo colocado a descoberto a natureza da heresia, João desenvolve agora o seu temível efeito, que já mencionou no fim do versículo 22. Afirma a verdade em termos absolutos e inequívocos, primeiro negativa e depois positivamente. "Todo aquele que nega o Filho, esse não tem o Pai; aquele que confessa o Filho, tem igualmente o Pai" (2.23).[262]

O nosso relacionamento com o Pai necessariamente precisa passar pelo nosso relacionamento com o Filho. Somente o Filho pode revelar o Pai aos homens (Mt 11.27; Jo 1.18; 12.44,45; 14.6,9; 1Jo 2.1; 1Tm 2.5). Jesus Cristo disse: "Quem me vê a mim vê o Pai" (Jo 14.9). É impossível separar Deus de Jesus. Negar a Jesus é perder todo o conhecimento de Deus, porque só ele pode trazer-nos esse conhecimento. Negar a Jesus é estar separado de Deus, porque nossa comunhão com Deus depende de nossa resposta a Jesus.[263] O próprio apóstolo João escreve: "Aquele que tem o Filho, tem a vida; aquele que não tem o Filho de Deus não tem a vida" (5.12).

Um falso mestre vai dizer: nós adoramos o Pai. Nós cremos em Deus Pai, muito embora discordemos sobre Jesus. Mas negar o Filho é negar também o Pai. Não podemos ter comunhão com aqueles que negam as verdades essenciais da fé cristã. Não há unidade fora da verdade. Onde a teologia é desprezada, a vida cristã entra em colapso. Constatamos com profunda dor o desprezo da igreja contemporânea pela Palavra.

Estamos vivendo um tempo de anafalbetismo bíblico. Heresias antigas e novas encontram acolhida na igreja atual. As pessoas não querem discutir doutrinas, elas querem apenas relacionamentos. Há um caso interessante ocorrido com o grande evangelista inglês, George Whitefield. Conversando com um homem acerca de sua fé, o evangelista inglês perguntou-lhe:

– Em que o senhor crê?

– Eu creio naquilo que a minha igreja crê.
– E em que a sua igreja crê?
– Na mesma coisa em que eu creio.
– E em que você e sua igreja creem?
– Nós cremos na mesma coisa.²⁶⁴

A proteção contra a heresia (2.24-29)

Duas coisas devem permanecer nos crentes verdadeiros: A Palavra (2.24) e a unção do Espírito (2.27). Duas coisas devem ainda ser marcas do crente verdadeiro: a esperança da segunda vinda (2.28) e a prática da justiça (2.29). Vamos examinar mais detidamente esses quatro pontos:

Em primeiro lugar, *nós devemos permanecer no antigo evangelho que ouvimos em vez de buscar novos ensinos* (2.24-26). O apóstolo João escreve:

> Permaneça em vós o que ouvistes desde o princípio. Se em vós permanecer o que desde o princípio ouvistes, também permanecereis vós no Filho e no Pai. E esta é a promessa que ele mesmo nos fez, a vida eterna. Isto que vos acabo de escrever é acerca dos que vos procuram enganar (2.24-26).

João diz: "O que ouvistes desde o princípio" é o evangelho, o ensino apostólico, a mensagem original que fora pregada. Não tinha mudado e não iria mudar. Os cristãos devem ser sempre conservadores em sua teologia. Ter "coceira nos ouvidos" e sempre correr atrás de novos mestres, dando ouvidos a qualquer um e nunca chegando ao conhecimento da verdade, é uma característica dos "tempos difíceis" que sobrevirão "nos últimos dias" (2Tm 3.1,7; 4.3).²⁶⁵

Augustus Nicodemus está coberto de razão quando diz que não era a antiguidade que tornava a doutrina apostólica verdadeira, mas o fato de que era *apostólica*. Ela fora ensinada por homens inspirados por Deus, canais da revelação divina. E essa revelação já havia se encerrado e era imutável. Todo novo ensinamento que contradissesse a doutrina dos apóstolos ou fosse além dela deveria ser considerado falso.[266]

A obsessão por novidades doutrinárias é um grande perigo e um sinal do espírito do anticristo que opera no mundo. John Stott alerta: "O cristão nunca pode levantar âncora e zarpar para o alto-mar do pensamento especulativo. Tampouco pode abandonar o ensino primitivo dos apóstolos, trocando-o pelas subsequentes tradições dos homens".[267]

O propósito dos hereges e das falsas doutrinas é enganar (2.26). Mas o resultado da nossa lealdade ao Filho e ao Pai e dessa comunhão com eles é a vida eterna (2.15; 5.11-13). O que está em jogo não é apenas uma mera discussão de opiniões teológicas diferentes, mas a própria vida eterna.

O apóstolo João nos dá três marcas dos falsos mestres que disseminam heresias na igreja: primeira, eles abandonam a comunhão da igreja (2.18,19). Segunda, eles negam a fé (2.22,23). Terceira, eles tentam enganar os fiéis (2.26).

A grande pergunta do cristianismo é: quem é Jesus? Um exemplo, um bom homem, um grande mestre ou ele é Deus feito carne? Os falsos mestres diziam que eles tinham um novo conhecimento e uma nova unção. Mas João rebate dizendo que os crentes é que têm o verdadeiro conhecimento e a verdadeira unção.

Negar a encarnação de Cristo é negar a sua morte, a sua ressurreição e a sua obra expiatória. É esvaziar o cristianismo. Isso é satanismo (Mt 16.23). Os falsos mestres são proselitistas. Eles não vão atrás dos perdidos. O alvo deles são os cristãos. Os hereges não permanecem na verdade. O segredo para não ser enganado é *permanecer* (2.6,10,14,17,24,27,28).

Satanás não é um criador, mas apenas um falsificador que imita a obra de Deus. Tem, por exemplo, falsos "ministros" (2Co 11.13-15) que pregam um falso evangelho (Gl 1.6-12), o qual produz falsos cristãos (Jo 8.43,44) que dependem de uma falsa justiça (Rm 10.1-10).

Na parábola do joio e do trigo (Mt 13.24-30,36-43), Jesus e Satanás são retratados como semeadores. Jesus lança as sementes verdadeiras, os filhos de Deus, enquanto Satanás semeia os "filhos do maligno".

O principal estratagema de Satanás em nosso tempo é semear impostores em todo lugar onde Cristo planta cristãos verdadeiros. Assim, é importante ter a capacidade de distinguir entre o autêntico e o falso e separar as verdadeiras doutrinas de Cristo das doutrinas falsas do anticristo.[268]

Em segundo lugar, *nós devemos permanecer na unção do Espírito que recebemos em vez de buscar novas experiências forâneas às Escrituras* (2.27). João escreve:

> Quanto a vós outros, a unção que dele recebestes permanece em vós, e não tendes necessidade de que alguém vos ensine; mas, como a sua unção vos ensina a respeito de todas as coisas, e é verdadeira, e não é falsa, permanecei nele, como também ela vos ensinou (2.27).

A Palavra é uma proteção objetiva, enquanto a unção do Espírito é uma experiência subjetiva: mas o ensino apostólico e o Mestre celestial são ambos necessários para a continuidade na verdade. E ambos devem ser captados pessoal e interiormente. Este é o equilíbrio bíblico muito raramente preservado pelos homens. Alguns pretendem honrar a Palavra e negligenciam o Espírito, o único que pode interpretá-la; outros pensam honrar o Espírito mas negligenciam a Palavra da qual ele nos ensina.[269] É mediante essas duas antigas posses, não mediante novos ensinos ou novas experiências que permaneceremos na verdade.

Harvey Blaney tem toda a razão quando diz que o Espírito Santo é o protetor da ortodoxia. Ele é o mestre da verdade não adulterada. Ele é o avalista de que nosso relacionamento duradouro com Deus é uma compreensão inteligente bem como uma intimidade emocional.[270]

Concordo com Augustus Nicodemus quando diz que João não está afirmando que não precisamos de mestres humanos. Dizer isto seria contradizer as passagens da Bíblia que falam do trabalho dos pastores e mestres na igreja, ensinando e doutrinando os fiéis (Ef 4.11; Rm 12.7; 1Tm 5.17; 2Tm 2.24; Hb 13.7).

Além disso, se os crentes não precisam de mestres humanos, por que João lhes ensina por meio desta carta? O apóstolo está simplesmente dizendo que os cristãos da Ásia não precisavam que os falsos mestres viessem lhes dizer a verdade, pois já estavam firmes nela, mediante a presença e o poder do Espírito.[271]

Em terceiro lugar, *nós devemos permanecer em Cristo para termos confiança em sua segunda vinda* (2.28). "Filhinhos, agora, pois, permanecei nele, para que, quando ele se manifestar, tenhamos confiança e dele não nos afastemos envergonhados na sua vinda."

Os dois últimos versículos do texto em apreço formam uma ponte entre dois capítulos. O versículo 28 é um rápido sumário do capítulo 2. O versículo 29 é um prelúdio do capítulo 3.[272]

O apóstolo João nos diz que o verdadeiro crente é aquele que, em vez de ser enganado pelos anticristos, prepara-se para a segunda vinda de Cristo (2.28). Os homens reagirão à segunda vinda de Cristo de duas formas: uns terão *confiança*, outros *ficarão envergonhados*.

Os falsos crentes ou anticristos ficarão envergonhados na manifestação gloriosa de Cristo em sua segunda vinda. A primeira manifestação teve como alvo tirar os pecados do povo de Deus (3.5) e destruir as obras do diabo (3.8). João a considera como a manifestação do amor de Deus pelo seu povo (4.9).

Essa primeira manifestação consistiu na encarnação, vida, morte e ressurreição do Senhor Jesus. A segunda manifestação é o retorno público e visível do Senhor Jesus a este mundo, para completar a obra iniciada na primeira vinda. É a esta manifestação e a esta vinda que João se refere aqui. Nesta futura manifestação, "[...] seremos semelhantes a ele, porque havemos de vê-lo como ele é" (3.2).[273]

Em quarto lugar, *nós devemos praticar a justiça como prova de que nascemos de Deus* (2.29). "Se sabeis que ele é justo, reconhecei também que todo aquele que pratica a justiça é nascido dele."

A única maneira de aguardar a segunda vinda de Cristo é vivendo como ele viveu, em justiça (2.29). Aquele que professa ser cristão, mas não vive em obediência, amor e verdade está enganado ou é um enganador. Pertence não às fileiras de Cristo, mas às fileiras do anticristo, e na segunda vinda de Cristo ficará envergonhado.

Warren Wiersbe está certo quando diz que a vida real é uma vida que consiste em *prática*, não apenas em *palavras*.[274] Não basta saber, é preciso fazer (Ef 5.1; 1Pe 1.14,15; 2Co 13.5). Harvey Blaney tem razão quando diz que o que um homem faz e como age são aspectos intimamente ligados com a sua salvação.[275]

Notas do capítulo 7

[231] WIERSBE, Warren W. *Comentário bíblico expositivo*. Vol. 6. 2006: p. 639.
[232] WIERSBE, Warren W. *Comentário bíblico expositivo*. Vol. 6. 2006: p. 639.
[233] STOTT, John. *I, II, III João: Introdução e comentário*. 1982: p. 89.
[234] KISTEMAKER, Simon. *Tiago e epístolas de João*. 2006: p. 365.
[235] LOPES, Augustus Nicodemus. *Primeira carta de João*. 2005: p. 74.
[236] WIERSBE, Warren W. *Comentário bíblico expositivo*. Vol. 6. 2006: p. 639.
[237] STOTT, John. *I, II, III João: Introdução e comentário*. 1982: p. 94.
[238] LOPES, Augustus Nicodemus. *Primeira carta de João*. 2005: p. 74,75.
[239] BARCLAY, William. *I, II, III Juan y Judas*. 1974: p. 72.
[240] WIERSBE, Warren W. *Comentário bíblico expositivo*. Vol. 6. 2006: p. 640.
[241] STOTT, John. *I, II, III João: Introdução e comentário*. 1982: p. 90.
[242] DE BOOR, Werner. *Cartas de João*. Em Comentário Esperança. 2008: p. 337.
[243] DE BOOR, Werner. *Cartas de João*. Em Comentário Esperança. 2008: p. 338.
[244] BLANEY, Harvey. *A primeira epístola de João*. Em Comentário Bíblico Beacon. Vol. 10. 2005: p. 307.
[245] STOTT, John. *I, II, III João: Introdução e comentário*. 1982: p. 91.
[246] RIENECKER, Fritz e ROGERS, Cleon. *Chave linguística do Novo Testamento grego*. 1985: p. 586.
[247] LOPES, Augustus Nicodemus. *Primeira carta de João*. 2005: p. 75.
[248] OGILVIE, Lloyd John. *Quando Deus pensa em você*. 1983: p. 53.
[249] STOTT, John. *I, II, III João: Introdução e comentário*. 1982: p. 91.
[250] STOTT, John. *I, II, III João: Introdução e comentário*. 1982: p. 92.
[251] BRUCE, F. F. *The epistles of John*. Eerdmans. Grand Rapids, MI. 1979: p. 69.
[252] WIERSBE, Warren W. *Comentário bíblico expositivo*. Vol. 6. 2006: p. 641.
[253] STOTT, John. *I, II, III João: Introdução e comentário*. 1982: p. 92.
[254] LOPES, Augustus Nicodemus. *Primeira carta de João*. 2005: p. 76.
[255] STOTT, John. *I, II, III João: Introdução e comentário*. 1982: p. 92.
[256] WIERSBE, Warren W. *Comentário bíblico expositivo*. Vol. 6. 2006: p. 641.
[257] KISTEMAKER, Simon. *Tiago e epístolas de João*. 2006: p. 372.

[258] BARCLAY, William. *I, II, III Juan y Judas*. 1974: p. 77.
[259] LOPES, Augustus Nicodemus. *Primeira carta de João*. 2005: p. 76.
[260] STOTT, John. *I, II, III João: Introdução e comentário*. 1982: p. 96.
[261] LOPES, Augustus Nicodemus. *Primeira carta de João*. 2005: p. 76,77.
[262] STOTT, John. *I, II, III João: Introdução e comentário*. 1982: p. 97.
[263] BARCLAY, William. *I, II, III Juan y Judas*. 1974: p. 79.
[264] WIERSBE, Warren W. *Comentário bíblico expositivo*. Vol. 6. 2006: p. 641,642.
[265] STOTT, John. *I, II, III João: Introdução e comentário*. 1982: p. 97.
[266] LOPES, Augustus Nicodemus. *Primeira carta de João*. 2005: p. 80.
[267] STOTT, John. *I, II, III João: Introdução e comentário*. 1982: p. 97,98.
[268] WIERSBE, Warren W. *Comentário bíblico expositivo*. Vol. 6. 2006: p. 642.
[269] STOTT, John. *I, II, III João: Introdução e comentário*. 1982: p. 99.
[270] HARVEY, Blaney. *A primeira epístola de João*. Em Comentário Bíblico Beacon. Vol. 10. 2005: p. 308.
[271] LOPES, Augustus Nicodemus. *Primeira carta de João*. 2005: p. 83.
[272] KISTEMAKER, Simon. *Tiago e epístolas de João*. 2006: p. 383.
[273] LOPES, Augustus Nicodemus. *Primeira carta de João*. 2005: p. 82,83.
[274] WIERSBE, Warren W. *Comentário bíblico expositivo*. Vol. 6. 2006: p. 645.
[275] BLANEY, Harvey. *A primeira epístola de João*. Em Comentário Bíblico Beacon. Vol. 10. 2005: p. 309.

Capítulo 8

Razões imperativas para uma vida pura
(1Jo 3.1-10)

O APÓSTOLO JOÃO CONTINUA REFUTANDO o ensino falso dos mestres gnósticos. Neste capítulo 3.1-24, ele emprega três argumentos irresistíveis para combater os hereges e ao mesmo tempo fincar as estacas de uma verdadeira vida cristã. João trabalha o argumento moral (3.1-10), o argumento social (3.11-18) e o argumento doutrinário (3.19-24).

Neste capítulo vamos examinar o primeiro argumento, o argumento moral, e vamos destacar quatro preciosas verdades:

O grande amor de Deus, o Pai (3.1-3)

A motivação para uma vida de pureza começa com Deus e não com o homem. É pela contemplação do amor de Deus que somos desafiados a viver em santidade. Destacamos três sublimes verdades:

Em primeiro lugar, *o grande amor de Deus precisa ser percebido* (3.1a). "Vede que grande amor nos tem concedido o Pai...". O apóstolo João chama a atenção dos crentes para olharem e avaliarem a grandeza do amor do Pai. Trata-se de um amor eterno, imenso e sacrificial. O amor do Pai é gracioso e altruísta. É um amor explícito, ativo e íntimo. É o elo que une aquele que dá ao que recebe. Como filhos de Deus e recipientes do amor divino, confessamos que não somos capazes de compreender as dimensões do amor de Deus.[276]

Esse tipo de amor sempre inclui espanto.[277] Harvey Blaney diz que esta é uma exclamação genuína de perplexidade misturada com gratidão.[278] A expressão "que grande amor" não significa mera "magnitude". Ela aponta para a peculiaridade deste amor. Chamar a nós, inimigos de Deus, de seus filhos, nós, que somos pessoas degeneradas e maculadas, disto somente um amor que sofre, sustenta e sangra é capaz.[279]

Em segundo lugar, *o grande amor de Deus foi regiamente demonstrado* (3.1b,2). O amor de Deus pode ser visto, porque foi regiamente demonstrado. João destaca três fatos:

Olhando para o passado vemos a bênção da filiação (3.1b). "[...] a ponto de sermos chamados filhos de Deus; e, de fato, somos filhos de Deus. Por essa razão, o mundo não nos conhece, porquanto não o conhece a ele mesmo". João recorda os privilégios da vida cristã e diz que sendo nós pecadores, inimigos de Deus, filhos da ira, somos agora chamados de filhos de Deus. Somos conhecidos no céu, mas desconhecidos na terra. Somos amados por Deus, mas odiados pelo mundo. Porque o mundo não conheceu a Deus, também não conhece os filhos de Deus.

Werner de Boor diz corretamente que quem se fecha para a revelação de Deus não consegue reconhecer os traços da filiação divina nas pessoas, ou melhor, estes traços se transformam em tropeço para ele.[280]

É um subido privilégio o fato de pertencermos à maior e a mais nobre família da terra. Somos filhos de Deus primeiro por adoção. A adoção nos mostra a grandeza da graça (3.1), a glória da esperança (3.2) e o motivo da santificação (3.3). O único caminho para entrar numa família é pelo nascimento ou pela adoção.

É conhecida a expressão de Stephen Scharnock: "A adoção dá-nos o privilégio de filhos; a regeneração, a natureza de filhos".

A adoção era bem conhecida no império romano. A pessoa adotada perdia os direitos na antiga família e ganhava os direitos de um filho na nova família. O filho adotado tornava-se herdeiro de todos os bens de seu novo pai. Legalmente, a antiga vida do adotado ficava totalmente cancelada. As dívidas todas eram canceladas. O filho adotado era considerado uma nova pessoa. Aos olhos da lei, a pessoa adotada era literalmente filha do novo pai.

O grande amor de Deus pode ser visto no fato de Deus ter-nos adotado como filhos. Agora, somos membros da sua família. Somos seus herdeiros e coerdeiros com Cristo, nosso irmão primogênito. É importante destacar que Paulo empregou o termo "filhos" (*huioi*) no sentido legal, usando a analogia da adoção em vez de geração (Rm 8.14-16), mas João emprega o termo filhos (*tekna*) para acentuar o novo nascimento e esse é o relacionamento mais íntimo.[281]

Olhando para o presente, vemos a bênção da apropriação da filiação (3.2a). "Amados, agora, somos filhos de Deus...". Nós somos filhos de Deus de três formas distintas. Somos filhos por criação, por adoção e por geração. Deus nos criou, Deus nos adotou e Deus nos gerou de novo. Nascemos de cima, do alto, do céu. Nascemos de novo (Jo 3.3), da água e do Espírito (Jo 3.5).

Devemos nos apropriar dessa filiação. Devemos viver como filhos do Deus dos deuses, do Rei dos reis, do Senhor dos senhores. A expressão "filhos de Deus" pode ser traduzida por "crianças nascidas de Deus". Por conseguinte, "filhos de Deus" não é um mero título; é um fato.[282]

Olhando para o futuro vemos a bênção da glorificação (3.2b). "[...] e ainda não se manifestou o que haveremos de ser. Sabemos que, quando ele se manifestar, seremos semelhantes a ele, porque haveremos de vê-lo como ele é".

John Stott diz que a nossa filiação, embora real, ainda não é visível (Rm 8.29), pois o que somos não aparece agora para o mundo; o que seremos não aparece ainda para nós.[283]

É importante ressaltar que a escatologia do apóstolo João não tem propósitos especulativos, mas práticos. Ele fala da expectação da segunda vinda de Cristo não por razão teológica, mas ética. Quando Cristo se manifestar nós o veremos, como ele é; e seremos como ele é. A visão beatífica de Cristo é resultado da glorificação. Porque seremos semelhantes a ele, o veremos como ele é.

Concordo com John Stott, quando afirma: "As duas revelações, de Cristo e do nosso estado final, serão feitas simultaneamente. Porém, a ordem dos eventos é clara: primeiro, ele aparecerá, depois o veremos como ele é; e finalmente, seremos semelhantes a ele".[284]

Lloyd John Ogilvie sintetiza estes três pontos como segue:

> O apóstolo João toca aqui as três dimensões do tempo. Em retrospecto, poderiam ver o que Deus tem feito por eles. "Vede que grande amor nos tem concedido o Pai, a ponto de sermos chamados filhos de Deus." O presente, portanto, estava repleto de segurança confiante. "Amados, agora, somos filhos de Deus." Com base nesse fato, eles podiam ter esperança no futuro. "Ainda não se manifestou o que haveremos de ser. Sabemos que, quando ele se manifestar, seremos semelhantes a ele, porque haveremos de vê-lo como ele é."[285]

Em terceiro lugar, *o grande amor de Deus deve ser correspondido* (3.3). "E a si mesmo se purifica todo o que nele tem esta esperança, assim como ele é puro." O apóstolo João não roga nem ordena aos filhos de Deus que se purifiquem. Ele declara um fato. Aqueles que aguardam a segunda vinda de Cristo automática e necessariamente se purificam, assim como ele é puro. Essa purificação não é cerimonial, mas moral, uma vez que a palavra grega *hagneia*, "pureza", é liberdade de mancha moral.[286]

A grande obra de Deus, o Filho (3.5,8)

O apóstolo João faz uma transição da segunda vinda de Cristo para a sua primeira vinda. Ele deixa de falar do Cristo que virá para falar do Cristo que já veio. Ele faz uma conexão entre a manifestação da glória que acontecerá na segunda vinda para a manifestação que já aconteceu na primeira vinda. A base para um viver santo está fincada na obra que Cristo já realizou em sua primeira manifestação, e se consumará em sua segunda vinda, quando ele virá em glória. A obra de Deus, o Filho pode ser descrita de duas maneiras:

Em primeiro lugar, *Jesus se manifestou para tirar os pecados* (3.5). "Sabeis também que ele se manifestou para tirar os pecados, e nele não existe pecado."

Aqui a obra de remoção dos pecados do homem realizada por Cristo e a impecabilidade de sua Pessoa são maravilhosamente colocadas juntas.[287] Jesus não veio para ignorar o pecado, desculpá-lo e considerá-lo inócuo, mas para levá-lo embora.[288]

Jesus veio ao mundo para salvar o seu povo de seus pecados (Mt 1.21). Ele entrou no mundo como o Salvador (Lc 2.7) e como o Cordeiro de Deus que tira o pecado do mundo (Jo 1.29). Jesus tira os pecados carregando-os em seu próprio corpo. Ele tomou sobre si os nossos pecados. Ele tira os pecados por meio da expiação. Ele não fez vistas grossas ao pecado. Ele foi traspassado por nossas transgressões. Ele foi moído pelos nossos pecados. Ele se fez pecado por nós. O castigo que nos traz a paz estava sobre ele. Ele foi ferido por Deus e oprimido. Ele é o Cordeiro de Deus que tira o pecado do mundo.

Estou de pleno acordo com Augustus Nicodemus, quando afirmou que este *tirar* dos pecados não consistiu somente no pagamento da culpa do pecado, mas também na quebra do poder do pecado sobre a vida de seu povo (Rm 6.6,11,12).[289]

Em segundo lugar, *Jesus se manifestou para destruir as obras do diabo* (3.8b). "Para isto se manifestou o Filho de Deus: para destruir as obras do diabo." O diabo é o pai do pecado. O pecado gera morte e o diabo veio para roubar, matar e destruir. Ele é assassino e ladrão. Ele é mentiroso e enganador. Ele é tentador e destruidor. Ele é a serpente sedutora e o dragão devorador. O Filho de Deus veio não só para tirar os pecados, mas para destruir as obras do diabo. Jesus desbancou os principados e potestades na cruz do calvário. Ele triunfou sobre o diabo e suas hostes. Ele expôs os principados e potestades ao desprezo. Ele esmagou a cabeça da serpente.

John Stott diz que moralmente a obra do diabo é tentar para o pecado; fisicamente, é infligir doença; intelectualmente, seduzir para o erro; espiritualmente, afastar a pessoa de Cristo. A palavra grega *katargeo*, "destruir", não significa aniquilar, mas privar de forças, tornar inoperante. A destruição foi uma "soltura", como se essas obras diabólicas fossem correntes que nos prendessem. O diabo continua agindo, mas ele já foi derrotado e em Cristo podemos escapar à sua tirania.[290]

A grande malignidade do pecado (3.4,5,6,8)

A pecaminosidade e a malignidade do pecado podem ser observadas por intermédio de cinco fatos:

Em primeiro lugar, *a essência do pecado* (3.4). "Todo aquele que pratica o pecado também transgride a lei, porque o pecado é a transgressão da lei."

O apóstolo João diz que a essência do pecado é a ilegalidade. A palavra grega *anomia* significa "ilegalidade, transgressão". O pecado não é apenas uma falha negativa (*hamartia*), uma injustiça ou falta de retidão (*adikia*), mas essencialmente uma ativa rebelião contra a vontade de Deus e uma violação da sua santa lei (*anomia*).[291] Este fato é tão sério que o anticristo, o homem da iniquidade, o filho da perdição, é chamado pelo apóstolo Paulo de *ho anthropos tes anomias*, o homem sem lei (2Ts 2.3).

Concordo com Warren Wiersbe quando diz que os pecados são frutos, mas o pecado é a raiz, pois qualquer que seja a atitude exterior do pecador, sua atitude interior é a rebelião.[292]

Nessa mesma linha de pensamento, Augustus Nicodemus diz que pecado é transgressão da lei, seja ao fazer aquilo que ela proíbe, seja ao deixar de fazer aquilo que ela manda. Portanto, o crime do pecador é essencialmente a transgressão da lei de Deus, pela desobediência, descaso, desprezo ou indiferença para com ela. Todo pecado, portanto, é pecado contra Deus. É uma rebelião contra a sua vontade.[293]

Em segundo lugar, *a ação do pecado* (3.5). "Sabeis também que ele se manifestou para tirar os pecados...". Se Cristo se manifestou para tirar os pecados (3.5) e destruir as obras do diabo (3.8), a ação do pecado é insurgir-se contra a obra de Cristo. Toda vez que um filho de Deus peca, está se levantando contra Cristo e mostrando que não entende ou não dá o devido valor ao que Jesus fez por ele na cruz.[294]

Se Cristo se manifestou para tirar os pecados, seria correto querer mantê-los? Se o pecado demandou do Pai a entrega do Filho, do Filho a morte na cruz, então podemos nós considerá-lo inócuo e desculpável? Isto é impossível![295]

Em terceiro lugar, *a razão do pecado* (3.6). "Todo aquele que permanece nele não vive pecando; todo aquele que vive pecando não o viu, nem o conheceu." Não havendo pecado em Jesus, fica claro: "Jesus" e "pecado" são contrastes perfeitos. Por definição, "Jesus" e "pecado" jamais podem estar juntos! Disso resulta obrigatoriamente: "Todo aquele que permanece nele não vive pecando".[296]

Augustus Nicodemus, citando J. Gill, escreve: "O verdadeiro cristão permanece em Cristo como o galho da videira, derivando dele toda luz, vida, graça, santidade, sabedoria, força, alegria, paz e conforto".[297]

O pecado surge do "não permanecer em Cristo". É impossível permanecer em Cristo e no pecado ao mesmo tempo. É impossível permanecer naquele que é justo e praticar a injustiça ao mesmo tempo. É impossível permanecer naquele que é puro e viver na impureza ao mesmo tempo. É impossível ter comunhão com aquele que é luz e viver nas trevas ao mesmo tempo. A visão de Cristo e o conhecimento de Cristo são incompatíveis com a vida no pecado.

John Stott tem razão quando diz que se a natureza de Jesus é sem pecado, e se o propósito de seu aparecimento histórico era tirar o pecado, então todo aquele que permanece nele não vive pecando, ao passo que, entretanto, todo aquele que vive pecando não o viu, nem o conheceu. Ver e conhecer a Cristo, o Salvador sem pecado dos pecadores, é banir o pecado.[298]

Em quarto lugar, *a origem do pecado* (3.8a). "Aquele que pratica o pecado procede do diabo; porque o diabo vive pecando desde o princípio...". O diabo é o pai do pecado. O pecado vem dele. Pecar é obedecer aquele que peca desde o princípio, em lugar de obedecer a Deus.

Werner de Boor tem razão quando diz que cada pecado, cada pensamento impuro ou palavra inverídica nos faz sucumbir à influência do diabo, e assim participamos da rebeldia dele contra Deus. E quando não apenas "pecamos", mas "praticamos o pecado", quando não apenas somos "colhidos por ele", mas o exercemos conscientemente e nele permanecemos, então não apenas sucumbimos a uma tentação momentânea, mas "somos do diabo" e fomos essencialmente arrastados para dentro da rebeldia dele contra Deus.[299]

Em quinto lugar, *a vitória sobre o pecado* (3.5). "Sabeis também que ele se manifestou para tirar os pecados, e nele não existe pecado." Só aquele que é justo e puro, em quem não existe pecado, pode tirar os pecados. Só por meio do sangue de Jesus podemos ter vitória sobre o pecado. A vitória sobre o pecado não é obtida pelo conhecimento esotérico dos gnósticos nem pelas experiências místicas dos falsos mestres, mas pela obra de Cristo na cruz.

O pecado não pode ser tirado pelo esforço humano. Não podemos lavar-nos a nós mesmos. O injusto não pode justificar-se a si mesmo. O impuro não pode purificar-se a si mesmo. Somente o sangue de Cristo pode nos lavar de todo pecado (1.7).

A grande impossibilidade dos filhos de Deus de viverem na prática do pecado (3.7-10)

O apóstolo João destaca quatro importantes verdades no texto em tela:

Em primeiro lugar, *a prática da justiça é a verdadeira imitação do Deus justo* (3.7). "Filhinhos, não vos deixeis enganar por ninguém: aquele que pratica a justiça é justo, assim como ele é justo." Os gnósticos queriam enganar os cristãos teológica (2.26) e moralmente (2.7). No entanto, para João, o fazer é a prova do ser.[300] Não imitamos a Deus por intermédio de ritos místicos, mas pela prática da justiça. Deus é justo (1.9; 2.9) e Jesus Cristo é justo (2.1). Quem é nascido de Deus é justo mediante a obra substitutiva de Cristo e a imputação de sua justiça. Por conseguinte, vive na prática da justiça.[301]

Em segundo lugar, *a prática do pecado é a verdadeira identificação com o diabo* (3.8a). "Aquele que pratica o pecado procede do diabo, porque o diabo vive pecando desde o princípio...". Se a prática da justiça é a imitação de Deus, a prática do pecado é a imitação do diabo. A prática da justiça e a prática do pecado identificam a nossa paternidade. Aqueles que são filhos de Deus praticam a justiça; aqueles que são filhos do diabo praticam o pecado.

Não somos o que falamos, mas o que fazemos. Não é o nosso discurso que nos torna filhos de Deus, mas provamos a nossa filiação divina pelas nossas obras.

Em terceiro lugar, *a prática do pecado é impossível para os filhos de Deus* (3.9). "Todo aquele que é nascido de Deus não vive na prática de pecado; pois o que permanece nele é a divina semente; ora, esse não pode viver pecando, porque é nascido de Deus." Alguns críticos veem contradição no apóstolo João ao examinarem o que ele escreveu (1.8,10; 2.1) e o que escreve agora (3.9).

Contudo, não há aqui qualquer contradição. Em cada capítulo João está combatendo um erro diferente. A primeira posição, capítulo 1, é cega para o pecado e nega a sua gravidade; a segunda posição, capítulo 3, é indiferente para com o pecado e nega a sua gravidade. João refuta as duas, mostrando no capítulo 1 a universalidade do pecado e no capítulo 3 a incompatibilidade do pecado no cristão.[302]

"Pecar" aqui está no presente contínuo. E isto significa que o cristão não pode viver na prática e no hábito do pecado. O cristão não pode viver deliberada e insistentemente no pecado. O pecado não é mais a atmosfera da sua vida.

Simon Kistemaker, nessa mesma linha de pensamento, diz que no grego o verbo expressa ação contínua, e não uma única ocorrência. Assim, ao usar o tempo presente dos verbos gregos, João está dizendo que o crente não pode praticar o pecado como um hábito. O pensamento que está sendo transmitido em 1João 3.9 não é que o nascido de Deus jamais comete um ato pecaminoso, mas que ele não persistirá no pecado.[303]

O pecado deliberado é uma conspiração contra o amor do Pai, contra o sacrifício expiatório do Filho e contra a obra regeneradora do Espírito Santo.

Lloyd John Ogilvie ainda lança luz sobre esse assunto, quando escreve:

> No versículo 9, o verbo "pecar" se encontra no presente do indicativo linear ativo, significando uma ação constante, consistente e compulsiva. É esse tipo de pecado de que fomos libertados. Fomos libertados do pecado habitual como o desejo dominante de nossas vidas. Passaremos por lapsos temporários, mas a nossa conversão significou uma demarcação dramática, uma viravolta. Voltamos de uma vida que se movia para longe de Deus a uma vida que cada vez mais se aproxima dele. Nossa paixão agora é glorificar a Deus e desfrutar dele em todas as coisas. Pode haver atos separados que nos alarmem e mostrem que ainda somos barro que está sendo moldado, mas a mão do Pai constantemente nos forma à imagem de Cristo.[304]

João alista duas razões eloquentes pelas quais os filhos de Deus não podem viver na prática do pecado:

Por causa da divina semente neles implantada. A semente divina, *sperma*, foi implantada em nós. O princípio divino da vida verdadeira foi dado para a concepção da nova pessoa dentro de nós. E assim como o filho natural cresce com as características do pai que o gerou, também nós cada vez mais crescemos na natureza espiritual de nosso Pai celeste.[305]

Augustus Nicodemus diz corretamente que João usa aqui o quadro da reprodução humana. O sêmen carrega a vida e transfere as características paternas. Portanto, os que são filhos de Deus herdam a natureza divina (2Pe 1.4), e como decorrência, o nascido de Deus não pode viver pecando, porque é nascido de Deus.[306]

A divina semente é a Palavra de Deus que habita em nós. Fomos gerados dessa semente incorruptível.

Por causa do novo nascimento. Somos nascidos de Deus e Deus é santo, portanto, devemos carregar a imagem do nosso Pai. Nascidos de Deus é a ideia central dos capítulos 3–5 (3.9; 4.7; 5.1,4,18). Não podemos viver na prática do pecado, pois essa é a marca dos filhos do diabo.

Concordo com o que diz Warren Wiersbe: "Por certo, nenhum cristão é impecável, mas Deus espera que o verdadeiro cristão não peque de modo habitual".[307]

Em quarto lugar, *os filhos de Deus e os filhos do diabo são conhecidos por suas obras* (3.10). João conclui sua exposição, falando que a humanidade está dividida em dois grupos: os filhos de Deus e os filhos do diabo: "Nisto são manifestos os filhos de Deus e os filhos do diabo: todo aquele que não pratica justiça não procede de Deus nem aquele que não ama a seu irmão".

Em toda essa epístola João fala de duas categorias: luz ou trevas, verdade ou mentira, amor ou ódio, Deus ou o diabo.

João não usa meios-termos. Não há neutralidade nessa questão. O homem é filho de Deus ou filho do diabo. A nossa ascendência é divina ou diabólica.

Simon Kistemaker, citando Agostinho de Hipona, escreveu: "O diabo não fez homem algum, não deu à luz homem algum, não criou homem algum; mas aquele que imita o diabo, este, como se tivesse dele nascido, torna-se filho do diabo, ao imitá-lo, e não por ter literalmente nascido dele".[308]

Werner de Boor diz que não podemos pensar que na igreja estão os filhos de Deus e lá fora, no mundo, estão os filhos do diabo. João estava presente quando Jesus disse aos judeus devotos e fiéis à lei, com todas as suas realizações religiosas e morais: "Vós sois do diabo, que é vosso pai, e quereis satisfazer-lhe os desejos..." (Jo 8.44).

Muitos filhos do diabo convivem na igreja, ouvem a Palavra, entoam os mesmos hinos, dominam bem o linguajar cristão. Há alguns que até mesmo se vangloriam: "Senhor, Senhor! Porventura, não temos nós profetizado em teu nome, e em teu nome não expelimos demônios, e em teu nome não fizemos muitos milagres?" (Mt 7.22).

Jesus não contesta que de fato tenham realizado tudo isso. Neste caso, não seriam eles membros proeminentes de sua igreja? Não, Jesus lhes responde: "Nunca vos conheci. Apartai-vos de mim, os que praticais a iniquidade" (Mt 7.23). Da mesma maneira João também constata: "[...] todo aquele que não pratica justiça não procede de Deus, nem aquele que não ama a seu irmão" (3.10).[309]

Augustus Nicodemus ainda adverte: "Durante os cultos em uma igreja local todos parecem cristãos, assentados, ouvindo a Palavra, cantando e participando do culto. É pela conduta após o culto que se revela quais são os verdadeiros cristãos".[310]

A maneira de conhecer os verdadeiros cristãos é pela sua conduta moral. Pelos frutos é que se conhece a árvore (Mt 7.20). Os filhos de Deus são conhecidos por três testes: o teste moral, o teste social e o teste doutrinário. Os filhos de Deus são conhecidos pela obediência, amor e fé. Ou seja, os filhos de Deus andam como Cristo andou e praticam a justiça. Os filhos de Deus amam a Deus e aos irmãos, e os filhos de Deus creem que Jesus veio em carne, morreu, ressuscitou e voltará. Já os filhos do diabo não praticam a justiça nem amam aos irmãos. A falta de justiça e a falta de amor provam a falta de novo nascimento.

Concluo esta exposição evocando mais uma vez a contribuição do erudito expositor John Stott:

Se Cristo se manifestou para tirar os pecados e para destruir as obras do diabo e se quando ele se manifestar pela segunda vez, haveremos de vê-lo como ele é e seremos semelhantes a ele, como podemos continuar vivendo no pecado? Fazê-lo é negar o propósito de suas duas manifestações. Se quisermos ser leais à sua primeira vinda e estar preparados para a sua segunda vinda, devemos nos purificar, como ele é puro. Agindo assim, daremos prova de que nascemos de Deus.[311]

NOTAS DO CAPÍTULO 8

[276] KISTEMAKER, Simon. *Tiago e epístolas de João*. 2006: p. 396.
[277] STOTT, John. *I, II, III João: Introdução e comentário*. 1982: p. 102.
[278] BLANEY, Harvey. *A primeira epístola de João*. Em Comentário Bíblico Beacon. Vol. 10. 2005: p. 310.
[279] DE BOOR, Werner. *Cartas de João*. Em Comentário Esperança. 2008: p. 344.
[280] DE BOOR, Werner. *A primeira carta de João*. Em Comentário Esperança. 2008: p. 345.
[281] BLANEY, Harvey. *A primeira epístola de João*. Em Comentário Bíblico Beacon. Vol. 10. 2005: p. 311.
[282] STOTT, John. *I, II, III João: Introdução e comentário*. 1982: p. 102.
[283] STOTT, John. *I, II, III João: Introdução e comentário*. 1982: p. 102.
[284] STOTT, John. *I, II, III João: Introdução e comentário*. 1982: p. 103.
[285] OGILVIE, Lloyd John. *Quando Deus pensou em você*. 1983: p. 76.

[286] STOTT, John. *I, II, III João: Introdução e comentário.* 1982: p. 104.
[287] STOTT, John. *I, II, III João: Introdução e comentário.* 1982: p. 106.
[288] DE BOOR, Werner. *A primeira carta de João.* Em Comentário Esperança. 2008: p. 349.
[289] LOPES, Augustus Nicodemus. *Primeira carta de João.* 2005: p. 89.
[290] STOTT, John. *I, II, III João: Introdução e comentário.* 1982: p. 108.
[291] STOTT, John. *I, II, III João: Introdução e comentário.* 1982: p. 105,106.
[292] WIERSBE, Warren W. *Comentário bíblico expositivo.* Vol. 6. 2006: p. 649.
[293] LOPES, Augustus Nicodemus. *Primeira carta de João.* 2005: p. 89.
[294] WIERSBE, Warren W. *Comentário bíblico expositivo.* Vol. 6. 2006: p. 649.
[295] DE BOOR, Werner. *A primeira carta de João.* Em Comentário Esperança. 2008: p. 349,350.
[296] DE BOOR, Werner. *A primeira carta de João.* Em Comentário Esperança. 2008: p. 350.
[297] LOPES, Augustus Nicodemus. *Primeira carta de João.* 2005: p. 89.
[298] STOTT, John. *I, II, III João: Introdução e comentário.* 1982: p. 106,107.
[299] DE BOOR, Werner. *A primeira carta de João.* Em Comentário Esperança. 2008: p. 351.
[300] STOTT, John. *I, II, III João: Introdução e comentário.* 1982: p. 107.
[301] LOPES, Augustus Nicodemus. *Primeira carta de João.* 2005: p. 92.
[302] STOTT, John. *I, II, III João: Introdução e comentário.* 1982: p. 109.
[303] KISTEMAKER, Simon. *Tiago e epístolas de João.* 2006: p. 405.
[304] OGILVIE, Lloyd John. *Quando Deus pensou em você.* 1983: p. 83.
[305] OGILVIE, Lloyd John. *Quando Deus pensou em você.* 1983: p. 84.
[306] LOPES, Augustus Nicodemus. *Primeira carta de João.* 2005: p. 94.
[307] WIERSBE, Warren W. *Comentário bíblico expositivo.* Vol. 6. 2006: p. 647.
[308] KISTEMAKER, Simon. *Tiago e epístolas de João.* 2006: p. 403.
[309] DE BOOR, Werner. *A primeira carta de João.* Em Comentário Esperança. 2008: p. 353.
[310] LOPES, Augustus Nicodemus. *Primeira carta de João.* 2005: p. 95.
[311] STOTT, John. *I, II, III João: Introdução e comentário.* 1982: p. 111.

Capítulo 9

O amor, a apologética final
(1Jo 3.11-24)

O APÓSTOLO JOÃO ACABARA DE MOSTRAR que aquele que não pratica a justiça nem ama a seu irmão é filho do diabo e não filho de Deus (3.10). Agora, por contraste, argumenta que o amor aos irmãos é a evidência da salvação (3.14). João contrasta o ódio de Caim como protótipo do mundo (3.12,13) com o amor de Cristo que deve ser visto na igreja (3.14-18).

Warren Wiersbe vê no texto em apreço quatro níveis de relacionamentos: homicídio (3.11,12); ódio (3.13-15), indiferença (3.16,17) e amor (3.18-24). A única diferença entre o nível 1 e o nível 2 é o ato exterior de tomar uma vida. A intenção interior é a mesma. A prova do amor cristão não é apenas deixar de fazer o mal a outros. O amor envolve a prática do bem. Uma pessoa não precisa ser homicida para pecar; dentro do coração, o ódio corresponde a homicídio. Mas também não precisa sequer odiar o irmão para ter pecado. Basta ignorá-lo ou mostrar-se indiferente às suas necessidades. O amor não pratica o mal, nem é indiferente; o amor pratica o bem.[312]

Três verdades são aqui destacadas pelo apóstolo: o contraste do amor, a demonstração do amor e os resultados do amor. Vamos, agora, expor estas três verdades.

O contraste do amor (3.11-15)

Para melhor compreensão do texto em pauta, destacaremos alguns pontos:

Em primeiro lugar, *o amor fraternal é uma mensagem antiga e não uma novidade* (3.11). "Porque a mensagem que ouvistes desde o princípio é esta: que nos amemos uns aos outros." A primeira coisa que João deixa claro é que a mensagem apostólica acerca do amor fraternal não era uma novidade como a pregação dos falsos mestres. Estes se jactavam do seu novo ensino, recebido por uma iluminação especial. João refuta os falsos mestres mostrando que a mensagem que está trazendo para a igreja é a mesma que a igreja ouvira desde o princípio.

João apela para a autoridade da tradição apostólica, que remonta ao próprio Cristo, para estabelecer firmemente a mensagem que eles haviam recebido. O conteúdo da mensagem é que os cristãos devem amar uns aos outros.[313] Essa mensagem acerca do amor estava em consonância com o todo das Escrituras (Dt 6.5; Lv 19.18). Jesus chegou mesmo a dizer que o amor é o maior dos mandamentos (Mt 22.34-40) e o critério pelo qual seremos conhecidos como seus discípulos (Jo 13.34,35). O apóstolo Paulo destacou que o amor é o cumprimento da lei (Rm 13.9; Gl 5.14). Em segundo lugar, *o amor fraternal promove o bem e não o mal* (3.12). "Não segundo Caim, que era do Maligno e assassinou a seu irmão; e por que o assassinou? Porque as suas obras eram más, e as de seu irmão, justas." João diz que não devemos amar segundo Caim. O amor de Caim era dissimulado e falso. Ele estava presente nos lábios, mas não no coração. Ele amava de palavras, mas não de fato e de verdade. Por isso, ele assassinou ao seu irmão e isso, pelos motivos mais torpes.

Caim era do Maligno. Ele assassinou. Assassinou seu irmão. Caim assassinou seu irmão porque as suas obras eram más, e justas as de seu irmão. Augustus Nicodemus tem razão quando diz que aqui João interpreta a narrativa de Gênesis, dando o motivo do crime: as boas obras de Abel despertaram o ódio do ímpio Caim, cujas obras eram más.

Abel era homem de fé (Hb 11.4), justo (Mt 23.35) e Deus se agradou dele (Gn 4.4). Caim, por sua vez, era do Maligno (3.12) e sua religião era falsa (Jd 11). Seu ódio mortal contra Abel foi movido pela inveja, que se desenvolveu em ira e finalmente em assassinato (Gn 4.5,8). A inveja o levou a odiar e matar aquele a quem deveria ter amado e imitado.[314]

Concordo com Simon Kistemaker quando diz que o caso não é que Caim, ao assassinar seu irmão, tornou-se filho do diabo, mas sim que, sendo um filho do diabo, suas ações eram malignas e culminaram com o assassinato de seu irmão.[315]

Warren Wiersbe diz que, séculos depois, os fariseus fizeram a mesma coisa com Jesus (Mc 15.9,10), e Jesus também os chamou de filhos do diabo (Jo 8.44).[316]

O apóstolo João diz que Caim é um símbolo do mundo que nos odeia (3.13). Caim odiou Abel não porque Abel era mau, mas porque Abel era piedoso. Não foram os pecados de Abel que inflamaram seu ódio, mas as virtudes. A retidão de Abel atormentava Caim.

Assim, também, o mundo odeia a igreja não porque a igreja esteja nas trevas, mas porque ela está na luz. Nicodemus tem razão quando diz que os inimigos dos cristãos eram movidos pelo ódio milenar do diabo contra Deus, do mundo contra Cristo, e dos falsos mestres contra a verdade de Deus.[317]

Vamos examinar um pouco mais a vida de Caim, agora, à luz da narrativa de Gênesis capítulo 4.1-16. Caim não era um ateu. Ele era religioso. Ele fazia oferendas a Deus. Seu ódio brota neste contexto da prática religiosa. Vamos ver o processo da rebeldia espiritual de Caim.

Caim quis adorar a Deus sem observar os preceitos de Deus. A aproximação de Deus se dava por meio do sangue (Gn 4.4). O sangue dos animais apontava para o sacrifício perfeito de Cristo na cruz (Rm 3.24-26). Todos os sacrifícios apontavam para o Cordeiro de Deus que tira o pecado do mundo (Jo 1.29). Quando Caim trouxe a Deus um sacrifício incruento, ele estava desprezando o caminho de Deus, a Palavra de Deus, as prescrições do culto divino. Queria abrir até Deus um caminho pelos seus esforços, o caminho das obras. O caminho de Caim é o caminho do humanismo idolátrico, o caminho das obras de justiça separado da graça (Jd 11).

Caim quis prestar culto a Deus sem examinar o próprio coração. O apóstolo João é enfático em afirmar que Caim era do Maligno (3.12). Ele queria cultuar a Deus sem pertencer a Deus. Ele queria enganar a Deus com sua oferta, enquanto ele mesmo era do Maligno. Caim pensou que podia separar o culto da vida. Ele pensou que Deus estivesse buscando adoração e não adoradores. Se a nossa vida não for de Deus e não estiver certa com Deus, o nosso culto será abominável aos olhos do Senhor.

Deus não se agrada de rituais separados de seus preceitos nem de rituais separados da vida. Culto sem vida é abominação para Deus (Is 1.13,14; Am 5.21-23; Ml 1.10).

Caim quis prestar um culto a Deus com o coração cheio de ódio e inveja do seu irmão Abel. O apóstolo João ainda diz que "Caim, que era do Maligno e assassinou o seu irmão; e por que o assassinou? Porque as suas obras eram más, e as de seu irmão justas" (3.12). De nada adianta trazermos ofertas a Deus se o coração for um poço de inveja e ódio. A relação com Deus não pode estar certa se a relação com o próximo estiver quebrada. Antes de trazer a oferta ao altar precisamos nos reconciliar com os nossos irmãos (Mt 5.23,24). Antes de Deus aceitar a oferta, ele precisa aceitar o ofertante.

Não podemos separar o culto da vida. As obras de Caim eram más, porque seu coração era mau. Ele era do Maligno. Ele não conhecia a Deus nem cultuava a Deus, cultuava a si mesmo. Ele afrontava a Deus oferecendo uma oferta errada, da forma errada, com a motivação errada. Ele queria enganar a Deus e ganhar o *status* de adorador quando não passava de filho do Maligno.

A raiz do problema de Caim era a inveja. Ele se desgostou ao ver que Deus havia aceitado seu irmão e sua oferta, ao passo que ele mesmo e sua oferta foram rejeitados. Caim preferiu eliminar seu irmão a imitá-lo. A inveja de Caim o levou a tapar os olhos e os ouvidos para o aprendizado. Ele se endureceu no caminho da rebeldia. Não apenas sentiu inveja, mas consumou o seu pecado, levando o próprio irmão à morte. Ele não apenas odiou a seu irmão, mas o fez da forma mais sórdida. Odiou-o não pelo mal que Abel praticara, mas pelo bem; não pelos erros, mas pelas virtudes.

A luz de Abel cegou Caim. As virtudes de Abel embruteceram Caim. A vida de Abel gestou a morte no coração de Caim. O culto de Caim, longe de aproximá-lo de Deus, afastou-o ainda mais. O seu culto não passava de um arremedo, de uma máscara grotesca para esconder o coração invejoso e cheio de ódio.

Caim deu mais um passo na direção do abismo ao rejeitar a exortação de Deus. Caim não apenas estava errado, mas não queria se corrigir (Gn 4.3-7). Caim não foi escorraçado por Deus ao trazer a oferta errada, com a vida errada e com a motivação errada. Deus o exortou e o chamou ao arrependimento.

Deus lhe deu a oportunidade para mudar de vida. Mas Caim preferiu o caminho da rebeldia ao caminho da obediência. Longe de se arrepender, de tomar novo rumo, Caim deu mais um passo na direção do pecado. Não virou as costas para o pecado, virou as costas para Deus. A exortação de Deus produziu nele endurecimento, e não quebrantamento. Caim, em vez de cair em si e arrepender-se, irou-se sobremaneira. Em vez de voltar-se para Deus, fugiu de Deus. Caim, em vez de imitar o exemplo de Abel, resolveu assassiná-lo.

Caim prossegue em sua rebeldia ao maquinar o mal contra seu irmão. Caim pensou que o seu problema era Abel e não seus próprios pecados. Pensou que a única maneira de ser aceito era tirar o irmão do seu caminho. Ele olhou para Abel não como alguém a imitar, mas como um rival a ser eliminado. As virtudes de Abel o afligiram mais do que suas próprias fraquezas. A aceitação de Abel atormentou Caim mais do que a sua rejeição. A eliminação de Abel parecia recompensá-lo mais do que sua própria aceitação.

Caim torpemente demonstra amor nas palavras, mas esconde ódio no coração ao consumar seu pecado. Assim diz o texto bíblico: "Disse Caim a Abel, seu irmão: Vamos ao campo. Estando eles no campo, sucedeu que se levantou Caim contra Abel, seu irmão, e o matou" (Gn 4.8). A palavra grega *esphaxen* significa literalmente "cortou a garganta, degolou".[318]

Fritz Rienecker diz que essa palavra traz a ideia de morte violenta.[319] Caim era um vulcão efervescente de ódio por dentro, mas um mar plácido e calmo por fora. Ele tinha palavras aveludadas e um coração perverso. Palavras doces e um coração amargo. Amizade nos gestos e morte nos pensamentos. Ele maquinou a morte do irmão com gestos de amizade. Ele enganou Abel e o matou. Caim assassinou não um estranho, ou um inimigo, mas o seu irmão, carne da sua carne, sangue do seu sangue. Matou-o não porque Abel era uma ameaça à sua vida, mas porque Abel era um exemplo digno de ser imitado.

Caim revela pertencer ao Maligno e ser exemplo do mundo ao esconder seu pecado e rejeitar o juízo de Deus. Caim não levou a sério a Palavra de Deus nem o juízo de Deus. Pensou que seus atos estivessem fora do alcance de Deus. Ele não só pecou, como tentou escapar das consequências do seu pecado. Deus não apenas exortou Caim para não pecar, mas o confrontou depois de pecar (Gn 4.9-11). Caim acabou colhendo o que plantou. Ele preferiu fugir de Deus a obedecê-lo, e foi sentenciado a ser um fugitivo e errante pela terra (Gn 4.12).

Em terceiro lugar, *o amor fraternal desperta o ódio do mundo* (3.13). "Irmãos, não vos maravilheis se o mundo vos odeia." João exorta a igreja a não ficar escandalizada com o ódio do mundo, pois o mundo é a posteridade de Caim.[320] Os filhos de Caim são filhos do Maligno e eles odeiam a igreja como odiaram a Cristo. Eles odeiam a igreja exatamente porque Cristo está na igreja. O mundo odeia Cristo na igreja. Quando o mundo persegue a igreja está perseguindo o próprio Cristo (At 9.4).

Werner de Boor diz que Caim torna mais uma coisa compreensível para as igrejas: "Irmãos, não vos maravilheis se o mundo vos odeia". Nos autos dos processos dos mártires e nos escritos dos apologistas do início do cristianismo e dos pais da igreja antiga constantemente é salientado o doloroso espanto: por que, afinal, vocês nos odeiam? Vivemos castos, pacatos e disciplinados. Não fazemos nada de especial, ajudamos os pobres e enfermos, oramos pelos governantes – por que vocês nos entregam à morte cruel?

Justamente por vivermos desta forma somos um espinho e uma censura ao mundo. Jesus deixou claro a seus discípulos: "Se vós fôsseis do mundo, o mundo amaria o que era seu; como, todavia, não sois do mundo, pelo contrário, dele vos escolhi, por isso, o mundo vos odeia" (Jo 15.19).[321]

Em quarto lugar, *o amor é a evidência da salvação* (3.14). "Nós sabemos que já passamos da morte para a vida, porque amamos os irmãos; aquele que não ama permanece na morte." Mesmo que o mundo nos odeie, nós não odiamos, mas amamos. O fato de amarmos os irmãos dá-nos boa base para a certeza da vida eterna.[322]

O amor não é a causa da salvação, mas a evidência. João trabalha nessa carta três provas que distinguem o verdadeiro cristão do falso cristão: as provas doutrinária, social e moral. O verdadeiro crente é conhecido pela sua fé em Cristo, seu amor aos irmãos e sua santidade de vida. O amor é a apologética final, uma vez que o amor é o maior mandamento, cumprimento da lei e evidência cabal de que somos discípulos de Cristo.

O apóstolo João é enfático em afirmar que aquele que não ama permanece na morte (3.14b). Permanecer na morte é a mesma coisa de andar nas trevas (1.6; 2.9), não ter a verdade (2.4), não saber para onde vai (2.11), ser mentiroso (2.4; 2.22) e ser do diabo (3.8,10). São os termos empregados por João para descrever a verdadeira situação dos que não conhecem a Deus, não se arrependeram de seus pecados nem se achegaram a Cristo para receberem vida. Por conseguinte, estes são os que caminham para a morte eterna.[323]

Em quinto lugar, *o ódio é a evidência da perdição* (3.15). "Todo aquele que odeia a seu irmão é assassino; ora, vós sabeis que todo assassino não tem a vida eterna permanente em si." Se o amor é prova de vida eterna, o ódio é evidência de morte espiritual. Quem odeia é um assassino em potencial. O ódio é o campo onde brota a semente do assassinato. O assassinato tem sua origem no ódio.

João Calvino chegou a afirmar que se desejamos que aconteça um mal ao nosso irmão, mesmo que causado por outra pessoa, somos assassinos.[324] Caim odiou e matou Abel. Esaú odiou seu irmão Jacó e planejou matá-lo (Gn 27.41). Absalão odiou seu irmão Amnom e o matou (2Sm 13.22-28). Herodias odiava João Batista e desejava matá-lo (Mc 6.19). É por isso que Deus julga não apenas a ação, mas também a intenção. Ele conhece não apenas os atos, mas também as motivações. Para Deus, quem odeia já é um assassino, pois o ódio é o prelúdio do assassinato; ele é a porta de entrada do crime.

Se a marca do salvo é o amor, o ódio que leva à morte não pode ser o seu distintivo. Uma pessoa salva busca a edificação do irmão e não sua morte. Logo, o assassino não tem vida eterna permanente em si. Isso não significa que o apóstolo esteja negando a possibilidade de arrependimento e perdão para um homicida nem esteja dizendo que um assassino não possa ser salvo. Ele poderá ser salvo, desde que se arrependa de seus pecados, mude sua conduta e coloque sua confiança em Cristo.

A demonstração do amor (3.16-18)

O apóstolo João faz uma transição do ódio de Caim para o amor de Cristo; do ódio do mundo para o amor da igreja. Ele interrompe o contraste do amor para falar acerca da demonstração do amor. Três grandes verdades são aqui apontadas:

Em primeiro lugar, *o amor é demonstrado pela abnegação* (3.16). "Nisto conhecemos o amor: que Cristo deu a sua vida por nós; e devemos dar nossa vida pelos irmãos." Tendo mostrado que o amor é a evidência da vida, explica que a essência do amor é o sacrifício próprio.[325] Se o ódio é negativo e procura o mal do outro, o amor é positivo e dá a vida pelo outro. O amor é conhecido pelo que dá e não pelo que toma.

John Stott está correto quando diz: "Como Caim foi dado como exemplo supremo do ódio, Cristo é apresentado como o supremo exemplo de amor. O ódio de Caim deu em assassinato, o amor de Cristo em sacrifício próprio".[326] Caim tirou a vida de seu irmão, Cristo deu a sua vida por nós.

O amor de Cristo não foi apenas de palavras, mas, sobretudo, de ação. Ele amou e deu não apenas algo, mas a sua própria vida. O amor de Cristo é o nosso supremo exemplo. Assim como ele deu a sua vida por nós, devemos dar a nossa vida pelos irmãos. Obviamente não podemos dar a nossa vida como Cristo no-la deu. Cristo deu a sua vida por nós vicariamente. Nesse sentido não podemos imitar a Cristo. Porém, podemos dar a nossa vida pelos irmãos em termos de serviço e cuidado.

Em segundo lugar, *o amor é demonstrado pela compaixão* (3.17). "Ora, aquele que possuir recursos deste mundo, e vir a seu irmão padecer necessidade, e fechar-lhe o seu coração, como pode permanecer nele o amor de Deus?" João mostra de forma prática como podemos expressar o nosso amor pelos irmãos. O apóstolo faz uma transição do geral para o particular; dos *irmãos* para *o irmão*. É fácil amar a todos; o desafio é amar e socorrer o necessitado.

John Stott, citando Lewis, diz que amar toda gente em geral pode ser uma desculpa para não amar ninguém em particular.[327] Fechar o coração ao necessitado é o oposto de compaixão. Compaixão é abrir o coração antes de abrir as mãos. Compaixão é abrir o bolso e não apenas a boca. Está correta esta sentença: "Como a vida não habita no assassino (3.15), o amor não habita no mesquinho (3.17)".[328]

O amor de Deus em nós leva-nos a sermos canais deste amor aos outros. Quando amamos e damos, estamos imitando a Deus em seu amor, que nos amou e nos deu seu Filho (Jo 3.16; Rm 5.8; 8.32).

Lloyd John Ogilvie traduz corretamente o espírito do cristianismo quando diz que não há vocação mais estimulante para o cristão do que ser um libertador de pessoas mediante expressões de amor humano, divinamente inspirado.[329]

Em terceiro lugar, *o amor é demonstrado pela ação* (3.18). "Filhinhos, não amemos de palavra, nem de língua, mas de fato e de verdade." O amor não é um discurso teórico (de palavra e de língua), mas uma ação prática (de fato e de verdade). O amor não é o que falamos, mas o que fazemos. O amor não é tanto uma questão de sentimento, mas de movimento, e movimento em direção do necessitado. Amamos não com discursos eloquentes, regados de emoção, mas com ações práticas para aliviar a dor do irmão e socorrê-lo em suas necessidades.

John Stott tem razão quando diz que o amor não é essencialmente sentimento nem conversa, mas atos. Na verdade, se o nosso amor há de ser genuíno (de verdade), inevitavelmente será positivo e ativo (de fato).[330]

Simon Kistemaker diz que amor e fé têm em comum que ambos precisam de obras para atestar sua autenticidade. Palavras de amor que nunca são traduzidas em ação não valem nada. Amor é o ato de dar suas posses, talentos e a si mesmo por outra pessoa. Assim as palavras e a língua têm seus equivalentes na ação e na verdade.[331]

Os resultados do amor (3.19-24)

O apóstolo João faz uma transição da demonstração do amor para os resultados do amor. Quais são os resultados do amor? O apóstolo elenca três benditos resultados do amor:

Em primeiro lugar, *consciência tranquila* (3.19-21).

> E nisto conhecemos que somos da verdade, bem como, perante ele, tranquilizaremos o nosso coração; pois, se o nosso coração nos acusar, certamente, Deus é maior do que o nosso coração e conhece todas as coisas. Amados, se o coração não nos acusar, temos confiança diante de Deus.

Quando amamos como Cristo nos amou, temos consciência tranquila diante de Deus, pois o fruto do amor é a confiança. É amando os outros "de verdade" que sabemos que somos "da verdade".[332] Tranquilizar o coração é o processo pelo qual conversamos, dialogamos e arrazoamos com a nossa consciência e nos persuadimos de que, pelo perdão obtido mediante o sangue precioso de Jesus, somos absolvidos da culpa e estamos no favor de Deus.

No processo de argumentação conosco mesmos, usamos o amor pelos irmãos como evidência de que fomos alcançados pelo amor de Deus.[333] Amar os irmãos, diz Augustus Nicodemus, é o remédio para alguns dos males tão comuns entre os crentes, como incerteza, angústia e insegurança, bem como falta de ousadia e coragem diante de Deus na oração.[334]

John Stott, citando Law, lança luz sobre este importante assunto: "Há três atores neste drama espiritual, três oradores neste debate interior. É uma espécie de julgamento, com o nosso coração como acusador, nós mesmos como o advogado de defesa e Deus como o Juiz". Se nossa consciência nos acusa não devemos considerá-la a suprema corte do nosso julgamento nem aceitar que ela seja a palavra final da nossa sentença. Deus é maior do que nossa consciência.

O conhecimento de Deus é pleno e o de nossa consciência, limitado. O julgamento de Deus é pleno de misericórdia e de nossa consciência, muitas vezes, implacável. É melhor estar nas mãos de Deus do que nas nossas mãos. Corremos o grande risco de sermos esmagados por nós mesmos e sermos assolados pela autocondenação. Corremos o risco de vivermos como prisioneiros da culpa, na masmorra do medo, perdendo a alegria de viver por não compreendermos a graça.

Precisamos começar um novo passado. Precisamos deixar o passado no passado e viver o presente com alegria e caminhar para o futuro firme na certeza de que a graça nos restaurou e que pelo sangue de Jesus somos aceitos por Deus como membros da sua família. Agora somos filhos de Deus, herdeiros de Deus, habitação de Deus e herança de Deus. Somos a menina dos seus olhos e a sua delícia, em quem ele tem todo o seu prazer. Harvey Blaney está absolutamente correto quando diz que o perdão deve ser tão real quanto a culpa.[335]

Lloyd John Ogilvie diz que não precisamos colher lembranças ruins para fazer parte do banco de memória de nosso coração. Em cada crise podemos tranquilizar o nosso coração perante Deus. Quando somos tentados pela dúvida, podemos olhar nossa vida pelas lentes do Calvário. Deus é por nós. Seus recursos estão disponíveis para nós. Encontramos nele refúgio. Ele não nos rejeitará por causa do nosso passado. Ele nos acolhe em nosso presente e ele é o Senhor do nosso futuro.[336]

Descansamos no que Deus fez por nós em Cristo e não naquilo que fazemos para Deus ou mesmo para os nossos irmãos. Em Deus está a nossa segurança e não em nós mesmos. O propósito, portanto, deste texto é curar a consciência ferida e não abrir mais ainda a sua ferida; é dar segurança e não infligir terror aos corações.[337]

William Barclay diz corretamente que o conhecimento perfeito que pertence a Deus, e somente a Deus, não é nosso terror, mas nossa esperança.[338]

John Stott sintetiza esse ponto de forma clara:

> A nossa consciência não é infalível, de maneira nenhuma; a condenação que faz pode ser com frequência injusta. Podemos, pois, apelar de nossa consciência para Deus que é maior e conhece mais. Na verdade, ele conhece todas as coisas, inclusive os nossos motivos secretos e os nossos propósitos mais profundos, e, está

implícito, que será mais misericordioso para conosco do que o nosso coração. A sua onisciência nos assiste, não nos aterroriza (Sl 103.14; Jo 21.17). Assim é o conhecimento de que só ele pode aquietar o coração acusador, o nosso conhecimento do nosso sincero amor pelos outros e supremamente o conhecimento que Deus tem dos nossos pensamentos e motivos. Mais forte do que qualquer tranquilizador químico é a confiança em nosso Deus que conhece todas as coisas.[339]

Em segundo lugar, *orações respondidas* (3.22,23).

E aquilo que pedimos dele recebemos, porque guardamos os seus mandamentos e fazemos diante dele o que lhe é agradável. Ora, o seu mandamento é este: que creiamos em o nome de seu Filho, Jesus Cristo, e nos amemos uns aos outros, segundo o mandamento que nos ordenou.

Guardar os mandamentos de Deus e fazer o que lhe é agradável não são base meritória da resposta às nossas orações, mas condições indispensáveis. A base é o mérito e mediação de Cristo.

Em apenas duas ocasiões João fala de oração nesta carta (3.22,23; 5.14,15). Em ambas as ocasiões diz que as orações só serão respondidas mediante a observação de certas condições: obediência aos mandamentos de Deus e submissão à vontade de Deus.

Nossas orações serão interrompidas sem uma vida de obediência a Deus, assim como Caim e o seu culto foram rejeitados por Deus por causa de suas atitudes mundanas. As orações são respondidas conforme a vontade de Deus (5.14) e não segundo nossos pretensos direitos.

A obediência a Deus é uma evidência de que a nossa vontade está em sintonia com a vontade de Deus. Se quisermos ver as nossas orações respondidas, precisamos orar ao Pai e para a glória do Pai, em nome de Cristo, e no poder do Espírito. Precisamos ter vida limpa e coração livre de mágoa. Precisamos obedecer aos mandamentos e crer nas promessas.

No entanto, que mandamentos devemos obedecer? João fala de um único mandamento, abrangendo fé em Cristo e amor uns aos outros (3.23). Fé e amor fazem parte do núcleo da vida cristã. Tratam da nossa relação com Deus e com o próximo, da nossa relação vertical e horizontal. A primeira parte do mandamento é crer em o nome de seu Filho, Jesus Cristo (Jo 6.29). Crer no nome é o mesmo que crer nele; João emprega o termo *nome* no sentido oriental: o nome de uma pessoa representa tudo o que ela é. Ambos os títulos (Filho de Deus e Cristo) apontam para a sua divindade, verdade esta negada pelos falsos mestres gnósticos.

Augustus Nicodemus tem toda razão quando adverte: "A questão não é somente crer em Jesus, mas crer naquilo que Deus nos diz acerca de Jesus, conforme a pregação apostólica".[340] A segunda parte do mandamento é amar uns aos outros. O amor é um dos sinais distintivos do verdadeiro cristianismo (3.10; 3.14; 3.16,17).

Em terceiro lugar, *permanência garantida* (3.24). "E aquele que guarda os seus mandamentos permanece em Deus, e Deus, nele. E nisto conhecemos que ele permanece em nós, pelo Espírito que nos deu." A observância dos mandamentos divinos é uma condição e uma evidência de que permanecemos em Deus e ele permanece em nós.

Augustus Nicodemus é enfático em afirmar que a permanência em Deus não é uma experiência mística; consiste em permanecer no ensinamento apostólico sobre Jesus, o Filho de Deus (4.15), e viver de acordo com isso.

Da mesma sorte, a permanência de Deus no crente é seu governo sobre ele, mediante a presença do Espírito Santo, traduzindo-se em obediência aos mandamentos.[341] A prova irrefutável, portanto, de que Deus permanece em nós é a habitação do seu Espírito em nós. O Espírito Santo nos foi dado como selo e penhor (Ef 1.13,14).

John Stott está certo quando diz que a condição para a permanência em Deus é a obediência (3.24a) e a prova da permanência é a dádiva do Espírito (3.24b).[342]

Warren Wiersbe diz que a Primeira Epístola de João foi comparada a uma escadaria em caracol, pois ele sempre volta a três assuntos pivotantes: amor, fé e obediência.[343]

Concluímos este capítulo, portanto, destacando que João volta a enfatizar estas três provas que identificam o verdadeiro cristão: a prova doutrinária (fé em Cristo), a prova social (amor aos irmãos) e a prova moral (obediência aos mandamentos).

Notas do capítulo 9

[312] WIERSBE, Warren W. *Comentário bíblico expositivo*. Vol. 6. 2006: p. 654-661.

313 LOPES, Augustus Nicodemus. *Primeira carta de João*. 2005: p. 98.
314 LOPES, Augustus Nicodemus. *Primeira carta de João*. 2005: p. 99.
315 KISTEMAKER, Simon. *Tiago e epístolas de João*. 2006: p. 409.
316 WIERSBE, Warren W. *Comentário bíblico expositivo*. Vol. 6. 2006: p. 455.
317 LOPES, Augustus Nicodemus. *Primeira carta de João*. 2005: p. 99.
318 STOTT, John. *I, II, III João: Introdução e comentário*. 1982: p. 120.
319 RIENECKER, Fritz e ROGERS, Cleon. *Chave linguística do Novo Testamento grego*. 1985: p. 588.
320 STOTT, John. *I, II, III João: Introdução e comentário*. 1982: p. 121.
321 DE BOOR, Werner. *Cartas de João*. Em Comentário Esperança. 2008: p. 356.
322 STOTT, John. *I, II, III João: Introdução e comentário*. 1982: p. 122.
323 LOPES, Augustus Nicodemus. *Primeira carta de João*. 2005: p. 99,100.
324 CALVINO, João. *Commentaries on the catholic epistles: The first epistle of John*. Eerdmans. Grand Rapids, MI. 1948: p. 218.
325 STOTT, John. *I, II, III João: Introdução e comentário*. 1982: p. 123.
326 STOTT, John. *I, II, III João: Introdução e comentário*. 1982: p. 123.
327 STOTT, John. *I, II, III João: Introdução e comentário*. 1982: p. 124.
328 STOTT, John. *I, II, III João: Introdução e comentário*. 1982: p. 124.
329 OGILVIE, Lloyd John. *Quando Deus pensou em você*. 1983: p. 91.
330 STOTT, John. *I, II, III João: Introdução e comentário*. 1982: p. 125.
331 KISTEMAKER, Simon. *Tiago e epístolas de João*. 2006: p. 417.
332 STOTT, John. *I, II, III João: Introdução e comentário*. 1982: p. 125.
333 LOPES, Augustus Nicodemus. *Primeira carta de João*. 2005: p. 106.
334 LOPES, Augustus Nicodemus. *Primeira carta de João*. 2005: p. 108.
335 BLANEY, Harvey. *A primeira epístola de João*. Em Comentário Bíblico Beacon. Vol. 10. 2006: p. 316.
336 OGILVIE, Lloyd John. *Quando Deus pensou em você*. 1983: p. 94,95.
337 STOTT, John. *I, II, III João: Introdução e comentário*. 1982: p. 128.
338 BARCLAY, William. *I, II, III Juan y Judas*. 1974: p. 99.
339 STOTT, John. *I, II, III João: Introdução e comentário*. 1982: p. 126,127.
340 LOPES, Augustus Nicodemus. *Primeira carta de João*. 2005: p. 111.
341 LOPES, Augustus Nicodemus. *Primeira carta de João*. 2005: p. 112.
342 STOTT, John. *I, II, III João: Introdução e comentário*. 1982: p. 131.
343 WIERSBE, Warren W. *Comentário bíblico expositivo*. Vol. 6. 2006: p. 654.

Capítulo 10

Como podemos conhecer um verdadeiro cristão
(1Jo 4.1-21)

A PRINCIPAL TESE DO APÓSTOLO JOÃO nessa epístola é provar que temos a vida eterna (5.13). Ao longo da carta, João trabalha com três provas insofismáveis que identificam um verdadeiro cristão: a prova doutrinária, a social e a moral. No texto em apreço, o apóstolo retorna à prova doutrinária e social, ou seja, à fé e ao amor.

Um verdadeiro cristão é conhecido por aquilo que ele crê (4.1-6)

A igreja na Ásia Menor, no final do primeiro século, estava sendo atacada pelas heresias dos falsos mestres. O gnosticismo incipiente estava sendo proposto como alternativa à fé cristã. As verdades do cristianismo estavam sendo atacadas desde os seus alicerces. Os mestres gnósticos negavam tanto a divindade quanto a humanidade de Cristo. Eles pregavam um falso cristo, um falso evangelho, uma falsa fé e um falso amor.

É neste contexto que João exorta a igreja para não dar crédito a qualquer espírito. Em vez de ter uma fé ingênua, os crentes deveriam provar os espíritos se de fato procediam de Deus. A negação da encarnação de Cristo era uma evidência insofismável de que o espírito que estava por trás destes pregadores era o espírito do anticristo e não o Espírito de Deus. Algumas verdades devem ser aqui observadas:

Em primeiro lugar, *um alerta solene* (4.1). "Amados, não deis crédito a qualquer espírito...". A palavra "espírito" neste versículo equivale a ensinamento.[344] Os falsos mestres estavam tentando fazer uma combinação da filosofia grega com o cristianismo. A proposta deles era um concubinato espúrio entre o conhecimento esotérico e a fé cristã. A heresia nem sempre vem com uma negação ostensiva e integral da verdade. Ela propõe uma parceria. Ela vem com uma linguagem ecumênica. Ela está disposta a sentar-se à mesa para dialogar. A igreja de Cristo, porém, não pode ser crédula. Ela não pode ser acrítica. Ela não pode dar crédito àqueles que falam em nome de Deus sem trazer integralmente a doutrina de Deus.

John Stott diz que o tempo presente de "não deis crédito a qualquer espírito" indica que os leitores de João eram propensos a aceitar sem crítica todo ensino que parecesse dado por inspiração. Era preciso mostrar-lhes que identificar o sobrenatural com o divino é um erro perigoso.[345]

Em segundo lugar, *uma ordem expressa* (4.1b). "[...] antes, provai os espíritos se procedem de Deus, porque muitos falsos profetas têm saído pelo mundo afora". João dá uma ordem e em seguida oferece a justificativa. Sua ordem tem uma razão de ser. Ela não vem num vácuo. Porque muitos falsos profetas têm saído pelo mundo afora, os crentes precisam provar os espíritos, para saber se de fato eles procedem de Deus.

Werner de Boor está correto quando diz que a expressão "têm saído" remete ao fato de que os falsos mestres destacavam enfaticamente seu "envio", que os impelia atuar mundo afora. O aspecto sedutor desses homens era o fato de se apresentarem com essa consciência de envio, demandando fé e obediência.[346]

Augustus Nicodemus diz que em vez de uma atitude de credulidade simplista, os crentes deveriam ter uma atitude crítica para com as manifestações alegadamente provenientes de Deus. "Provar" significa, à semelhança do metalúrgico que testa a integridade do metal por meio do fogo, testar a mensagem com a verdade apostólica, para saber qual o espírito que está por trás dela.[347]

Os falsos mestres fizeram do mundo suas salas de aula. Desejavam conquistar a audiência de muitos cristãos.[348] Simon Kistemaker fala de duas esferas espirituais neste mundo: uma é do domínio do Espírito Santo; a outra é do domínio do diabo.

O Espírito Santo habita nos filhos de Deus (3.24), mas o espírito do diabo vive nos falsos profetas, que falam em seu nome.[349] Satanás imita o fenômeno da iluminação divina inspirando falsos profetas e mestres, com o objetivo de espalhar o erro religioso e afastar as pessoas da verdade (1Tm 4.1,2; 2Pe 2.1).[350]

Acolher todo pregador que fala em nome de Deus e ouvir de boa mente toda pregação como se fosse verdadeira são uma atitude insensata. Precisamos ser crentes bereanos. Precisamos julgar os profetas. Precisamos passar tudo o que ouvimos pelo crivo da Palavra de Deus. Concordo com John Stott quando diz que não se deve confundir a fé cristã com credulidade. A fé verdadeira examina o seu objeto antes de depositar confiança nele.[351]

Jesus preveniu os seus discípulos acerca dos falsos profetas (Mt 7.15: Mc 13.22,23). De igual forma o fizeram Paulo (At 20.28-30) e Pedro (2Pe 2.1). Ainda hoje há muitas vozes clamando por nossa atenção. Somos um canteiro fértil onde têm florescido e prosperado muitas seitas, ganhando amplo apoio popular.

Há uma urgente necessidade de discernimento entre os cristãos. Nossa geração perdeu o entusiasmo pela defesa da verdade. Mais assustador do que a pregação herética dos falsos profetas é o silêncio dos profetas de Deus. Assistimos, estarrecidos, a uma perigosa tolerância para com as falsas doutrinas.

Em terceiro lugar, *um esclarecimento necessário* (4.2,3).

> Nisto reconhecereis o Espírito de Deus: todo espírito que confessar que Jesus Cristo veio em carne é de Deus; e todo espírito que não confessa a Jesus não procede de Deus; pelo contrário, este é o espírito do anticristo, a respeito do qual tendes ouvido que vem e, presentemente, já está no mundo.

Simon Kistemaker diz que, no grego, João usa o tempo perfeito para a palavra *veio* a fim de indicar que Jesus veio em natureza humana e, ainda agora, no céu, ele possui uma natureza humana, ou seja, além de sua natureza divina, ele também tem uma natureza humana.[352]

Os falsos mestres gnósticos negavam tanto a *divindade* quanto a *humanidade* de Cristo. Eles negavam tanto a sua encarnação como a sua ressurreição. Eles negavam tanto o seu nascimento virginal quanto a sua morte expiatória.

A cristologia deles procedia do anticristo. Embora o anticristo seja um personagem que aparecerá no futuro, seu espírito já opera no mundo. Os verdadeiros profetas são instrumentos de comunicação do Espírito de Deus (4.2).

Os falsos profetas são instrumentos de comunicação do "[...] espírito do erro" (4.6). Por trás de cada profeta está um espírito, e por trás de cada espírito está Deus ou o diabo. Antes de podermos confiar em quaisquer espíritos, precisamos prová-los, se procedem de Deus. O que importa é a sua origem.[353]

Augustus Nicodemus tem razão quando diz que o anticristo é uma figura escatológica sombria que virá no fim dos tempos, cuja característica principal é a guerra contra o povo de Deus e o desejo de ocupar o lugar de Deus. Ele virá no poder de Satanás, fazendo sinais e prodígios e disseminando o erro, sendo finalmente destruído pelo Senhor. Esse grande anticristo tem seu caminho preparado, e seu surgimento facilitado por outros anticristos menores, o espírito do erro que opera e dispõe a mente das pessoas para ele.[354]

Qualquer espírito que nega que Jesus é o Cristo e qualquer espírito que nega que Jesus veio em carne não é de Deus. William Barclay diz que para ser de Deus, um espírito deve confessar que Jesus é o Cristo, o Messias. Negar esta verdade é negar que Jesus é o centro da História, aquele para quem toda a História tem uma preparação; é negar que ele é o cumprimento das promessas de Deus; é negar sua soberania.

Jesus Cristo veio não só para morrer, mas também para estabelecer o seu Reino de graça e de glória. Entretanto, negar que Jesus veio em carne, ou seja, a sua encarnação, é negar que ele pode ser o nosso exemplo; é negar que ele seja o nosso Sumo Sacerdote, que nos abre acesso à presença de Deus; é negar que ele seja o nosso Salvador; é negar a redenção do corpo bem como a possibilidade do encontro entre o humano e o divino.[355]

Simon Kistemaker é enfático sobre esse ponto:

> Qualquer um que separa a natureza humana da natureza divina de Jesus Cristo fala sem a autoridade de Deus. E qualquer um que negue a natureza humana ou divina de Jesus "não procede de Deus". Além disso, qualquer um que ensine que Jesus recebeu de Deus um espírito divino quando foi batizado e que esse espírito o deixou quando ele morreu na cruz está distorcendo o evangelho. E, finalmente, qualquer um que diga que depois da morte de Jesus ele foi feito Filho de Deus, não está apresentando a verdade da Palavra de Deus. Todos esses mestres não falam como representantes de Jesus Cristo, não foram comissionados por Deus e não são porta-vozes do Espírito de Deus neste mundo.[356]

João faz certamente uma distinção entre o conhecimento e a confissão. Não basta saber que Jesus Cristo veio em carne, é preciso confessar essa bendita verdade. Até os espíritos impuros reconheceram a divindade de Jesus durante o seu ministério (Mc 1.24; Mc 3.11; Mc 5.7,8). Contudo, embora o conhecessem, não o confessavam. O Espírito de Deus, porém, dá testemunho de que Jesus Cristo, sendo Deus, se fez carne.

O ministério particular do Espírito é testemunhar de Jesus (Jo 15.26; 16.13-15). O ministério do Espírito é o ministério do holofote. Ele aponta sua luz para Jesus. O Espírito veio para testemunhar que Jesus não deixou de ser Deus ao se fazer homem. Sua encarnação não foi aparente como ensinavam os falsos mestres do docetismo nem sua divindade foi uma mera simulação.

Os falsos mestres do gnosticismo separavam o Jesus do Cristo; faziam uma distinção entre o Cristo divino e o Jesus histórico. Para eles, o Cristo veio sobre Jesus no batismo e se retirou dele na cruz. João classifica esta posição como herege e procedente do anticristo. Não foi o Cristo que veio "para" a carne de Jesus, mas o próprio Jesus era o Cristo vindo "em" carne.

John Stott é oportuno quando diz que o homem Jesus de Nazaré não é outro senão o Cristo ou o Filho encarnado. Longe de vir sobre Jesus no batismo e deixá-lo antes da cruz, o Cristo veio realmente em carne e nunca a deixou de lado. Com isto João está dizendo que a doutrina cristã fundamental, que nunca pode ser transigida, é a da Pessoa divino-humana e eterna de Jesus Cristo, o Filho de Deus. Nenhum sistema pode ser tolerado, por mais estrondosas que sejam as suas pretensões ou por mais cultos que sejam os seus adeptos, se negar que Jesus é o Cristo vindo em carne, isto é, se negar a sua divindade eterna ou a sua humanidade histórica.[357]

Em quarto lugar, *um contraste profundo* (4.4). "Filhinhos, vós sois de Deus e tendes vencido os falsos profetas, porque maior é aquele que está em vós do que aquele que está no mundo."

João faz uma transição dos falsos profetas para os verdadeiros crentes. Os falsos profetas são governados pelo espírito do anticristo; os verdadeiros crentes procedem de Deus, são de Deus e são habitados por Deus. Os verdadeiros crentes vencem os falsos profetas porque o Deus que neles está é maior do que o espírito do engano que habita nos falsos profetas.

Werner de Boor diz que o Deus vivo, infinitamente maior que o inimigo, não apenas está com os crentes, mas também está neles. A mais necessária armadura para todas as lutas e a força para repetidas vitórias está em saber que o próprio Senhor está "em nós" pelo Espírito Santo.[358]

Em quinto lugar, *uma procedência distinta* (4.5,6).

> Eles procedem do mundo; por essa razão, falam da parte do mundo, e o mundo os ouve. Nós somos de Deus; aquele que conhece a Deus nos ouve; aquele que não é da parte de Deus não nos ouve. Nisto conhecemos o espírito da verdade e o espírito do erro.

Simon Kistemaker diz que os falsos profetas "são do mundo". Eles tiram seus princípios, cuidados, objetivos e existência do mundo de hostilidade, no qual Satanás governa como príncipe (Jo 12.31).[359] Pensamentos satanicamente inspirados são atraentes para as mentes mundanas, diz Augustus Nicodemus.[360]

Os falsos profetas procedem do mundo, e os verdadeiros crentes procedem de Deus; o mundo ouve os falsos profetas enquanto os verdadeiros crentes ouvem o ensinamento dos apóstolos. Aqueles que são de Deus ouvem as palavras de Deus (Jo 8.47). As ovelhas de Cristo ouvem a sua voz (Jo 10.4,5,8,16,26,27). Aqueles que são da verdade, ouvem o testemunho da verdade (Jo 18.37). No entanto, o mundo ouve os falsos profetas. O mundo é governado pelo espírito do erro e não pelo espírito da verdade.

Um verdadeiro cristão é conhecido pelo amor (4.7-12)

Ao traçar um perfil do verdadeiro cristão, o apóstolo João passa da prova doutrinária para a prova social. Ele faz uma transição da fé para o amor. O cristão é conhecido pelo que crê e também pelo amor. A fé e o amor são pilares da sua vida cristã.

John Stott tem razão quando diz que em 3.23 João resumiu o mandamento de Deus como sendo "crer em Cristo e amar-nos uns aos outros". Desenvolveu em 4.1-6 algumas das implicações da fé em Cristo; agora se volta abruptamente para o tema do amor mútuo. Essa é a terceira vez, nessa epístola, que ele retoma e aplica a suprema prova do amor (2.7-11; 3.11-18; 4.7-12). A prova é cada vez mais penetrante. É porque Deus é amor (4.8,17), amou-nos em Cristo (4.10,11), e continua a amar em nós e por intermédio de nós (4.12,13) que devemos amar-nos uns aos outros.[361]

Warren Wiersbe coloca essas mesmas verdades de outra forma. Ele diz que primeiro o amor pelos irmãos foi apresentado como prova da *comunhão com Deus* (2.7-11); em seguida, foi apresentado como prova da *filiação* (3.10-14). Na primeira passagem citada, o amor é uma questão de luz ou trevas; na segunda, é uma questão de vida ou morte. Porém, em 4.7-12, chega-se ao cerne da questão. Aqui se vê por que o amor é uma parte tão importante da vida real. O amor é um parâmetro válido para a comunhão e a filiação porque "Deus é amor". O amor faz parte da própria natureza e ser de Deus. Quem se encontra em união com Deus, por meio da fé em Cristo, compartilha de sua natureza. E, uma vez que sua natureza é amor, o amor é o teste da realidade da vida espiritual.[362]

Algumas verdades devem ser aqui destacadas:

Em primeiro lugar, *o imperativo do amor* (4.7a). "Amados, amemo-nos uns aos outros." O amor fraternal é o apanágio distintivo do cristão. É a prova cabal do verdadeiro discípulo de Cristo. É o cumprimento da lei. O amor fraternal não é uma opção: é uma ordem expressa, um imperativo absoluto.

Em segundo lugar, *a procedência do amor* (4.7b,8). "[...] porque o amor procede de Deus, e todo aquele que ama é nascido de Deus e conhece a Deus. Aquele que não ama não conhece a Deus, pois Deus é amor."

A primeira parte do argumento em prol do amor fraternal é tirada da natureza eterna de Deus. Deus é a fonte e a origem do amor, e todo amor deriva dele.³⁶³ Deus não é apenas fonte de todo verdadeiro amor; Deus é amor em seu ser mais profundo. Deus é a essência do amor. Toda a sua atividade é amorosa. O mesmo Deus que é luz e fogo é também amor. Longe de fechar os olhos para o pecado, o seu amor providenciou um meio de expô-lo (porque ele é luz) e de consumi-lo (porque ele é fogo consumidor) sem destruir o pecador; mas, ao contrário, salvando-o.³⁶⁴

Se somos nascidos de Deus e Deus é amor, então não podemos afirmar que conhecemos a Deus se não amamos. O amor tem uma procedência divina. Ele emana da própria essência de Deus. O mesmo Deus é Espírito (Jo 4.24), luz (1.5) e "fogo consumidor" (Hb 12.29), é também amor (4.8,16). Os filhos de Deus precisam expressar seus atributos morais. Uma vez que somos nascidos de Deus, procedemos de Deus e Deus é amor, precisamos amar uns aos outros.

Concordo com o que disse Simon Kistemaker: "A pessoa que é nascida de Deus é uma janela por meio da qual o amor de Deus brilha para o mundo".³⁶⁵

Em terceiro lugar, *a manifestação do amor de Deus por nós* (4.9,10).

> Nisto se manifestou o amor de Deus em nós: em haver Deus enviado o seu Filho unigênito ao mundo, para vivermos por meio dele. Nisto consiste o amor: não em que nós tenhamos amado a Deus, mas em que ele nos amou e enviou o seu Filho como propiciação pelos nossos pecados.

João baseia o seu segundo argumento em favor do amor mútuo não na natureza eterna de Deus, mas em sua dádiva histórica. Deus enviar o seu Filho foi a revelação do seu amor: "Nisto se manifestou" (4.9) e, na verdade, a própria essência do amor: "Nisto consiste" (4.10).[366]

O amor de Deus em nós e por nós não foi proclamado apenas com palavras eloquentes, mas com dádiva sacrificial. Deus nos amou e Deus nos enviou seu Filho unigênito. O amor sacrificial de Deus é a fonte e a origem do nosso amor. O nosso amor é apenas reflexo do amor de Deus por nós. O amor primário não é o nosso, mas o amor de Deus, amor incondicional, não causado e espontâneo, e todo o nosso amor é apenas um reflexo do amor de Deus e uma resposta a ele.[367]

O amor de Deus não consiste de palavras, mas de ação. O amor verdadeiro é provado pelo autossacrifício. Deus nos amou e enviou seu Filho. O Filho é a dádiva do Pai. Não foi a cruz que gerou o amor de Deus, mas foi o amor de Deus que produziu a cruz.

John Stott tem razão quando diz que a vinda de Cristo é uma revelação concreta e histórica do amor de Deus, pois o amor (*agape*) é sacrifício próprio, a procura do bem positivo de outrem à custa do próprio bem, e maior dádiva do que a dádiva em que Deus transformou seu Filho, nunca houve, nem poderia haver.[368]

O propósito de Deus em nos enviar seu Filho unigênito foi duplo. Cristo veio ao mundo para morrer em nosso lugar, ou seja, como propiciação pelos nossos pecados (4.10) e também para vivermos por meio dele (4.9). O apóstolo João destaca que a expiação, mais do que a encarnação, é a preeminente manifestação do amor de Deus (3.16).

John Stott conclui esse ponto dizendo que a grandeza do amor de Deus, manifesta na natureza do seu dom e seu propósito, vê-se também em seus beneficiários, pois Deus deu seu Filho para morrer por nós, pecadores.[369]

Em quarto lugar, *a manifestação do nosso amor aos outros* (4.11). "Amados, se Deus de tal maneira nos amou, devemos nós também amar uns aos outros." O amor de Deus é exemplo e inspiração. Nós, que fomos alvos do amor de Deus, agora devemos ser canais desse amor. O superlativo e sacrificial amor de Deus por nós inspira-nos a demonstrar aos outros o amor que recebemos.

Não somos como o mar Morto, que só recebe e retém. Devemos ser como o mar da Galileia, que recebe e distribui. Não somos uma cacimba; devemos ser como uma fonte. Estou de pleno acordo com o que escreveu John Stott: "O dom do Filho de Deus não somente nos garante o amor de Deus por nós, mas lança sobre nós uma obrigação. Ninguém que tenha estado ao pé da cruz e tenha visto o imensurável e imerecido amor de Deus ali demonstrado pode voltar a uma vida de egoísmo".[370]

Em quinto lugar, *o aperfeiçoamento do amor de Deus em nós* (4.12). "Ninguém jamais viu a Deus; se amarmos uns aos outros, Deus permanece em nós, e o seu amor é, em nós, aperfeiçoado." O terceiro argumento de João para impor o dever do amor recíproco leva os seus leitores um estágio adiante. Não devemos pensar no amor somente como constituindo o ser eterno de Deus e como historicamente manifesto no fato de enviar ele o seu Filho ao mundo. Deus, que é amor, ainda ama e hoje o seu amor é visto em nosso amor.[371]

O Deus invisível torna-se visível em nós pela prática do amor. Deus permanece em nós quando amamos. Quando amamos uns aos outros Deus, que é amor, permanece em nós e seu amor é em nós aperfeiçoado. O amor que se origina em Deus e se manifesta na entrega de seu Filho é agora, aperfeiçoado em seu povo.

William Barclay destaca o fato da invisibilidade de Deus. Embora não possamos ver a Deus, podemos ver o efeito de Deus. Também não podemos ver o vento, mas podemos ver o que o vento faz. Não podemos ver a eletricidade, mas os efeitos que ela produz. Embora não possamos ver a Deus, podemos ver seus efeitos. Deus é amor e onde o verdadeiro amor é manifesto, aí está a manifestação de Deus.[372]

Warren Wiersbe destaca o fato da habitação de Deus em nós. Antes do pecado, Deus andava com o homem. Depois da queda, Deus mandou Moisés fazer um santuário para habitar no meio do povo. O povo pecou e a glória de Deus se apartou. Salomão construiu o templo, e a glória de Deus mais uma vez veio habitar com o povo. Mais uma vez o povo transgrediu e a glória de Deus foi embora do templo e a nação caiu nas mãos de seus inimigos. Na plenitude dos tempos, Cristo veio ao mundo e a glória de Deus estava nele. Cristo morreu, ressuscitou e voltou ao céu e enviou seu Santo Espírito. Ele habita em nós. Nosso corpo é a casa da sua morada. Agora Deus, o Espírito, está em nós, habita em nós de forma permanente.[373]

Um verdadeiro cristão é conhecido tanto pela doutrina como pela vida (4.13-21)

Ao tratar das marcas do verdadeiro cristão, o apóstolo João ofereceu a prova doutrinária nos versículos 1 a 6; a prova social nos versículos 7 a 12 e agora, faz uma junção dessas duas provas nos versículos 13 a 21. Destacaremos duas verdades:

Em primeiro lugar, *a nossa união mística com Deus* (4.13-16). Acompanhemos o relato do apóstolo João:

> Nisto conhecemos que permanecemos nele, e ele, em nós: em que nos deu do seu Espírito. E nós temos visto e testemunhamos que o Pai

enviou o seu Filho como Salvador do mundo. Aquele que confessar que Jesus é o Filho de Deus, Deus permanece nele, e ele, em Deus. E nós conhecemos e cremos no amor que Deus tem por nós. Deus é amor, e aquele que permanece no amor permanece em Deus, e Deus nele (4.13-16).

A permanência em Deus não se dá por meios místicos e esotéricos, como ensinavam os falsos mestres gnósticos. Não se trata de experiências arrebatadoras nem de emoções catárticas. A permanência em Deus, antes de ser uma experiência subjetiva, é uma realidade objetiva. Antes de ser uma emoção, é uma convicção. Mais do que uma convicção, é uma confissão. Os verdadeiros cristãos, que desfrutam da união mística com Deus, ou seja, permanecem em Deus e Deus neles, são aqueles que receberam o Espírito de Deus (4.13), testemunham que o Pai enviou seu Filho como Salvador do mundo (4.14), confessam que Jesus é o Filho de Deus (4.15) e têm plena consciência do amor de Deus (4.16).

John Stott está correto quando diz que nestes versículos há um duplo entrelaçamento de temas, primeiro da fé e do amor, e, segundo, da missão do Filho e do testemunho do Espírito, pelo qual ambos são possíveis. Há uma prova objetiva, histórica, no fato de o Filho ser enviado, prova da sua divindade (4.14,16). Mas mesmo isto é insuficiente. Sem o Espírito Santo as nossas mentes ficam em trevas e os nossos corações, frios. Somente o Espírito Santo pode iluminar as nossas mentes para crermos em Jesus, e aquecer os nossos corações para amarmos a Deus e uns aos outros.[374]

João une as duas provas (doutrinária e social) porque entende que não podemos amar a menos que Deus esteja em nós e nós nele. A base doutrinária da permanência em Deus deve preceder o amor. A permanência em Deus é a raiz; o amor é o fruto. A permanência em Deus é fluxo e o amor é o refluxo.

Não amamos à parte de Deus; amamos porque refletimos seu amor. Somos como a lua, que não tem luz própria, apenas refletimos a luz do sol. A fonte do amor não está em nós, mas em Deus. Só quando estamos unidos a esta fonte podemos transbordar desse amor.

Mais uma vez recorremos ao ilustre comentarista John Stott para concordar com suas palavras:

> Que "o Pai enviou o Filho" não é somente a principal prova de ortodoxia doutrinária, mas também a suprema evidência do amor de Deus e da inspiração do nosso. A divindade de Cristo, o amor de Deus por nós e o nosso amor a Deus e ao próximo não podem ser separados. A teologia que priva Cristo da sua divindade priva Deus da glória do seu amor e priva o homem da única crença que gera dentro dele um perfeito amor.[375]

Em segundo lugar, *o nosso amor a Deus e aos irmãos* (4.17-21). Nesses versículos em apreço João retorna ao tema do perfeito amor, conquanto agora esteja preocupado, não com a perfeição do amor de Deus em nós, mas do nosso amor por Deus.[376] Porque estamos em Deus e ele em nós, podemos amar a Deus e aos nossos irmãos. O que cremos desemboca no que fazemos. A teologia promove a prática. Quatro solenes verdades podem ser aqui destacadas:

O nosso amor é a âncora da nossa confiança no Dia do Juízo (4.17,18).

> Nisto é em nós aperfeiçoado o amor, para que, no Dia do Juízo, mantenhamos confiança; pois, segundo ele é, também nós somos neste mundo. No amor não existe medo; antes, o perfeito amor lança fora o medo. Ora, o medo produz tormento; logo, aquele que teme não é aperfeiçoado no amor.

Se Deus, que é amor, permanece em nós, seu amor flui por nosso intermédio. Esta união mística com Deus aperfeiçoa em nós o amor e esse amor aperfeiçoado nos dá confiança no Dia do Juízo. O verdadeiro amor não é inseguro. Ele lança fora o medo. Ele não é regido pelo tormento, mas governado pela confiança. Não temos medo de Deus, mas amor. Aqueles que têm medo de Deus se afastam dele atormentados; mas aqueles que o amam, aproximam-se dele e se deleitam nele.

Simon Kistemaker tem razão quando diz que assim como a fé e a dúvida não podem caminhar juntas, o amor e o medo também não têm nada em comum. Diz ainda o mesmo autor que a palavra *medo* tem dois sentidos: pode significar pavor ou reverência e respeito. O crente ama e respeita a Deus, mas não tem medo dele (Rm 8.15). Por causa de seu amor a Deus e da comunhão com ele, o crente não tem medo do dia do julgamento.[377]

William Barclay tem razão quando diz que o temor é a emoção característica de alguém que espera ser castigado ao olhar para Deus como Juiz, Rei e Legislador.[378] Devemos temer a Deus no sentido de reverência e respeito. O temor do Senhor é o princípio da sabedoria. Porém, nossa relação com Deus deve ser regida pelo amor e não pelo medo.

Warren Wiersbe tem razão em dizer que João está tratando aqui de uma espécie específica de medo, ou seja, *krisisfobia*, medo do julgamento. Neste sentido, quem sente medo, normalmente tem algo no passado que o assombra, algo no presente que o perturba ou algo em seu futuro que o faz sentir-se ameaçado. O que crê em Jesus, porém, não precisa temer o passado, o presente e o futuro, pois experimentou o amor de Deus, e este amor está sendo aperfeiçoado em sua vida a cada dia.

O cristão não precisa temer o julgamento futuro, pois Cristo já foi julgado por ele na cruz (Jo 5.24; Rm 8.1). Para o cristão, o julgamento não é futuro, mas sim *passado*. Seus pecados já foram julgados na cruz e jamais serão usados para condená-lo outra vez. Não é preciso temer o passado, pois "Ele nos amou primeiro". Não é preciso temer o presente, "pois o perfeito amor lança fora o medo".

Deus quer que seus filhos vivam em um ambiente de amor, não de medo e de tormento. Não é preciso temer a vida nem a morte (Rm 8.35,37-39).[379]

Simon Kistemaker diz que a razão pela qual o amor e o medo são mutuamente excludentes é porque o medo está relacionado ao castigo. No amor perfeito e maduro não existe a ideia de castigo. O medo do castigo vindouro já é uma punição. O crente, porém, que vive em íntima comunhão com Deus, está livre do medo do castigo. Ele sabe que Deus castigou Jesus Cristo em seu lugar, na cruz do Calvário. Assim, Deus não pune o crente, pois, de outro modo, a obra de Cristo seria incompleta. Deus corre e disciplina, mas não castiga seus filhos.[380]

O nosso amor a Deus e ao próximo é uma resposta do amor de Deus por nós (4.19). "Nós amamos porque ele nos amou primeiro." Harvey Blaney está correto quando diz que o amor de Deus pelo homem não é uma reação ao nosso amor. A resposta é nossa. Nosso amor depende do seu amor e é o resultado desse amor.[381]

Deus é a fonte do amor, Deus é amor. Isto não significa que o amor é Deus. Antes significa que Deus é essencialmente amoroso em seu caráter, em suas palavras e em suas obras. Quando amamos refletimos o amor de Deus. Nosso amor é o refluxo do fluxo do amor de Deus. Não fomos nós que amamos a Deus primeiro. Nosso amor por Deus é apenas uma resposta e um reflexo do seu imenso amor por nós. Como já dissemos, não somos a fonte do amor, mas apenas seus instrumentos. O amor não brota em nós, ele passa por meio de nós. Somos o canal do amor de Deus. Refletimos o caráter amoroso de Deus quando amamos.

O nosso amor a Deus precisa ser provado pelo nosso amor ao irmão (4.20). "Se alguém disser: Amo a Deus, e odiar a seu irmão, é mentiroso; pois aquele que não ama a seu irmão, a quem vê, não pode amar a Deus, a quem não vê."

É impossível amar ao Deus invisível sem amar o irmão visível. Não há amor no plano vertical quando não há amor no plano horizontal. Nosso amor endereçado ao céu é inconsistente se ele não é demonstrado na terra. Nosso amor a Deus é uma mentira se ele não puder ser demonstrado ao irmão. Provamos nosso amor a Deus a quem não vemos quando amamos os irmãos a quem vemos.

Toda pretensão de amar a Deus é ilusão, se não vier acompanhada por um amor altruísta e prático por nossos irmãos (3.17,18). Obviamente é mais fácil amar e servir a um homem visível do que ao Deus invisível, e se falhamos na tarefa mais fácil, é absurdo pretender ter sucesso na mais difícil.

John Stott cita Calvino: "É uma falsa jactância quando alguém diz que ama a Deus, mas negligencia a sua imagem, que está diante dos seus olhos".[382]

Concordo com John Stott quando diz que o perfeito amor, que lança fora o medo, lança fora o ódio também.[383] Nesta carta o apóstolo João desmascarou aqueles que professavam ser salvos e viviam de forma incompatível com essa confissão. Aqueles que alegavam conhecer a Deus e ter comunhão com ele, mas andavam nas trevas da desobediência, estavam mentindo (1.6; 2.4). Aqueles que alegavam possuir o Pai, mas negavam a divindade do Filho, estavam mentindo

(2.22,23). Aqueles que alegavam amar a Deus, mas estavam odiando os irmãos, também estavam mentindo (4.20).

Estas são as três trevosas mentiras da epístola: a mentira moral, doutrinária e social. Somente a santidade, a fé e o amor podem provar a veracidade da nossa alegação de que conhecemos, temos e amamos a Deus.[384]

O amor a Deus e aos irmãos não pode ser desconectado (4.21). "Ora, temos, da parte dele, este mandamento: que aquele que ama a Deus ame também a seu irmão." O mandamento do amor provém do próprio Deus. O amor a Deus e ao irmão é um único mandamento. Este mandamento não pode ser desdobrado nem dividido. É impossível deixar de amar o irmão e ainda assim continuar amando a Deus. As duas tábuas da lei são a única e a mesma lei. Nosso amor a Deus deve ser provado pelo nosso amor aos irmãos.

NOTAS DO CAPÍTULO 10

[344] KISTEMAKER, Simon. *Tiago e epístolas de João*. 2006: p. 434.
[345] STOTT, John. *I, II, III João: Introdução e comentário*. 1982: p. 131.
[346] DE BORR, Werner. *Cartas de João*. Em Comentário Esperança. 2008: p. 369.

347 LOPES, Augustus Nicodemus. *Primeira carta de João.* 2005: p. 117.
348 KISTEMAKER, Simon. *Tiago e epístolas de João.* 2006: p. 434.
349 KISTEMAKER, Simon. *Tiago e epístolas de João.* 2006: p. 434.
350 LOPES, Augustus Nicodemus. *Primeira carta de João.* 2005: p. 117.
351 STOTT, John. *I, II, III João: Introdução e comentário.* 1982: p. 132.
352 KISTEMAKER, Simon. *Tiago e epístolas de João.* 2006: p. 435,436.
353 STOTT, John. *I, II, III João: Introdução e comentário.* 1982: p. 132.
354 LOPES, Augustus Nicodemus. *Primeira carta de João.* 2005: p. 118.
355 BARCLAY, William. *I, II, III Juan y Judas.* 1974: p. 105-107.
356 KISTEMAKER, Simon. *Tiago e epístolas de João.* 2006: p. 436.
357 STOTT, John. *I, II, III João: Introdução e comentário.* 1982: p. 133,134.
358 DE BOOR, Werner. *Cartas de João.* Em Comentário Esperança. 2008: p. 372.
359 KISTEMAKER, Simon. *Tiago e epístolas de João.* 2006: p. 440.
360 LOPES, Augustus Nicodemus. *Primeira carta de João.* 2005: p. 119.
361 STOTT, John. *I, II, III João: Introdução e comentário.* 1982: p. 137,138.
362 WIERSBE, Warrren W. *Comentário bíblico expositivo.* Vol. 6. 2006: p. 662.
363 STOTT, John. *I, II, III João: Introdução e comentário.* 1982: p. 138.
364 STOTT, John. *I, II, III João: Introdução e comentário.* 1982: p. 139.
365 KISTEMAKER, Simon. *Tiago e epístolas de João.* 2006: p. 444.
366 STOTT, John. *I, II, III João: Introdução e comentário.* 1982: p. 139.
367 STOTT, John. *I, II, III João: Introdução e comentário.* 1982: p. 139.
368 STOTT, John. *I, II, III João: Introdução e comentário.* 1982: p. 140.
369 STOTT, John. *I, II, III João: Introdução e comentário.* 1982: p. 140.
370 STOTT, John. *I, II, III João: Introdução e comentário.* 1982: p. 141.
371 STOTT, John. *I, II, III João: Introdução e comentário.* 1982: p. 141.
372 BARCLAY, William. *I, II, III Juan y Judas.* 1974: p. 110.
373 WIERSBE, Warren W. *Comentário bíblico expositivo.* Vol. 6. 2006: p. 665-667.
374 STOTT, John. *I, II, III João: Introdução e comentário.* 1982: p. 145.
375 STOTT, John. *I, II, III João: Introdução e comentário.* 1982: p. 142.
376 STOTT, John. *I, II, III João: Introdução e comentário.* 1982: p. 145.
377 KISTEMAKER, Simon. *Tiago e epístolas de João.* 2006: p. 457.
378 BARCLAY, William. *I, II, III Juan y Judas.* 1974: p. 111.
379 WIERSBE, Warren W. *Comentário bíblico expositivo.* Vol. 6. 2006: p. 669-671.
380 KISTEMAKER, Simon. *Tiago e epístolas de João.* 2006: p. 458.

[381] BLANEY, Harvey. *A primeira epístola de João.* Em Comentário Bíblico Beacon. Vol. 10. 2005: p. 321.
[382] STOTT, John. *I, II, III João: Introdução e comentário.* 1982: p. 147.
[383] STOTT, John. *I, II, III João: Introdução e comentário.* 1982: p. 147.
[384] STOTT, John. *I, II, III João: Introdução e comentário.* 1982: p. 147.

Capítulo 11

As certezas inabaláveis do crente
(1Jo 5.1-21)

O APÓSTOLO JOÃO ESCREVEU O EVANGELHO para os incrédulos e esta carta para os crentes. O propósito do evangelho era levar os incrédulos a crerem em Cristo, o Filho de Deus, a fim de terem vida em seu nome (Jo 20.31). O propósito desta carta era dar aos crentes em Cristo a certeza da vida eterna (5.13).

Depois de desmascarar os falsos profetas que disseminavam suas heresias, tentando enganar os crentes, mostrando que eles não conhecem a Deus, não são de Deus, mas do Maligno, do mundo e, por isso, saíram da igreja, João, agora, fala sobre as certezas daquele que é nascido de Deus.

O texto em apreço fala sobre sete certezas que marcam a vida do verdadeiro crente. A palavra *sabemos* ocorre trinta vezes nesta carta e oito vezes apenas neste capítulo 5.[385] A vida real é construída sobre o sólido fundamento de certezas inabaláveis e não sobre a areia movediça das especulações. O que devemos saber? Quais são as certezas do crente?

Temos a certeza de que pertencemos à família de Deus (5.1-5)

Ao longo desta carta, João elaborou três provas irrefutáveis para distinguir um crente falso de um crente verdadeiro. O crente verdadeiro é conhecido por três provas fundamentais: a fé, a prova doutrinária; o amor, a prova social; e a obediência, a prova moral. A fé, o amor e a obediência são as provas cabais de que pertencemos à família de Deus. Vamos analisar mais uma vez estas três provas:

Em primeiro lugar, *o crente é conhecido pela sua fé em Cristo* (5.1,4,5). "Todo aquele que crê que Jesus é o Cristo é nascido de Deus [...] porque todo o que é nascido de Deus vence o mundo; e esta é a vitória que vence o mundo: a nossa fé. Quem é o que vence o mundo, senão aquele que crê ser Jesus o Filho de Deus?"

Os falsos mestres gnósticos negavam tanto a divindade quanto a humanidade de Cristo, mas os crentes verdadeiros creem que o Jesus de Nazaré é o próprio Messias; que o homem nascido de Maria é o próprio Filho de Deus. Aqueles que são nascidos de Deus possuem uma fé ortodoxa acerca da pessoa de Jesus.

Quando João diz "todo aquele" indica que a religião cristã não exclui ninguém. Qualquer um que coloca sua fé em Cristo com sinceridade é filho de Deus.[386]

Augustus Nicodemus diz que cristão é todo aquele que

crê que Jesus de Nazaré, o qual padeceu e morreu sob Pôncio Pilatos, era o Cristo, o Messias, enviado por Deus para ser o Salvador do mundo.[387]

A fé em Cristo concede dois benditos privilégios: primeiro, participação na família de Deus (5.1); segundo, vitória sobre o mundo (5.5). Aqueles que pertencem à família de Deus por crerem que Jesus é o Cristo são aqueles que vencem o mundo. Não há pertencimento à família de Deus nem vitória sobre o mundo para aqueles que negam a divindade e a humanidade de Cristo.

A palavra *vencer* é usada aqui numa forma verbal que significa vitória contínua no meio de luta incessante. A vitória de Cristo sobre Satanás, a morte e o pecado como uma única vitória no tempo e para todo o tempo fazem da sua vitória a nossa vitória.[388]

Vale destacar que João ressalta não a pessoa vitoriosa, mas o poder vitorioso. Não é o homem, mas o seu nascimento de Deus é que vence. O novo nascimento é um evento sobrenatural que nos tira da esfera do mundo, em que Satanás governa, para a família de Deus.[389]

Augustus Nicodemus, citando J. Gill, escreve: "A vitória sobre o mundo não se deve à fé propriamente dita, mas ao seu objeto, Cristo, o qual tem vencido o mundo e torna os que verdadeiramente creem nele mais que vencedores sobre o mundo".[390]

Em segundo lugar, *o crente é conhecido pelo seu amor a Deus e aos filhos de Deus* (5.1,2). "[...] e todo aquele que ama ao que o gerou também ama ao que dele é nascido. Nisto conhecemos que amamos os filhos de Deus: quando amamos a Deus..." Se a fé em Cristo é a prova doutrinária que evidencia a legitimidade da nossa experiência cristã, o amor a Deus e aos irmãos é a prova social.

É impossível amar os filhos de Deus sem amar a Deus, assim como é impossível amar a Deus sem amar seus filhos (4.20,21). O amor é a apologética final (Jo 13.35). Não é o amor que nos salva, mas ele é o apanágio dos salvos. O amor não é a causa da salvação, mas a sua evidência.

Em terceiro lugar, *o crente é conhecido pela sua obediência aos mandamentos de Deus* (5.2,3). "Nisto conhecemos que amamos os filhos de Deus: quando amamos a Deus e praticamos os seus mandamentos. Porque este é o amor de Deus: que guardemos os seus mandamentos; ora, os seus mandamentos não são penosos." O amor a Deus é provado pela obediência a Deus.

Simon Kistemaker diz que o amor a Deus não consiste de palavras faladas, mesmo que bem-intencionadas, mas de determinadas ações que demonstram obediência aos mandamentos de Deus.[391] Concordo com John Stott quando diz que o amor a Deus não é tanto uma experiência emocional como obediência moral.[392] O amor aos irmãos expressa-se em serviço sacrificial (3.17,18) e o amor a Deus, em guardar seus mandamentos (5.2).

Os mandamentos de Deus não são penosos por duas razões: primeira, porque amamos a Deus e quem ama obedece com alegria, e não como uma obrigação. Augustus Nicodemus, citando A. T. Robertson, diz que "o amor a Deus torna seus mandamentos leves".[393] Segunda, porque com a ordem para obedecer recebemos o poder para cumpri-la.

Temos a certeza de que Jesus Cristo é Deus (5.6-10)

Nenhuma doutrina foi mais atacada ao longo dos séculos do que a doutrina de Cristo. Esta doutrina não é uma questão secundária nem lateral, mas está no núcleo do cristianismo. Como podemos saber que Jesus Cristo é Deus?

Os principais sacerdotes e os fariseus do seu tempo chamaram-no de embusteiro (Mt 27.63). Outros disseram que ele foi um religioso fanático. Os gnósticos diziam que ele era apenas um homem comum, sobre o qual veio o Cristo no batismo, o qual o deixou quando foi crucificado.

Ário de Alexandria disse que Jesus foi o primeiro ser criado por Deus. A seita *Testemunhas de Jeová* diz que Jesus não é Deus. Os espíritas dizem que ele foi um grande mestre. Os muçulmanos dizem que ele é apenas um grande profeta. Mas quem, de fato é Jesus?

Destacamos aqui algumas verdades:

Em primeiro lugar, *o tríplice testemunho na terra* (5.6,8).

> Este é aquele que veio por meio de água e sangue, Jesus Cristo; não somente com água, mas também com a água e com o sangue. E o Espírito é o que dá testemunho, porque o Espírito é a verdade [...] E três são os que testificam na terra: o Espírito, a água e o sangue, e os três são unânimes num só propósito.

Esta passagem foi motivada pela necessidade de contra-atacar uma marca sutil de gnosticismo ensinada por um filósofo de Éfeso, chamado Cerinto. João vai direto contra ele, não com exposição pessoal nem com acusações, mas com uma afirmação da verdade.

Cerinto ensinava que Jesus de Nazaré tornou-se filho de Deus ao ser batizado por João Batista no rio Jordão. Ele afirmava que o Cristo divino desceu sobre o homem Jesus nesta época, e abençoou o seu ministério, mas partiu antes do sofrimento da crucificação.[394] João refuta estas ideias gnósticas e coloca o machado da verdade na raiz desta perniciosa heresia.

O que João quer dizer quando afirma que Jesus veio por meio de água e sangue? Não há consenso entre os eruditos sobre este ponto. Lutero e Calvino entenderam que João estaria falando aqui dos dois sacramentos, batismo e ceia.

Agostinho de Hipona entendia que esta passagem era uma referência ao golpe de lança e ao fluxo de água e sangue do lado de Jesus (Jo 19.34). Tertuliano acreditava que *água* e *sangue* faziam referência ao batismo e à morte de Cristo.

Concordo com John Stott quando ele diz que esta posição de Tertuliano é a mais consistente, visto que João está combatendo a heresia de Cerinto, que ensinava que o Cristo veio sobre Jesus no batismo e se retirou dele na cruz.[395]

O milagre acontecido no Jordão, por ocasião do batismo de Jesus, quando o Pai falou: "Este é o meu Filho amado, em quem me comprazo" (Mt 3.17), bem como o milagre acontecido no Calvário, por ocasião da morte de Jesus, quando a escuridão veio sobre a terra ao meio-dia, o véu do templo se rasgou de alto a baixo, a terra tremeu e mortos se levantaram da sepultura, foram os testemunhos de Deus acerca de seu Filho.

John Stott ainda alerta para o fato de que este erro gnóstico não é trivial. Ele solapa os alicerces da fé cristã e nos priva da salvação em Cristo. Se o Filho de Deus não tomou a nossa natureza em seu nascimento e os nossos pecados em sua morte, ele não pode reconciliar-nos com Deus.[396] O propósito de João é mostrar que Jesus é o mesmo desde o seu nascimento até a sua morte. Ele é o homem Jesus e o Cristo de Deus.

Concordo com Lloyd John Ogilvie quando diz que a única maneira de lidar com a falsidade teológica é afirmar a verdade. Heresias crescem nas igrejas onde a vida, morte e ressurreição de Cristo e a sua presença viva não são pregadas ou ensinadas de maneira convincente.[397] Não ousamos omitir nada do que Cristo fez por nós do nosso testemunho. Natal, Sexta-feira Santa, Páscoa e Pentecostes são motivos para a esperança numa era de desespero.[398]

O apóstolo João deixa claro que o Espírito da verdade testifica na terra com a água e o sangue, de forma unânime e com o mesmo propósito, que Jesus é o Cristo, que ele é humano e divino em contraposição às heresias do gnosticismo. Dessa forma temos dois tipos de testemunho: objetivo e subjetivo; histórico e experimental, água e sangue por um lado e o Espírito por outro.

Simon Kistemaker interpreta corretamente quando diz que diante de um tribunal a evidência factual do batismo de Jesus (água) e de sua morte (sangue) está em completa concordância com o testemunho do Espírito.[399]

O batismo e a morte de Cristo são evidências históricas e concretas da sua natureza divino-humana; porém é o Espírito quem convence as pessoas da verdade destas evidências, por meio da pregação do evangelho e do ensino bíblico (At 5.32). Sem este testemunho do Espírito ninguém entenderia o que o batismo e a morte de Cristo significaram (e significam), de maneira que a mensagem do evangelho se tornaria ineficaz.[400]

Em segundo lugar, *o tríplice testemunho no céu* (5.7,9,10). Acompanhemos as palavras do apóstolo João:

> Pois há três que dão testemunho no céu: o Pai, a Palavra e o Espírito Santo; e estes três são um [...]. Se admitimos o testemunho dos homens, o testemunho de Deus é maior; ora, este é o testemunho de Deus, que ele dá acerca do seu Filho. Aquele que crê no Filho de Deus tem, em si, o testemunho. Aquele que não dá crédito a Deus o faz mentiroso, porque não crê no testemunho que Deus dá acerca do seu Filho (5.7,9,10).

Depois de apresentar as três testemunhas na terra: o Espírito, a água e o sangue (5.6,8), João apresenta também as três testemunhas no céu: o Pai, a Palavra e o Espírito Santo (5.7). O céu e a terra testificam a divindade e a humanidade de Cristo. A redenção jamais poderia ser efetuada se Jesus não fosse Deus e homem ao mesmo tempo.

Embora a palavra *Trindade* não esteja escrita na Bíblia, o seu conceito está meridianamente claro tanto no Antigo como no Novo Testamento. Deus é uno e trino ao mesmo tempo. Não são três deuses, mas um só Deus, da mesma substância, em três pessoas distintas.

Recusar o testemunho que Deus dá acerca do próprio Filho é considerar Deus mentiroso. Não dar crédito a essa verdade suprema é cair nas teias do mais terrível engano, uma vez que o propósito do testemunho de Deus no céu e na terra a respeito do seu Filho é que creiamos nele (5.10) e por meio dele tenhamos a vida eterna (5.11). Concordo com John Stott quando diz que a incredulidade não é um infortúnio a ser lamentado, mas um pecado a ser deplorado.[401]

Temos a certeza de que aqueles que creem em Cristo têm a vida eterna (5.11-13)

Quatro verdades sublimes são destacadas pelo apóstolo João acerca da vida eterna, no texto em tela:

Em primeiro lugar, *a vida eterna é um presente de Deus* (5.11a). "E o testemunho é este: que Deus nos deu a vida eterna..." A vida eterna não é resultado do mérito, mas um oferecimento da graça. A vida eterna não é uma conquista nem um troféu. Ela não é comprada nem merecida. A vida eterna é um presente gratuito de Deus (Ef 2.8,9; Jo 10.27-29).

Vale a pena ressaltar que João não diz que a vida eterna será dada (tempo futuro), mas que Deus a deu (tempo passado) para nós. Temos esta vida agora em princípio (Jo 3.17), e, quando entrarmos na presença de Deus, na glória, nós a teremos em plenitude.[402]

Concordo com Lloyd John Ogilvie quando diz que a vida eterna é qualidade com quantidade; a vida imortal é quantidade sem a qualidade. Todos viverão para sempre. Mas nem todos terão a vida eterna.[403]

Nesta mesma linha de pensamento, William Barclay diz que o termo grego para "eterno" é *aionios*. Significa muito mais que a simples expressão "para sempre". Uma vida sem fim poderia ser uma maldição e não uma bênção; uma carga pesada em vez de um dom maravilhoso.

Há só uma pessoa a quem pode aplicar-se corretamente a palavra *aionios*, e esta pessoa é Deus. No real sentido do termo, só Deus possui e reside na eternidade. A vida eterna não é, portanto, outra coisa senão a vida do próprio Deus. Em Deus há paz e, portanto, a vida eterna significa serenidade. Em Deus há poder, logo, a vida eterna significa derrota das frustrações. Em Deus há santidade, por conseguinte, a vida eterna significa vitória sobre o pecado. Em Deus há amor, portanto, a vida eterna significa o fim do rancor e do ódio. Em Deus há vida, logo, a vida eterna significa a derrota da morte.[404]

Em segundo lugar, *a vida eterna está em Jesus* (5.11b,12). "[...] e esta vida está no seu Filho. Aquele que tem o Filho tem a vida; aquele que não tem o Filho de Deus não tem a vida".

A vida eterna não pode ser encontrada em nenhuma pessoa fora de Jesus. Não há salvação em outro nome (At 4.12). Quem crê no Filho tem a vida eterna; o que, todavia, se mantém rebelde contra o Filho não verá a vida, mas sobre ele permanece a ira de Deus. É impossível ter a vida eterna à parte de Cristo, pois ele é a vida (1.2; 5.12).

Nicodemus tem razão quando diz que "ter o Filho" significa conhecer a Cristo, confessá-lo, ter comunhão com ele e permanecer nele.[405]

Li algures sobre um homem rico na Europa que tinha apenas um filho. Esse homem investiu toda a sua colossal fortuna em quadros famosos dos principais pintores da Europa. Estando em viagem, seu filho sofreu um acidente fatal. O amigo que o acompanhava na viagem pintou o rosto do filho em mal traçadas linhas e enviou para o pai. Este colocou a pintura em um quadro belíssimo e o pendurou no meio de seus quadros mais famosos.

Antes de morrer, o pai fez o testamento e deixou ordens para que seu mordomo fizesse um leilão dos quadros, destinando parte do dinheiro para entidades filantrópicas. Em dia marcado, em seleto auditório, pessoas famosas da Europa se reuniram para comprar os quadros. Para a surpresa de todos, o mordomo começou o leilão com o quadro do filho. Aquele quadro não tinha beleza. Ninguém se interessou por ele.

Aguardavam os quadros famosos. Depois de muita hesitação, levantou-se um convidado e arrematou o quadro do filho. O mordomo imediatamente encerrou o leilão para espanto e revolta dos ilustres convidados. Então, ele leu o testamento do seu senhor: "Aquele que tiver o quadro do filho é dono de todos os outros quadros".

O apóstolo João escreve: "Aquele que tem o Filho tem a vida" (5.12).

Em terceiro lugar, *a vida eterna é recebida por meio da fé* (5.13). "Estas coisas vos escrevi, a fim de saberdes que tendes a vida eterna, a vós outros que credes em o nome do Filho de Deus."

O dom da vida eterna é recebido pela fé. A fé não é a causa meritória da salvação, mas a causa instrumental. Não somos salvos por causa da fé, mas por meio da fé. A fé é o instrumento de apropriação da vida eterna. Somos salvos pela graça, mediante a fé.

Em quarto lugar, *a vida eterna é garantida pela Palavra de Deus* (5.13a). "Estas coisas vos escrevi, a fim de saberdes que tendes a vida eterna...". A certeza da vida eterna não é uma presunção humana, mas uma confiança na infalibilidade da Palavra de Deus. Não é presunção crer no que Deus diz em sua Palavra. A vida eterna não é um presente apenas para o futuro. É uma dádiva para ser recebida agora. Podemos tomar posse da vida eterna. Juntando os propósitos do evangelho e da epístola, o propósito de João, em quatro estágios, é que os seus leitores ouçam; ouvindo, creiam; crendo, vivam; e vivendo, saibam que têm a vida eterna.[406]

Temos a certeza da resposta às nossas orações (5.14,15)

Uma coisa é saber que Jesus Cristo é Deus e que nós somos filhos de Deus, mas o que fazer com as nossas necessidades da vida diária? Como podemos nos relacionar com Deus? Como podemos falar com Deus? Que garantia temos de que ele nos ouve e nos atende? Quais são as condições estabelecidas em sua Palavra para termos êxito em nossas orações? Destacamos aqui duas verdades:

Em primeiro lugar, *a condição para Deus responder às orações* (5.14). "E esta é a confiança que temos para com ele: que, se pedirmos alguma coisa segundo a sua vontade, ele nos ouve." A oração não é um recurso conveniente para impormos a nossa vontade a Deus, ou para dobrar a sua vontade à nossa, mas, sim, o meio prescrito de subordinar a nossa vontade à de Deus. É pela oração que buscamos a vontade de Deus, nos abraçamos e nos alinhamos a ela.[407]

Submissão à vontade de Deus, e não imposição da nossa vontade a Deus, é o alicerce da nossa confiança na oração. Hoje temos visto falsos mestres ensinando que a oração da fé precisa determinar para Deus o que queremos. Este falso ensino proclama que oração é a vontade do homem prevalecendo no céu em vez da vontade de Deus prevalecendo na terra. A oração é um instrumento poderoso, não para conseguir que a vontade do homem seja feita no céu, mas para garantir que a vontade de Deus seja feita na terra.[408]

Warren Wiersbe, citando George Muller, escreveu: "Orar não é vencer a relutância de Deus, mas sim apropriar-se da disposição de Deus".[409]

Deus ouve as orações de seus filhos, mas estabelece condições claras: ele não nos ouve quando há algum pecado inconfesso em nossa vida (Sl 66.18; 1Pe 3.7; Mt 5.23-25; Mc 11.25). Precisamos orar em nome de Jesus (Jo 14.13), precisamos orar com fé (Tg 1.6), precisamos permanecer em Jesus e em sua Palavra (Jo 15.7).

Em segundo lugar, *a convicção de que Deus responde às orações* (5.15). "E, se sabemos que ele nos ouve quanto ao que lhe pedimos, estamos certos de que obtemos os pedidos que lhe temos feito." Quando oramos a Deus, por intermédio de Jesus, pelo poder do Espírito Santo, segundo os preceitos da Palavra, podemos ter a garantia de que ele nos ouve. A oração segundo a vontade de Deus não é uma conjectura hipotética nem uma vaga possibilidade, mas uma certeza experimental.

Temos a certeza de que Deus pode salvar pessoas da morte por intermédio das nossas orações (5.16,17)

Destacamos duas verdades no texto em consideração:

Em primeiro lugar, *os privilégios da intercessão* (5.16a). "Se alguém vir a seu irmão cometer pecado não para a morte, pedirá, e Deus lhe dará vida, aos que não pecam para morte...". A atitude do crente em relação àqueles que caem não é de atirar pedras nem de condenar, mas de orar por eles. Não podemos orar por uma pessoa e ao mesmo tempo sentir mágoa dela (Mc 11.24,25).

A igreja precisa ser lugar de cura, e não de adoecimento. A igreja precisa ser lugar de restauração, e não de condenação. A igreja precisa ser lugar de intercessão, e não de juízo àqueles que tropeçam. A igreja precisa ser lugar de reconciliação, e não de abandono dos feridos.

Jesus orou por Pedro quando Satanás estava peneirando a sua vida (Lc 22.31,32). O profeta Samuel disse para o rebelde povo de Israel: "Longe de mim que eu peque contra o Senhor, deixando de orar por vós" (1Sm 12.23). Moisés orou pela nação de Israel e Deus ouviu o seu clamor (Êx 32.10-14). Também orou por Miriã, que havia pecado contra o Senhor, e foi igualmente atendido (Nm 12.13). Jó intercedeu por seus amigos, que haviam falado erradamente das coisas de Deus, e o Senhor os perdoou (Jó 32.7-9). Os presbíteros devem orar pelos doentes quando os mesmos confessam seus pecados, e serão perdoados (Tg 5.14,15).[410]

Assim como Deus não desiste de nós, não devemos, também, desistir daqueles que caem em fracasso. Precisamos rogar a Deus que lhes restaure o vigor e os traga de volta para a vida. Quando um crente pecar e confessar o seu pecado, Deus o perdoa (1.9). Deus perdoa o pecado do crente quando ele o confessa e quando os outros crentes oram por ele.

Precisamos deixar claro que João não está ensinando a possibilidade da perda da salvação nesse texto. João não está falando que uma pessoa espiritualmente viva, ao cometer pecado, morreu espiritualmente e perdeu a salvação. Dar vida significa restaurar a comunhão com Deus, que é a fonte da vida.

Em segundo lugar, *as limitações da intercessão* (5.16b,17). "Há pecado para morte, e por esse não digo que rogue. Toda injustiça é pecado, e há pecado não para morte." Nem todo pecador recebe vida em resposta à oração. João fala que há pecado para a morte. Em certo sentido todo pecado é para a morte, uma vez que o salário do pecado é a morte (Rm 6.23). O apóstolo deixa claro a malignidade do pecado, ao afirmar que "toda injustiça é pecado" (5.17).

No caso dos filhos de Deus, eles têm seus pecados purificados (1.7), perdoados (1.9; 2.12), propiciados (2.1,2; 4.10) por causa de Cristo. Seus pecados não acarretarão a morte eterna deles. Nenhum dos pecados dos eleitos de Deus é para a morte ou acarreta a morte.[411]

João, porém, agora, fala de um pecado para a morte, para o qual não há perdão neste mundo nem no vindouro. Desta forma, aqueles que já estavam mortos espiritualmente morrerão eternamente. Para aqueles que cometem esse pecado, a intercessão não logra êxito. João chega mesmo a recomendar à igreja a não orar por essas pessoas.

John Stott esclarece este ponto assim:

> Na opinião de João, aqueles que cometeram pecado para a morte não eram apóstatas; eram impostores. Não eram verdadeiros "irmãos" que tinham recebido a vida eterna e depois a perderam. Eram "anticristos". Negando o Filho, não tinham o Pai (2.22,23). Eram filhos do diabo,

não filhos de Deus (3.10). É certo que outrora foram membros da igreja visível e sem dúvida passavam por "irmãos" nesse tempo. Mas saíram, e com a sua saída ficou evidente que eles nunca tinham sido "dos nossos" (2.19). Visto que rejeitaram o Filho, não tinham direito à vida (5.12). Seu pecado era realmente para a morte.[412]

Ainda permanece a grande questão: o que é o pecado para a morte? John Stott menciona as três interpretações mais conhecidas:[413]

O pecado para a morte é um pecado específico. Com base neste versículo a igreja romana criou a classificação de pecados veniais e pecados mortais.

O pecado para a morte é a apostasia. Aqueles que subscrevem esta opinião acreditam que João esteja se referindo aos falsos mestres que saíram de dentro da igreja (2.19). Esse é o pensamento de Augustus Nicodemus em concordância com a interpretação de Calvino: "Pode-se inferir do contexto que este pecado não é uma queda parcial ou a transgressão de determinado mandamento, mas apostasia, pela qual as pessoas se alienam completamente de Deus".[414]

Trata-se, portanto, de um pecado doutrinário, cometido de forma voluntária e consciente, similar ao pecado de blasfêmia contra o Espírito Santo, cometido pelos fariseus (Mc 3.29). É a rejeição final e decidida daquele único que pode salvar, Jesus Cristo.[415]

O pecado para a morte é a blasfêmia contra o Espírito Santo. Nosso entendimento é que João está se referindo a este terrível pecado deliberado e consciente da rejeição da verdade conhecida, a ponto de atribuir as poderosas obras de Jesus, evidentemente feitas pelo Espírito de Deus, à ação de Satanás (Mt 12.28; Mc 3.29). Este pecado leva quem o comete inexoravelmente a um estado de incorrigível embotamento moral e espiritual, porque pecou voluntariamente contra a própria consciência.

O autor aos Hebreus diz que "[...] é impossível outra vez renová-los para arrependimento, visto que, de novo, estão crucificando para si mesmos o Filho de Deus e expondo-o à ignomínia" (Hb 6.4-6). Neste caso, "[...] já não resta sacrifício pelos pecados; pelo contrário, certa expectação horrível de juízo e fogo vingador prestes a consumir os adversários" (Hb 10.26,27). Este pecado é descrito como calcar aos pés o Filho de Deus, profanar o sangue da aliança que foi santificado e ultrajar o Espírito da graça (Hb 10.29), uma linguagem que claramente aponta para a blasfêmia contra o Espírito.[416]

Precisamos deixar claro que João não está falando da possibilidade de um salvo cair da graça e perder a sua salvação. O que é nascido de Deus não vive na prática do pecado (3.9), antes é guardado por Cristo e o Maligno não o toca (5.18). Este pecado para a morte não é cometido por um crente, uma vez que este pecado é um abandono deliberado e consciente da verdade. Este pecado é um insulto a Cristo e uma blasfêmia contra o Espírito que dá testemunho de Cristo.

Temos a certeza de que os crentes não vivem na prática do pecado (5.18,19)

Com respeito a este magno assunto, três verdades devem ser aqui destacadas.

Em primeiro lugar, *o crente é libertado do poder do pecado* (5.18a). "Sabemos que todo aquele que é nascido de Deus não vive em pecado...". Os dois versículos anteriores (5.16,17) diziam respeito ao pecado para a morte. Este pecado para a morte para o qual não há perdão não pode ser cometido por um crente, pois o crente, nascido de Deus, não vive na prática habitual e continuada do pecado (3.9; 5.18). O crente emancipou-se do poder do pecado. O novo nascimento resulta em novo comportamento.

O crente tem uma nova natureza, uma nova mente, um novo coração, uma nova vida, uma nova família, uma nova pátria. Por conseguinte, o crente tem novos desejos e novo prazer. Ele deleita-se em Deus e na sua Palavra. O pecado e o filho de Deus são incompatíveis. Podem encontrar-se ocasionalmente, mas não podem conviver em harmonia.[417]

Em segundo lugar, *o crente é guardado do Maligno* (5.18b). "[...] antes, Aquele que nasceu de Deus o guarda, e o Maligno não o toca". Aquele que nasceu de Deus é diferente daquele que é nascido de Deus. Aquele que nasceu de Deus é Jesus, e não o crente. Em outras palavras, não é o crente que se guarda, mas é Cristo quem o guarda. É o Filho de Deus que mantém os crentes firmes. Aquele que nasceu de Deus guarda a todo aquele que é nascido de Deus.

No entanto, por que os crentes precisam ser guardados? Eles não são imunes à tentação? Não! O Maligno está sempre procurando atingir os filhos de Deus. Ele mente para os crentes (Gn 3.2), inflige sofrimento (2Co 12.7-9), infla o orgulho (1Cr 21.1). Porém, Jesus se manifestou para destruir as obras do diabo (3.8) e Jesus guarda e mantém seguros os filhos de Deus (5.18).

Precisamos entender corretamente o que significa a expressão: "e o Maligno não o toca". A palavra *tocar* só aparece mais uma vez no Novo Testamento e foi traduzida por "deter" (Jo 20.17). O Maligno não pode mais deter e controlar o crente, salvo por Cristo e guardado por ele. Jesus é o nosso escudo. Ele é o nosso Salvador e também o nosso protetor.

Em terceiro lugar, *o crente é separado do mundo* (5.19). "Sabemos que somos de Deus e que o mundo inteiro jaz no Maligno." O Maligno não detém o crente, mas o mundo inteiro está irremediavelmente em suas garras. No filho de Deus o Maligno nem chega a pôr as suas mãos; o mundo, porém, jaz em seus braços.[418]

Augustus Nicodemus diz que a ideia transmitida pelo verbo "jaz" é de passividade tranquila. A humanidade está deitada placidamente nos braços de Satanás, adormecida e entorpecida, enquanto ele a conduz para a destruição.[419]

O mundo está no Maligno, em suas mãos, em seu domínio, mas os crentes estão guardados por Cristo.

Temos a certeza de que Jesus é o verdadeiro Deus (5.20,21)

João conclui sua epístola fazendo duas declarações contundentes: reafirmando a veracidade de Jesus e alertando para o engano dos ídolos. Destacamos aqui, três pontos importantes.

Em primeiro lugar, *Jesus é o verdadeiro Deus* (5.20). "Também sabemos que o Filho de Deus é vindo e nos tem dado entendimento para reconhecermos o verdadeiro; e estamos no verdadeiro, em seu Filho, Jesus Cristo. Este é o verdadeiro Deus...".

João contrapõe o Jesus divino-humano com o falso cristo do gnosticismo. Ele refuta o falso evangelho com o verdadeiro evangelho. Ele denuncia as trevas do engano com a luz da verdade. O Cristo que João anuncia é o Cristo verdadeiro; o cristo que o gnosticismo prega é um cristo falso. A palavra *verdadeiro* significa "original, que não é uma cópia, e autêntico, que não é uma imitação".

Concordo com John Stott quando diz que este versículo mina toda a estrutura da teologia dos hereges. Ela é a mais inequívoca afirmação da divindade de Jesus Cristo no Novo Testamento. Somente por meio de Jesus Cristo, o verdadeiro Deus, podemos ser salvos do Maligno e libertados do mundo. A revelação e a redenção são sua obra de graça. Sem ele, não poderíamos conhecer a Deus nem vencer o pecado.[420]

João afirma que Jesus é não apenas o verdadeiro Deus, mas também nos deu entendimento para reconhecermos o verdadeiro e estarmos no verdadeiro. Conhecimento e vida caminham lado a lado. Conhecemos a Cristo e estamos em Cristo. Jesus é o verdadeiro: este é o grande tema de João. Ele é a verdadeira luz (1.5), o verdadeiro pão (Jo 6.32), a verdadeira videira (Jo 15.1). Ele é a verdade (Jo 14.6). Ele é a verdadeira vida eterna (5.20).

O mundo vive de aparências; não conhece a realidade. Nós temos a realidade. Nós temos Jesus. Sem ele não poderíamos conhecer a Deus nem vencer o Maligno. A religião cristã é tanto histórica como experimental.

Em segundo lugar, *Jesus é a essência da vida eterna* (5.20b). "Este é o verdadeiro Deus e a vida eterna." A vida eterna não é apenas uma questão de quantidade de vida, mas de qualidade de vida. A vida eterna é conhecer a Deus e conhecer a Cristo (Jo 17.3). A vida eterna é Jesus. Ele é o conteúdo, a essência e o núcleo da vida eterna.

Em terceiro lugar, *os ídolos são a essência do engano* (5.21). "Filhinhos, guardai-vos dos ídolos." O fato de sermos guardados por Jesus não nos isenta da responsabilidade de nos guardarmos. A palavra grega usada aqui (5.21) pelo apóstolo João, *terein*, "guardar", significa "vigiar". Ela é diferente da palavra grega *phulassein*, "guardar", usada em 5.18.

A Bíblia Viva traduz assim este versículo: "Meus queridos filhos, afastem-se de qualquer coisa que possa tomar o lugar de Deus no coração de vocês". Já Wescott o disse assim: "Guardai-vos de todos os objetos de falsa devoção".

Na verdade, o que João está dizendo é: não abandone o real pelo ilusório. Todos os substitutos de Deus são ídolos e deles o crente deve guardar-se, vigilante.[421]

João está escrevendo esta carta aos crentes que viviam na Ásia Menor. Éfeso era a capital da Ásia Menor e uma cidade de muitos deuses. Ali ficava o templo de Diana, uma das sete maravilhas do mundo antigo. Éfeso era o centro deste culto pagão.

Lloyd John Ogilvie diz que em Éfeso se vendiam amuletos que supostamente davam poderes mágicos ao destino das pessoas. Ícones do templo haviam produzido um negócio lucrativo aos ourives. As pessoas compravam os ícones crendo que o poder de Diana residiria onde quer que os ícones fossem levados.

Éfeso era também a cidade de magia e feitiçaria. Toda forma de seitas e ocultismos grassava ali. A astrologia florescia. Encantamentos, exorcismos e religião mística estavam disponíveis em qualquer esquina. Acrescentado a tudo isso, ainda havia o culto a César.

Domiciano exigiu o culto a César em Éfeso até a sua morte em 96 d.C., mandando que as pessoas lhe mostrassem a sua lealdade queimando incenso perante o busto de César. Não era coisa fácil ser cristão em Éfeso. Não é de admirar, portanto, que João tenha terminado sua carta com esta solene advertência.

Os deuses diminutos da falsa religião, da sensualidade, da magia negra, da segurança política e da segurança econômica eram ídolos tentadores. Os mesmos ídolos ainda nos tentam. Dinheiro, segurança, prazer, pessoas, carreiras e posses são ídolos que exigem que cultuemos a eles em vez de prestar culto a Deus. Nossos ídolos podem ser qualquer coisa ou pessoa que ameace ocupar o trono do nosso coração. Substitutos de Deus podem exigir muito de nosso tempo, dinheiro e energia.[422]

O culto dos ídolos era um culto falso que prometia uma vida falsa. F. F. Bruce diz que os ídolos são os falsos conceitos a respeito de Deus.[423] João exorta os crentes que estão no verdadeiro e que têm a verdadeira vida eterna para se guardarem dos ídolos.

NOTAS DO CAPÍTULO 11

[385] WIERSBE, Warren W. *Comentário bíblico expositivo.* Vol. 6. 2006: p. 677.
[386] KISTEMAKER, Simon. *Tiago e epístolas de João.* 2005: p. 465,466.
[387] LOPES, Augustus Nicodemus. *Primeira carta de João.* 2005: p. 140.
[388] OGILVIE, Lloyd John. *Quando Deus pensou em você.* 1983: p. 122.
[389] STOTT, John. *I, II, III João: Introdução e comentário.* 1982: p. 150.
[390] LOPES, Augustus Nicodemus. *Primeira carta de João.* 2005: p. 143.
[391] KISTEMAKER, Simon. *Tiago e epístolas de João.* 2005: p. 468.
[392] STOTT, John. *I, II, III João: Introdução e comentário.* 1982: p. 149.

[393] LOPES, Augustus Nicodemus. *Primeira carta de João.* 2005: p. 142.
[394] OGILVIE, Lloyd John. *Quando Deus pensou em você.* 1983: p. 125.
[395] STOTT, John. *I, II, III João: Introdução e comentário.* 1982: p. 152-154.
[396] STOTT, John. *I, II, III João: Introdução e comentário.* 1982: p. 154.
[397] OGILVIE, Lloyd John. *Quando Deus pensou em você.* 1983: p. 126.
[398] OGILVIE, Lloyd John. *Quando Deus pensou em você.* 1983: p. 128.
[399] KISTEMAKER, Simon. *Tiago e epístolas de João.* 2005: p. 474,475.
[400] LOPES, Augustus Nicodemus. *Primeira carta de João.* 2005: p. 147.
[401] STOTT, John. *I, II, III João: Introdução e comentário.* 1982: p. 157.
[402] KISTEMAKER, Simon. *Tiago e epístolas de João.* 2005: p. 480.
[403] OGILVIE, Lloyd John. *Quando Deus pensou em você.* 1983: p. 132.
[404] BARCLAY, William. *I, II, III Juan y Judas.* 1974: p. 128.
[405] LOPES, Augustus Nicodemus. *Primeira carta de João.* 2005: p. 153.
[406] STOTT, John. *I, II, III João: Introdução e comentário.* 1982: p. 159.
[407] STOTT, John. *I, II, III João: Introdução e comentário.* 1982: p. 159.
[408] WIERSBE, Warren W. *Comentário bíblico expositivo.* Vol. 6. 2006: p. 679.
[409] WIERSBE, Warren W. *Comentário bíblico expositivo.* Vol. 6. 2006: p. 679.
[410] LOPES, Augustus Nicodemus. *Primeira carta de João.* 2005: p. 158.
[411] LOPES, Augustus Nicodemus. *Primeira carta de João.* 2005: p. 158.
[412] STOTT, John. *I, II, III João: Introdução e comentário.* 1982: p. 164.
[413] STOTT, John. *I, II, III João: Introdução e comentário.* 1982: p. 161,162.
[414] LOPES, Augustus Nicodemus. *Primeira carta de João.* 2005: p. 159,160.
[415] LOPES, Augustus Nicodemus. *Primeira carta de João.* 2005: p. 160.
[416] LOPES, Augustus Nicodemus. *Primeira carta de João.* 2005: p. 160.
[417] STOTT, John. *I, II, III João: Introdução e comentário.* 1982: p. 165.
[418] STOTT, John. *I, II, III João: Introdução e comentário.* 1982: p. 166.
[419] LOPES, Augustus Nicodemus. *Primeira carta de João.* 2005: p. 164.
[420] STOTT, John. *I, II, III João: Introdução e comentário.* 1982: p. 167.
[421] STOTT, John. *I, II, III João: Introdução e comentário.* 1982: p. 168,169.
[422] OGILVIE, Lloyd John. *Quando Deus pensou em você.* 1983: p. 147,148.
[423] BRUCE, F. F. *The epistles of John.* Eerdmans. Grand Rapids, MI. 1979: p. 128.

Capítulo 12

Como viver à luz da verdade
(2Jo 1-13)

Esta é uma das cartas mais curtas do Novo Testamento. É classificada como uma das cartas gerais.[424] O propósito maior desta pequena missiva é alertar a igreja acerca da necessidade de se viver à luz da verdade.

Muitas heresias estavam sendo espalhadas pelos falsos mestres e a igreja precisava se acautelar para não naufragar na fé. Conhecer a verdade, andar na verdade e permanecer na verdade são as orientações de João à igreja para não sucumbir diante deste cerco dos falsos mestres.

Como vimos na Primeira Carta de João, há três provas insofismáveis que autenticam o verdadeiro crente: as provas doutrinária, social e moral, ou seja, a fé, o amor e a obediência. Estas mesmas provas podem ser vistas nesta epístola: a verdade (v. 1-3), o amor (v. 4-6) e a obediência (v. 7-13).

Antes de entrarmos na exposição propriamente dita desta epístola, precisamos, à guisa de introdução, analisar dois pontos.

Em primeiro lugar, *o remetente da carta* (v. 1). "O presbítero à senhora eleita e aos seus filhos...". João emprega não seu nome pessoal, mas o seu título, *o presbítero*. O título descrevia não simplesmente a idade, mas a posição de ofício.[425]

"O presbítero" deve ser uma pessoa publicamente conhecida por essa designação e por isso não precisava citar-se pelo nome próprio.[426]

É do estilo de João não chamar a atenção para si. Foi assim no evangelho que escreveu, bem como nas outras duas missivas. Ele apresenta-se apenas como "o presbítero". Obviamente ele era um ancião conhecido em toda a igreja neste tempo, mui provavelmente o único sobrevivente do colégio apostólico. A palavra "presbítero" significa ancião, aquele que supervisiona o rebanho.

Augustus Nicodemus diz que entre os judeus o termo foi usado para designar os oficiais das sinagogas e, especialmente, os membros do sinédrio, o concílio máximo do judaísmo da época de Jesus. Entre os gregos, indicava os oficiais religiosos e civis. Talvez o equivalente entre os romanos tenha sido *senator*. Os cristãos usavam o termo para designar os oficiais das igrejas locais, a quem era dada a responsabilidade de ensinar e governar.[427]

João tinha autoridade para dirigir-se à igreja. Ele falava da parte de Deus como um apóstolo e também como um pastor do rebanho. Cabia a ele a orientação espiritual da igreja, sobretudo num tempo em que a sã doutrina estava sendo tão atacada pelas heresias do gnosticismo incipiente.

Em segundo lugar, *os destinatários da carta* (v. 1). "O presbítero à senhora eleita e aos seus filhos..." Não existe consenso entre os eruditos acerca dos destinatários desta carta. Há várias opiniões: primeira, João estaria escrevendo para uma mulher cristã e seus filhos. O argumento é que os versículos 1,4,5,13 estão no singular. Segunda, João estaria escrevendo para uma mulher chamada Electa e seus filhos. Aqueles que subscrevem esta interpretação entendem que a palavra "eleita" é o nome próprio dessa mulher cristã. Terceira, João estaria escrevendo para Maria, uma vez que Maria foi assistida pelo apóstolo desde a morte de Cristo (Jo 19.27). Quarta, João estaria escrevendo para uma irmã que hospedava uma igreja em sua casa. Como no primeiro século não havia templos, esta mulher hospedava em sua casa uma comunidade cristã. Vemos vários casos em que igrejas se reuniam nos lares (1Co 16.19; Cl 4.15; Rm 16.5; Fm 2). Quinta, João estaria escrevendo para uma igreja local, uma vez que ele usa várias vezes o plural nesta pequena epístola (v. 6,8,10,12).

John Stott escreve:

> É mais provável que a frase *senhora eleita* signifique uma personificação e não uma pessoa – não da igreja em geral, mas de alguma igreja local sobre a qual a jurisdição do presbítero era reconhecida, sendo seus filhos (v. 1,4,13) os membros individuais da igreja.[428]

O mesmo escritor ainda diz:

> A linguagem de João não é apropriada para uma pessoa real, quer em sua declaração de amor (v. 1,2), quer em sua exortação ao amor

(v. 5). Dificilmente o presbítero poderia referir-se ao seu amor pessoal por uma senhora e seus filhos como um "[...] mandamento... que tivemos desde o princípio" (v. 5). A situação focalizada não sugere um indivíduo mais do que o faz a linguagem, a não ser que imaginemos que ela era uma viúva com numerosos filhos, dos quais só alguns (v. 4) estavam seguindo a verdade, enquanto que os outros tinham caído no erro, embora não seja mencionado nenhum.[429]

Em consonância com a maioria dos fiéis expositores bíblicos, subscrevemos esta última posição. Contudo, ainda permanece uma pergunta: por que João usou a expressão "irmã eleita" sem citar seu nome, ou por que omitiu o nome da igreja? Temos conjecturas e nenhuma certeza. Mui provavelmente João fez isto por prudência, uma vez que a perseguição à igreja naquele tempo já se tornava assaz furiosa.

A segunda epístola de João pode ser dividida em três pontos básicos: a igreja precisa conhecer a verdade (v. 1-3), andar na verdade (v. 4-6) e permanecer na verdade (v. 7-11). Vamos analisar estes três pontos.

A igreja deve conhecer a verdade (v. 1-3)

O apóstolo João, que se apresenta apenas como "o presbítero", usou a palavra *verdade* quatro vezes em sua saudação (v. 1-3). Esta é a palavra que rege não só esta parte da carta, mas toda a missiva. A igreja estava sendo bombardeada pelos falsos mestres. Eles saíram de dentro da igreja (1Jo 2.19), abandonaram a sã doutrina e se converteram em agentes do anticristo.

Estes falsos mestres estavam numa intensa cruzada itinerante, percorriam as igrejas, disseminavam suas heresias, negavam a divindade e a humanidade de Cristo.

Quando João destaca a necessidade de conhecer a verdade, precisamos perguntar: o que é a verdade para o apóstolo? Ela representa a realidade em oposição à mera aparência.

Fritz Rienecker diz que a palavra grega *aletheia*, "verdade", aqui se refere à realidade divina, e significa aquilo que é real em última análise, a saber, o próprio Deus.[430]

Nesta mesma linha de pensamento, Werner de Boor diz que "a verdade" é a realidade do "Deus verdadeiro e vivo" em contraposição a todas as imagens de Deus produzidas pela sabedoria humana e invenção pessoal.[431]

Jesus é a verdade (Jo 14.6). A Palavra de Deus é a verdade (Jo 17.17). O Espírito que habita em nós é o Espírito da verdade e também nos capacita a conhecer a verdade (Jo 14.16,17; 16.13).

Destacamos aqui quatro pontos:

Em primeiro lugar, *a verdade deve ser conhecida por nós* (v. 1). "O presbítero à senhora eleita e aos seus filhos, a quem eu amo na verdade e não somente eu, mas também todos os que conhecem a verdade."

Era a verdade que ligava João em amor a esta igreja, especialmente a verdade acerca de Cristo em oposição à mentira dos hereges. John Stott, citando Alford, diz: "A comunhão do amor tem a mesma amplitude da comunhão da fé".[432]

Depois que João anunciou seu amor verdadeiro à igreja, ele afirmou que esta saudação era enviada também por todos os que conhecem a verdade. Com isso, João está dizendo que a verdade precisa ser conhecida. A verdade é objetiva. Ela é um conteúdo a ser aprendido e assimilado.

Warren Wiersbe diz corretamente que a verdade não é apenas uma revelação objetiva do Pai, mas também uma experiência subjetiva em nossa vida.[433] Devemos não apenas conhecer a verdade, mas também amar na verdade e viver por amor da verdade. Conhecer a verdade é mais do que concordar com um conjunto de doutrinas, apesar de tal aquiescência ser importante. Significa que a vida do cristão é controlada pelo amor à verdade.[434]

Devemos não apenas aprender a verdade com a mente, mas amá-la com o nosso coração e vivê-la com a nossa vontade. Precisamos ressaltar que a experiência é o fruto do conhecimento. É pelo conhecimento da verdade que amamos na verdade. Sendo assim, conhecer a verdade é muito mais do que simplesmente dar um assentimento intelectual a um corpo de doutrinas; é viver controlado pelo amor da verdade e desejar magnificar a verdade.

Em segundo lugar, *a verdade deve estar arraigada em nós* (v. 2). "Por causa da verdade que permanece em nós...". Não basta conhecer a verdade, é preciso permanecer nela. Um dia os falsos mestres professaram a verdade. Porém, saíram da igreja (1Jo 2.19). Eles não apenas vieram de fora da igreja (At 20.29), mas também se levantaram de dentro da igreja (At 20.30). A verdade não estava arraigada neles. Por conseguinte, eles não permaneceram na verdade. Há muitos que ainda hoje apostatam da fé e abandonam a verdade que um dia professaram.

Em terceiro lugar, *a verdade deve permanecer em nós* (v. 2b). "[...] e conosco estará para sempre". A verdade deve permanecer em nós não apenas por um tempo, mas para sempre. Não basta começar bem, é preciso terminar bem.

Paulo falou em completar a carreira (At 20.24; 2Tm 4.7). Muitos crentes e muitos mestres se perderam no meio do caminho. Desviaram-se e voltaram para trás. João diz que a verdade precisa permanecer na igreja, uma vez que ela é a coluna e o baluarte da verdade.

Em quarto lugar, *a verdade deve ser vista em nós* (v. 3). "A graça, a misericórdia e a paz, da parte de Deus Pai e de Jesus Cristo, o Filho do Pai, serão conosco em verdade e amor."

O apóstolo João, à semelhança do que Paulo fez em suas cartas a Timóteo, menciona em sua saudação não apenas graça e paz, mas graça, misericórdia e paz. A diferença é que a saudação aqui não é oração nem voto, mas uma confiante afirmação.

A graça e a misericórdia são a raiz, e a paz é o fruto. Quando experimentamos a graça e a misericórdia, recebemos a paz. Concordo com John Stott quando ele diz que graça e misericórdia são expressões do amor de Deus, graça para com os culpados e destituídos de méritos, misericórdia para com os necessitados e desamparados.

Paz é aquele restabelecimento da harmonia com Deus, com os outros e com nós mesmos a que chamamos salvação. Juntando os termos, paz indica o caráter da salvação, misericórdia a nossa necessidade dela, e graça a livre provisão que dela Deus fez em Cristo.[435]

Nessa mesma linha de pensamento, Simon Kistemaker diz que a graça remove a culpa, a misericórdia remove a miséria, a paz expressa a continuidade da graça e da misericórdia.[436]

Há uma clara diferença entre graça e misericórdia. Graça é o que Deus nos dá e não merecemos; misericórdia é o que ele não nos dá mas nós merecemos. Não merecemos a salvação, e Deus no-la dá, isto é graça; merecemos o castigo, e Deus não o aplica a nós, uma vez que o aplicou em seu Filho, e isto é misericórdia.

O apóstolo João destaca já na introdução desta pequena epístola a verdade suprema da divindade de Cristo. A saudação à igreja é dada em nome de Deus Pai e de Jesus

Cristo, o Filho do Pai. Jesus Cristo é eternamente gerado do Pai. Ele é Deus de Deus, luz de luz, coigual, coeterno e consubstancial com o Pai. Desta forma, quem nega o Filho também não tem o Pai (1Jo 2.23).

A fé cristã mantém-se em pé ou cai dependendo da maneira como ela vê a doutrina da divindade de Cristo. Se Jesus Cristo é somente um homem, ele não pode salvar-nos. Se ele não encarnou, também não pode se identificar conosco.

A comunidade cristã deve ser caracterizada não só pela verdade, mas também pelo amor. Concordo com John Stott quando diz que devemos evitar a perigosa tendência para o extremismo, dedicando-nos a uma dessas virtudes à expensa da outra. O nosso amor amolece se não for fortalecido pela verdade, e a nossa verdade endurece se não for suavizada pelo amor. Precisamos amar uns aos outros na verdade, e falar a verdade uns com os outros em amor.[437]

A igreja deve andar na verdade (v. 4-6)

Este parágrafo abre e fecha com uma ênfase sobre obediência. Não é suficiente estudar a verdade e discuti-la; precisamos praticá-la. Não podemos ser ortodoxos de cabeça e hereges de conduta. Defender a verdade e não praticá-la é uma gritante contradição. Combater o pecado em público e praticá-lo em secreto é uma atitude reprovável.

É preciso ressaltar que os pecados do cristão são mais hipócritas e perniciosos que os pecados dos demais homens. Mais hipócritas porque eles pecam contra o conhecimento e contra a graça, e mais perniciosos porque muitas vezes condenam, nos outros, aquilo que eles mesmos praticam. Há um abismo entre o que as pessoas professam e o que elas vivem. Entre o que creem e o que vivem.

Destacaremos, aqui, três pontos:

Em primeiro lugar, *a obediência é fonte de alegria* (v. 4a). "Fiquei sobremodo alegre em ter encontrado dentre os teus filhos os que andam na verdade..."

O apóstolo João exulta de alegria ao ver que na igreja alguns crentes andam na verdade. Alguns crentes haviam se desviado e seguido os enganadores, mas havia também aqueles que se mantinham fiéis e permaneciam firmados na verdade apostólica. Nada entristece mais um pastor de almas do que ver alguns crentes desobedientes e rebeldes, que não se submetem à Palavra de Deus. A obediência é a evidência da verdade e a fonte da alegria.

Em segundo lugar, *a obediência é circunscrita ao mandamento divino* (v. 4b). "[...] de acordo com o mandamento que recebemos da parte do Pai".

A obediência que traz alegria é aquela circunscrita ao mandamento recebido do Pai. Não é obediência a um líder religioso. Não é obediência à tradição dos homens. Não é obediência às novidades dos falsos mestres. Porém, obediência à Palavra. A fé cristã não é dar um salto no escuro, como ensinava o pai do existencialismo moderno, Soren Kirkegaard. A fé cristã é uma caminhada pela estrada luminosa da verdade. É viver de acordo com o mandamento recebido do Pai.

A palavra *mandamento* aparece quatro vezes nesse parágrafo. Os mandamentos de Deus são manifestações do seu amor por nós. Seus mandamentos não são penosos. Eles são dados a nós para nos proteger, e não para nos oprimir. Eles nos são dados para experimentarmos a verdadeira liberdade, e não para nos escravizar. A maior liberdade está na obediência à perfeita vontade de Deus. Quem ama a Deus não acha seus mandamentos penosos.

Em terceiro lugar, *a obediência é demonstrada pelo amor* (v. 5,6).

> E agora, senhora, peço-te, não como se escrevesse mandamento novo, senão o que tivemos desde o princípio: que nos amemos uns aos outros. E o amor é este: que andemos segundo os seus mandamentos. Este mandamento, como ouvistes desde o princípio, é que andeis nesse amor.

Depois de evidenciar sua alegria em ver alguns crentes andando na verdade e apresentar seu argumento, dizendo que a obediência deve cingir-se ao mandamento divino, o apóstolo faz um eloquente apelo para que os crentes amem uns aos outros. O amor ao próximo é antigo, é da lei (Lv 19.18,34), mas em Cristo esse mandamento recebe uma nova ênfase e um novo exemplo (Jo 13.34).[438]

Ao mandamento para crer é acrescentado o mandamento para amar. Ser cristão é crer em Cristo e amar uns aos outros. A fé e o amor são sinais do novo nascimento.[439]

Precisamos entender que o fruto do Espírito é o amor. A essência do cristianismo é o amor. Sem amor ao próximo não podemos dizer que amamos a Deus. Quem não ama não conhece a Deus (1Jo 4.8). Quem não ama está nas trevas (1Jo 2.9-11). Quem não ama permanece na morte (1Jo 3.14). O amor é a prova maior de que somos discípulos de Cristo (Jo 13.35). O amor é o maior mandamento e também o cumprimento da lei.

É importante ressaltar que o amor cristão não é uma emoção passageira, mas um compromisso duradouro. O amor não é sentimento, mas um ato da vontade. Provamos o nosso amor por Deus pela obediência (1Jo 5.2), e o nosso amor ao próximo pelo serviço (1Jo 3.17,18). Para o apóstolo João amor e obediência andam de mãos dadas.

A igreja deve permanecer na verdade (v. 7-13)

João faz uma transição dos crentes verdadeiros para os falsos mestres, do trigo para o joio, dos que obedecem aos mandamentos para os enganadores. Os enganadores não eram apenas hereges quanto à teologia, mas também pervertidos quanto à ética. Eles eram mais do que pessoas que ensinavam falsas doutrinas, eles também conduziam as pessoas a uma vida errada. Verdade e vida caminham juntas assim como doutrina errada e vida errada são irmãs gêmeas.

Destacaremos quatro pontos:

Em primeiro lugar, *o perigo de não olhar ao redor* (v. 7). "Porque muitos enganadores têm saído pelo mundo fora, os quais não confessam Jesus Cristo vindo em carne; assim é o enganador e o anticristo."

O apóstolo destaca que não são poucos, mas muitos os enganadores que se movem mundo afora com o propósito de enganar os crentes. John Stott diz que, assim como os apóstolos foram enviados ao mundo para pregar a verdade, assim estes falsos mestres tinham saído para ensinar mentiras, como emissários do diabo, o pai da mentira.

Estes falsos profetas itinerantes, viajando pelas grandes estradas romanas da Ásia Menor, procuravam ensinar o seu erro nas igrejas que visitavam. Do ponto de vista deles, eram missionários cristãos. No entanto, do ponto de vista do apóstolo João, eram impostores.[440]

Werner de Boor diz que o movimento intelectual e religioso chamado gnosticismo parece avançar largamente e não sem eficácia. Ele inclui um "gnosticismo cristão", cujos representantes vêm das próprias igrejas apostólicas (1Jo 2.19), pretendendo introduzir nas igrejas um cristianismo "superior". Era nisto que residia a sua atração e perigo. Para "o presbítero" eles são enganadores. Não são fenômenos isolados que poderiam ser ignorados; seu número é grande.

O apóstolo fala de "muitos enganadores" que têm uma forte consciência missionária. Sua zelosa atividade de divulgação não se limita a uma região pequena.[441]

Warren Wiersbe, citando Mark Twain, diz que uma mentira dá volta ao mundo enquanto a verdade ainda está calçando os sapatos. A natureza humana decaída deseja crer em mentiras e resiste à verdade de Deus.[442]

Fritz Rienecker diz que a palavra grega *plános*, "enganador", se refere a uma pessoa que faz outras cometerem atos errados, e não apenas a terem opiniões erradas.[443]

Simon Kistemaker tem razão quando diz que João não tem medo de dar nomes ao falso mestre. Aqui ele o chama não apenas de enganador, mas também de anticristo, ou seja, a pessoa que se opõe a Cristo para ficar no seu lugar.[444]

A heresia destes mestres era que eles não confessavam Jesus Cristo vindo em carne. Eles negavam a encarnação de Cristo. Por conseguinte, negavam toda a sua obra redentora e sua ressurreição. O "cristo intelectual" do gnosticismo não é o redentor do pecador por intermédio da morte sangrenta da cruz.[445]

Os gnósticos pregavam um falso cristo, um falso evangelho e seduziam as pessoas a abraçarem uma falsa vida e nutrirem uma falsa esperança. A encarnação não é apenas um evento na História. É uma verdade permanente. Jesus não se tornou o Cristo ou o Filho em seu batismo, nem deixou de ser o Cristo ou o Filho antes da sua morte; Jesus era "o Cristo vindo em carne".

As duas naturezas, a humanidade e a divindade, já estavam unidas por ocasião do seu nascimento, para nunca mais separar-se.[446]

A razão pela qual encontram tanta aceitação é que os enganadores abrem o caminho para a prática do pecado (2Pe 2.2). Os enganadores desviam as pessoas de duas formas: primeira, eliminando os preceitos. Nada de preceitos. Nada de princípios. Nada de mandamentos. Tudo é permitido. Nada é proibido. Tudo é liberado. Nada tem nada a ver. Segunda, colocando preceitos e mais preceitos sobre as pessoas. Esses enganadores tornam o povo escravo de suas tradições. Atam fardos pesados sobre as pessoas e desviam-nas da liberdade da graça.

Esses enganadores procedem tanto do mundo (At 20.29), quanto da própria igreja (At 20.30; 1Jo 2.19). Eles são chamados não apenas de falsos mestres, mas também de enganadores e anticristos. Aqueles que negam a encarnação de Cristo são inspirados pelo engano e pelo anticristo (v. 7).

O prefixo *anti* significa "no lugar de" e "contra". Eles não apenas negam a verdade e se colocam contra ela, mas também a substituem, apresentando outro cristo que não é o Cristo Filho de Deus.

Em segundo lugar, *o perigo de voltar atrás* (v. 8). "Acautelai--vos, para não perderdes aquilo que temos realizado com esforço, mas para receberdes completo galardão."

Esse é o perigo de perder aquilo que já se ganhou. Os falsos mestres dizem oferecer algo que não temos, quando, na realidade, tiram algo que já possuímos.[447] Satanás é ladrão e espoliador. Os falsos mestres são enganadores, e não pastores. Eles não entram pela porta do aprisco. O propósito deles é assaltar as ovelhas e deixá-las à mercê dos predadores. Os enganadores vêm para desviar os crentes das veredas da justiça. Precisamos nos acautelar!

O apóstolo João quer que seus filhos na fé recebam pleno galardão em vez de serem espoliados. O apóstolo Paulo expressou a sua preocupação com os crentes da Galácia: "Receio de vós tenha eu trabalhado em vão para convosco" (Gl 4.11). Jesus disse para a igreja de Filadélfia: "Venho sem demora. Conserva o que tens, para que ninguém tome a tua coroa" (Ap 3.11).

É preciso deixar claro que o pensamento do apóstolo não é sobre a obtenção ou perda da salvação (que é uma dádiva gratuita), mas a sua recompensa ou galardão pelo serviço fiel.[448]

Em terceiro lugar, *o perigo de ir além* (v. 9). "Todo aquele que ultrapassa a doutrina de Cristo e nela não permanece não tem Deus; o que permanece na doutrina, esse tem tanto o Pai como o Filho."

A palavra grega *proagon*, "ir além", talvez seja uma referência sarcástica ao caminho no qual os falsos profetas se orgulhavam de oferecer ensino "avançado".

O ancião alega que eles "avançaram" além das fronteiras da verdadeira fé cristã.[449] Os enganadores estavam oferecendo aos crentes uma versão mais avançada do cristianismo. Eles tinham um discurso progressista. Eles prometiam algo que os crentes não possuíam. Eles falavam de um conhecimento místico e esotérico superior ao conhecimento que os crentes tinham. Eles falavam de experiências místicas e arrebatadoras que os crentes não haviam experimentado.

William Barclay diz que com a pretensão dos falsos mestres de oferecer um cristianismo novo e melhor eles estavam, na verdade, destruindo o verdadeiro cristianismo.[450]

O perigo aqui é ir além dos limites da Palavra de Deus e acrescentar a ela as novidades criadas no laboratório do engano. Os falsos mestres tinham ido tão além que deixaram Deus para trás, pois ao negarem que Jesus Cristo veio em carne, perdiam também a comunhão com Deus.

Ainda hoje há muitas religiões que dizem crer em Deus, mas negam a Jesus. Estes arautos do engano querem elevar religiões não cristãs ao nível do cristianismo, como vias alternativas para Deus. É preciso resistir fortemente a estes erros.

Na teologia devemos ser conservadores, e não progressistas. Devemos permanecer na sã doutrina em vez de ir além dela. Avançar além de Cristo não é progresso, mas apostasia. O desenvolvimento do cristão não consiste em progresso além do ensino dado por Cristo, diretamente ou por meio dos apóstolos, como está registrado no Novo Testamento, mas, sim, consiste numa progressiva compreensão desse ensino.[451]

Está coberto de razão Simon Kistemaker quando diz que se alguém avançar e deixar a fé, esta pessoa regredirá e se verá diante da ruína espiritual. O verdadeiro progresso está sempre arraigado na doutrina de Cristo.[452]

Warren Wiersbe, citando Phillips Brooks, diz: "A verdade é sempre forte, não importa quão fraca ela pareça; a mentira é sempre fraca, não importa quão forte ela aparenta".[453]

Precisamos reafirmar que a Palavra de Deus é suficiente. Ela nos basta. A Bíblia tem uma capa ulterior. Tudo o que Deus tem para nós está revelado em sua Palavra. Ainda que um anjo venha do céu trazendo-nos novas revelações, devemos rejeitar.

É trágico ver a numerosa quantidade de pregadores ensinando coisas novas na igreja, dizendo que receberam de Deus uma nova unção, uma nova visão e uma nova revelação. É lamentável que esses arautos do engano encontrem tanto espaço na igreja e sejam seguidos com tanto fervor.

Fui convidado certa feita para dar uma palestra para um grupo de pastores e líderes numa igreja evangélica. Depois do meu sermão, levantaram-se dois pastores, ambos com mais de vinte anos de ministério e começaram a falar sobre as últimas novidades que ouviram num encontro dos "apóstolos" na cidade de Goiânia.

A nova revelação era esta: o Brasil estava precisando ser libertado e purificado dos espíritos malignos e a igreja deveria contratar aviões para ungir o Brasil com óleo, derramando o precioso unguento nos quatro cantos cardeais da nação. Para a minha surpresa e espanto, essa comunicação esdrúxula foi efusivamente aplaudida pelos líderes ali presentes. Tanto o liberalismo modernista quanto o misticismo pagão são ainda hoje aplaudidos em muitas igrejas tidas como evangélicas.

Em quarto lugar, *o perigo de ir junto* (v. 10,11). "Se alguém vem ter convosco e não traz esta doutrina, não o recebais em casa, nem lhe deis as boas-vindas. Porquanto aquele que lhe dá boas-vindas faz-se cúmplice das suas obras más."

O pano de fundo deste alerta do apóstolo tem a ver com a questão da hospitalidade aos pregadores itinerantes. Paulo foi hospedado por Lídia em Filipos (At 16.14,15), por Jasom em Tessalônica (At 17.7), por Gaio em Corinto (Rm 16.23) e por Filipe em Cesareia (At 21.8,16).

No primeiro século, os hotéis e pensões eram quase desconhecidos. A profissão de estalajadeiro era desonrosa e o seu caráter infamante é censurado muitas vezes nas leis romanas. Também as pensões antigas ficavam a pequena distância das casas de má fama.

As pensões eram notoriamente sujas e infestadas de pulgas.[454] Era natural assim que os cristãos, em suas viagens, fossem hospedados nas casas dos membros das igrejas locais. A hospitalidade era uma prática recomendada na igreja primitiva: "Praticai a hospitalidade" (Rm 12.13). O autor aos Hebreus ordena: "Não negligencieis a hospitalidade, pois alguns, praticando-a, sem o saber acolheram anjos".

Embora a hospitalidade fosse uma prática do amor cristão (1Tm 3.2; 5.3-10; 1Pe 4.8-10), os crentes não deveriam receber estes falsos mestres em casa nem na igreja. A palavra grega *chairein*, "saudar, cumprimentar", indica a entrada em comunhão com a pessoa saudada, e receber um falso mestre era expressar a solidariedade com ele.[455]

Dar as boas-vindas a estes enganadores seria o mesmo que caminhar junto deles e ajudá-los nesse maligno propósito. Além dos falsos profetas, existiam ainda os charlatões que se aproveitavam da boa-fé dos crentes para se instalarem em suas casas, buscando proveito material.

John Stott esclarece três pontos importantes: primeiro, João está se referindo a mestres de falsa doutrina e não simplesmente àqueles que criam nela. Trata-se daqueles que estão engajados na sistemática disseminação de mentiras como dedicados missionários do erro. Segundo, João está falando não só de uma visita oficial de falsos mestres, mas também ao ato de estender-lhes boas-vindas oficiais. Isto inclui tanto a hospitalidade particular quanto as oficiais boas-vindas à congregação reunida. Terceiro, João está se referindo a mestres de falsa doutrina sobre a encarnação, e não a todo e qualquer falso mestre. É a hospedagem dada ao anticristo que nos é proibida. A tolerância de que nos orgulhamos é na realidade indiferença para com a verdade.[456]

O motivo de não oferecer hospitalidade aos que não trazem a doutrina de Cristo é que dar as boas-vindas a estes mestres do engano seria tornar-se coparticipantes com eles e cúmplices de suas obras más.

A heresia não é apenas um erro, mas também uma obra iníqua. Pode enviar almas à ruína eterna. Se não quisermos ser parceiros destes enganadores e cúmplices desta obra iníqua é preciso que não ofereçamos nenhum incentivo aos que a realizam.

O apóstolo João conclui sua segunda epístola assim: "Ainda tinha muitas coisas que vos escrever; não quis fazê-lo com papel e tinta, pois espero ir ter convosco, e conversaremos de viva voz, para que a nossa alegria seja completa. Os filhos da tua irmã eleita te saúdam" (v. 12,13).

João passa da instrução para o anseio pela comunhão. Não basta instruir os crentes; para o apóstolo, ele anseia estar com eles, a fim de que sua alegria seja completa. O cristianismo não é apenas conhecimento, mas também relacionamento. As demais instruções apostólicas seriam transmitidas não pela forma escrita, mas pela comunicação oral.

O presbítero João, o último remanescente do grupo de apóstolos, transmite à igreja destinatária, as saudações da igreja remetente. Trata-se de uma igreja eleita saudando outra igreja eleita. O amor verdadeiro se comunica e se expressa.

Concluo esta exposição com as palavras de Warren Wiersbe: "Esta carta é uma pérola da correspondência sagrada. No entanto, não se deve esquecer que a sua ênfase principal é a necessidade de permanecer alertas. O mundo está cheio de enganadores".[457]

Notas do capítulo 12

424 KISTEMAKER, Simon. *Tiago e epístolas de João*. 2005: p. 501.
425 STOTT, John. *I, II, III João: Introdução e comentário*. 1982: p. 172.
426 DE BOOR, Werner. *Segunda carta de João*. Em Comentário Esperança. 2008: p. 421.
427 LOPES, Augustus Nicodemus. *II, III João e Judas*. Editora Cultura Cristã. São Paulo, SP. 2008: p. 25.
428 STOTT, John. *I, II, III João: Introdução e comentário*. 1982: p. 172,173.
429 STOTT, John. *I, II, III João: Introdução e comentário*. 1982: p. 173.
430 RIENECKER, Fritz e ROGERS, Cleon. *Chave linguística do Novo Testamento grego*. 1985: p. 593.
431 DE BOOR, Werner. *A segunda carta de João*. Em Comentário Esperança. 2008: p. 423.
432 STOTT, John. *I, II, III João: Introdução e comentário*. 1982: p. 174.
433 WIERSBE, Warren W. *Comentário bíblico expositivo*. Vol. 6. 2006: p. 685.
434 WIERSBE, Warren W.. *Comentário bíblico expositivo*. Vol. 6. 2006: p. 685.
435 STOTT, John. *I, II, III João: Introdução e comentário*. 1982: p. 175.
436 KISTEMAKER, Simon. *Tiago e epístolas de João*. 2005: p. 502.
437 STOTT, John. *I, II, III João: Introdução e comentário*. 1982: p. 176.
438 WIERSBE, Warren W. *Comentário bíblico expositivo*. Vol. 6. 2006: p. 688.
439 STOTT, John. *I, II, III João: Introdução e comentário*. 1982: p. 177.
440 STOTT, John. *I, II, III João: Introdução e comentário*. 1982: p. 179.
441 DE BOOR, Werner. *A segunda carta de João*. Em Comentário Esperança. 2008: p. 427,428.
442 WIERSBE, Warren W. *Comentário bíblico expositivo*. Vol. 6. 2006: p. 689.
443 RIENECKER, Fritz e ROGERS, Cleon. *Chave linguística do Novo Testamento grego*. 1985: p. 593.
444 KISTEMAKER, Simon. *Tiago e epístolas de João*. 2005: p. 509.
445 DE BOOR, Werner. *A segunda carta de João*. Em Comentário Esperança. 2008: p. 428.
446 STOTT, John. *I, II, III João: Introdução e comentário*. 1982: p. 180.
447 WIERSBE, Warren W. *Comentário bíblico expositivo*. Vol. 6. 2006: p. 689.
448 STOTT, John. *I, II, III João: Introdução e comentário*. 1982: p. 181.

449 RIENECKER, Fritz e ROGERS, Cleon. *Chave linguística do Novo Testamento grego*. 1985: p. 593,594.
450 BARCLAY, William. *I, II, III Juan y Judas*. 1974: p. 157.
451 STOTT, John. *I, II, III João: Introdução e comentário*. 1982: p. 182.
452 KISTEMAKER, Simon. *Tiago e epístolas de João*. 2005: p. 511,512.
453 WIERSBE, Warren W. *With the Word*. 1991: p. 841.
454 STOTT, John. *I, II, III João: Introdução e comentário*. 1982: p. 170,171.
455 RIENECKER, Fritz e ROGERS, Cleon. *Chave linguística do Novo Testamento grego*. 1985: p. 594.
456 STOTT, John. *I, II, III João: Introdução e comentário*. 1982: p. 184.
457 WIERSBE, Warren W. *Comentário bíblico expositivo*. Vol. 6. 2006: p. 691.

Capítulo 13

A liderança na igreja de Cristo
(3Jo 1-15)

O APÓSTOLO JOÃO, TAMBÉM CHAMADO de "o presbítero", escreveu sua segunda carta para alertar sobre o perigo dos falsos mestres; nesta terceira carta ele adverte sobre os falsos líderes. Na segunda carta, os falsos mestres apelavam para o amor, mas negavam a verdade. Na terceira carta, o falso líder apela para a verdade, mas nega o amor.

A segunda carta coloca o aspecto negativo da hospitalidade; a terceira carta o lado positivo da hospitalidade. A segunda carta alerta para o perigo de exercer hospitalidade com os falsos mestres (v. 7-11). A terceira carta alerta para a necessidade de hospedar e receber os pregadores fiéis da Palavra de Deus (v. 5-8).

Se os crentes não devem acolher os falsos mestres em suas casas, de bom grado devem receber os servos de Deus. John Stott acertadamente diz que estas duas cartas devem ser lidas juntas para obtermos uma equilibrada compreensão dos deveres e limites da hospitalidade cristã.[458]

Uma das palavras-chave desta terceira carta de João é a palavra *testemunho* (v. 3,6,12). Ela significa não somente o que dizemos, mas também o que fazemos. Cada cristão é uma testemunha, seja boa ou má. Somos parte do problema ou da sua solução. Somos bênção ou maldição. Não há neutralidade quando se trata da vida cristã.

Essa carta fala sobre três homens: Gaio, Diótrefes e Demétrio (v. 1,9,12). Na igreja visível, há salvos e perdidos. Há crentes genuínos e crentes falsos. Há os que amam a Deus e buscam a sua glória, e aqueles que amam a si mesmos e estão interessados apenas em sua própria projeção.

Na igreja militante há pessoas que trabalham com Deus e para Deus e pessoas que trabalham contra Deus. Há trigo e joio. Há ovelhas e lobos. É de bom alvitre examinarmo-nos a nós mesmos. O apóstolo Paulo exorta: "Examinai-vos a vós mesmos se realmente estais na fé; provai-vos a vós mesmos. Ou não reconheceis que Jesus Cristo está em vós? Se não é que já estais reprovados" (2Co 13.5).

Dito isto, vamos considerar a introdução desta epístola, a menor de todas no texto grego. Alguns pontos precisam ser aqui destacados:

Em primeiro lugar, *o remetente da carta* (v. 1). "O presbítero ao amado Gaio..." João não menciona seu nome nem mesmo seu apostolado. Apresenta-se apenas como "o presbítero". Talvez aqui o significado mais lógico seja "o velho", em virtude de sua avançada idade neste tempo. As palavras presbítero, bispo e pastor são termos correspondentes (At

20.17,28). João era o último apóstolo vivo neste tempo, e também o pastor das igrejas para onde enviou essa missiva.

Augustus Nicodemus diz que quando João se identifica como "o presbítero" revela a sua maneira despretensiosa e humilde de lidar com os irmãos em Cristo.

Numa época como a nossa, em que líderes evangélicos ostentam abertamente títulos autoimpostos, como apóstolos, e até "paipóstolos", a atitude de João que, mesmo sendo apóstolo, preferia se apresentar como "presbítero", serve de condenação a todos os arrogantes de hoje.[459]

Em segundo lugar, *o destinatário* (v. 1). "O presbítero ao amado Gaio, a quem eu amo na verdade." Diferente da segunda carta, a terceira carta é endereçada a um homem, e não à igreja. O nome Gaio era muito comum entre os romanos. O Novo Testamento faz referência a três homens que possuíam esse nome: Gaio, de Corinto (1Co 1.14; Rm 16.23), Gaio, de Macedônia (At 19.29), e Gaio, de Derbe (At 20.4).

Embora John Stott esteja inclinado a aceitar o último Gaio como o destinatário dessa epístola, não há como identificar com certeza quem é este Gaio para quem João escreve.[460]

João não apenas chama Gaio de *agapetos*, "amado", três vezes (v. 1,2,5), mas também reforça o conceito, afirmando "a quem eu amo na verdade". O amor cristão não é apenas para ser sentido, mas também para ser declarado e demonstrado. Gaio era um homem especial. Era daquele tipo de gente que atraía as pessoas pela sua bondade, amor e testemunho.

Nicodemus chama a atenção para o fato de que em nossos dias, por causa da aceitação crescente do homossexualismo em nossa sociedade decaída, o genuíno amor fraternal entre irmãos em Cristo pode ser visto de modo suspeito, especialmente pelos que têm a mente envenenada pela impureza sexual.

O amor de Jesus por João e de João por Gaio tem sido usado pelos homossexuais para justificar o que sentem entre si. Na verdade, tal sentimento homossexual é chamado por Paulo de "[...] paixões infames" (Rm 1.26). É bastante diferente do amor cristão entre dois irmãos em Cristo.[461]

Em terceiro lugar, *a saudação* (v. 2). "Amado, acima de tudo, faço votos por tua prosperidade e saúde, como é próspera a tua alma." Gaio era um homem de vida espiritual saudável. Ele não tinha riqueza nem saúde, mas tinha uma vida espiritual robusta. É possível ser pobre e ser rico espiritualmente. É possível estar fisicamente enfermo e ter uma vida espiritual abundante.

A saudação de João é, na verdade, uma oração a Deus em favor de Gaio. Devemos orar pela prosperidade financeira e pela saúde dos crentes, sem cair, contudo, no engano da teologia da prosperidade, que afirma que o crente não pode ser pobre nem ficar doente.

A Palavra de Deus, porém, ensina que a piedade, com contentamento, é grande fonte de lucro (1Tm 6.6). Entretanto, diz que aqueles que querem ficar ricos caem em tentação e cilada (1Tm 6.9,10).

João intercede a Deus pela prosperidade de Gaio em todos os aspectos, e o pensamento pode ser dirigido ao trabalho público e social de Gaio, bem como à sua prosperidade pessoal. O desejo é que a prosperidade exterior de Gaio possa corresponder à condição de sua alma.[462]

Concordo com John Stott quando diz que aqui há uma autorização bíblica para desejarmos o bem-estar físico e o bem-estar espiritual dos nossos amigos cristãos.[463]

William Barclay tem razão quando diz que um pastor verdadeiro interessa-se tanto pela saúde espiritual da alma como a saúde física do corpo dos crentes.⁴⁶⁴

Nicodemus é oportuno quando diz que este versículo tem sido usado por muitos para provar que Deus sempre deseja que seus filhos sejam prósperos financeiramente e que sempre tenham boa saúde.

Embora não se possa negar que, além das bênçãos espirituais, Deus também abençoa seus filhos com bênçãos materiais, seria ir além dos limites bíblicos ensinar que Deus prometeu *sempre* dar prosperidade financeira a *todos* os seus filhos.⁴⁶⁵

Warren Wiersbe tem razão quando diz que a saúde física é o resultado da boa alimentação, exercício, limpeza, descanso apropriado e vida disciplinada. De igual forma, saúde espiritual é o resultado de fatores similares. Devemos alimentar-nos com a Palavra (Jo 17.17), exercitar a piedade (1Tm 4.6,7), guardar-nos limpos (2Co 7.1) e evitar a contaminação do mundo (Tg 1.27). Ao mesmo tempo devemos descansar no Senhor (Mt 11.28-30).⁴⁶⁶

Em quarto lugar, *o testemunho* (v. 3). "Pois fiquei sobremodo alegre pela vinda de irmãos e pelo seu testemunho da tua verdade, como tu andas na verdade."

Gaio era um homem que andava na verdade. Verdade para ele era mais do que um conceito, era uma prática de vida. Ele não só acreditava na verdade, ele também andava na verdade. Não havia dicotomia entre a profissão de fé e a prática. Não havia abismo entre o que ele falava e o que ele fazia. Não havia separação entre a sua teologia e a sua vida. Havia correspondência entre o credo e a conduta; entre a verdade e a vida. Não podemos separar fé e obras, doutrina e ação. A fé sem obras é morta (Tg 2.17).

John Stott destaca que havia duas características na prosperidade espiritual de Gaio: a verdade (v. 3) e o amor (v. 6). Gaio foi um cristão equilibrado. Ele defendia a verdade em amor e amava em verdade. Sua verdade e seu amor eram conhecidos de todos.[467]

As pessoas que iam visitar João davam um bom testemunho de Gaio, constatando como ele andava na verdade. Isto trouxe grande alegria ao apóstolo João. Foi a verdade que capacitou Gaio a dar bom testemunho. Gaio leu a Palavra, meditou na Palavra, deleitou-se na Palavra e praticou a Palavra. O que a digestão é para o corpo, a meditação é para a alma.[468] Não é apenas suficiente ouvir e ler a Palavra. Precisamos digeri-la e fazê-la parte da nossa vida interior.

Em quinto lugar, *a declaração* (v. 4). "Não tenho maior alegria do que esta, a de ouvir que meus filhos andam na verdade."

A maior alegria de João não era financeira, mas espiritual. Sua recompensa não era monetária. Ele não andava atrás do dinheiro dos crentes, mas se alegrava em vê-los andando na verdade. Os crentes não eram fontes potenciais de lucro, mas filhos espirituais a quem devotava a sua vida. A maior alegria de João não era ver seus filhos sendo ricos, mas vê-los andando na verdade.

Como diz John Stott: "João não considerava as questões teológicas como trivialidades sem importância".[469] Prosperidade sem fidelidade à verdade é motivo de tristeza, e não de alegria.

Simon Kistemaker está correto quando diz que João fala de "filhos" não no sentido físico de descendência, mas no sentido de nascimento espiritual. De maneira semelhante, Paulo escreve aos crentes de Corinto e diz: "Pois eu, pelo evangelho, vos gerei em Cristo Jesus" (1Co 4.15).[470]

Augustus Nicodemus destaca ainda que os apóstolos e primeiros cristãos não eram santarrões taciturnos e circunspectos, fama que caracterizou injustamente grupos cristãos como os puritanos, posteriormente. Dentre as muitas alegrias que experimentava neste mundo, o apóstolo João considerava como a maior de todas saber que seus filhos iam bem espiritualmente.[471]

Vamos, agora, acompanhar a exposição do apóstolo acerca dos três personagens centrais da carta.

Gaio, um homem abençoador (v. 5-8)

Já vimos que Gaio era um homem amado (v. 1,2,5), de vida espiritual saudável (v. 2) e que desfrutava de bom testemunho (v. 3,4). Agora, vamos analisar outras características deste servo de Deus. Quem era Gaio?

Em primeiro lugar, *um homem que abre sua casa para os servos de Deus* (v. 5). "Amado, procedes fielmente naquilo que praticas para com os irmãos, e isto fazes mesmo quando são estrangeiros."

Outra vez o presbítero dirige-se a Gaio chamando-o *amado*, e se coloca a escrever, agora não sobre a sua verdade, mas a respeito de seu amor. Ele era "dado à hospitalidade" como se ordena que sejam todos os cristãos (Rm 12.13; Hb 13.2; 1Pe 4.9) e particularmente às viúvas (1Tm 5.10) e aos presbíteros (1Tm 3.2; Tt 1.8).

Em cada um destes versículos, a palavra grega é o substantivo *philoxenia* ou o adjetivo *philoxenos*, palavra que indica literalmente amor por estrangeiros.[472]

Já vimos na segunda carta que a hospitalidade era uma prática recomendada na igreja apostólica. Os pregadores itinerantes não tinham hotéis nem hospedarias de boa reputação à disposição, nem recursos suficientes. Assim, os crentes e especialmente os líderes da igreja deveriam abrir seus corações, suas casas e seus bolsos para ajudar a estes obreiros nessa missão itinerante.

Também vimos na segunda carta que esta hospitalidade precisava ser criteriosa, uma vez que havia aproveitadores e falsos mestres que buscavam se instalar na casa dos crentes para se aproveitarem desse aconchego ou para disseminar suas perniciosas heresias. Neste caso os crentes não deveriam receber esses preguiçosos ou pregoeiros da mentira em suas casas, para não se tornarem cúmplices deles.

Em sua primeira carta, João explica que amar tem a ver com socorrer os irmãos carentes e necessitados (1Jo 3.17). Aqui, na terceira carta, ele identifica o amor com a hospitalidade. Em resumo, "amar", na correspondência joanina, bem como em todo o Novo Testamento, é uma atitude de ajuda prática aos que dela necessitam.[473]

Warren Wiersbe diz que não há indicação alguma de que o próprio Gaio fosse um pregador ou mestre, mas abria o coração e a casa para os que eram.[474] Ele era um homem comprometido com a obra de Deus. Sua casa estava a serviço do reino de Deus. Seu coração estava aberto para receber as pessoas que vinham em nome de Deus. Seu bolso estava aberto para ajudar as pessoas a fazerem a obra de Deus. Você faz a obra de Deus com os pés, indo; com as suas mãos, contribuindo; com os seus lábios, falando e orando. Gaio abriu seu coração, seu lar e seu bolso para ajudar os pregadores da Palavra de Deus.

Em segundo lugar, *um homem que honra a Deus ao dar suporte aos servos de Deus* (v. 6). "Os quais, perante a igreja, deram testemunho do teu amor. Bem farás encaminhando-os em sua jornada por modo digno de Deus."

O presbítero agora se volta do passado para o futuro, daquilo "que praticas" (v. 5) para aquilo que "farás" (v. 6). João anima Gaio a continuar hospedando os mestres em viagem. Os obreiros de Deus não devem receber apenas hospedagem quando chegam, mas também provisão quando partem.[475]

Gaio deveria encaminhar os missionários em sua jornada de modo digno de Deus. Fazer algo de modo digno de Deus significa honrar a Deus e imitá-lo. Nós nos assemelhamos a Deus quando nos sacrificamos a nós mesmos para servir aos outros. Servir aos servos de Cristo é servir a Cristo. Jesus disse: "Quem vos recebe a mim me recebe; e quem me recebe recebe aquele que me enviou" (Mt 10.40). Fazer o bem a alguém é o mesmo que fazê-lo a Cristo (Mt 25.34-40).

Gaio não apenas hospedava os obreiros de Deus, mas lhes dava suporte financeiro quando saíam de sua casa para uma nova jornada missionária. Ele era não apenas um homem hospitaleiro, mas também um sustentador da obra missionária.

A expressão "encaminha-os em sua jornada" significa "ajuda-os em sua jornada". Fritz Rienecker diz que o envio de missionários envolvia a provisão necessária para a sua viagem, dando-lhes alimentos e dinheiro para as suas despesas, a lavagem de suas roupas e, de modo geral, ajudá-los a viajar tão confortavelmente quando possível (At 15.3; 1Co 16.6; 2Co 1.16; Tt 3.13).[476] A fé é demonstrada pelas obras e o amor é expressado em atos e não apenas em palavras.[477]

Nesta mesma linha de pensamento, Augustus Nicodemus diz que "encaminhar" na língua grega é usado para "assistir alguém em sua preparação para uma viagem com dinheiro, comida, companhia e os meios de viajar". Foi desta forma que Paulo pediu aos crentes de Corinto que encaminhassem Timóteo "em paz" em sua viagem de regresso (1Co 16.10,11).

Ele mesmo, com Barnabé, foi encaminhado pelas igrejas para ir a Jerusalém (At 15.2,3). Na sua segunda carta aos Coríntios, pede para ser por eles encaminhado à Judeia (2Co 1.16). E na carta aos Romanos, solicita o encaminhamento dele para a sua viagem à Espanha, para pregar o evangelho (Rm 15.24). O pedido incluía não somente suprir todas as necessidades físicas e materiais para a viagem, mas também orar por eles e com eles, animando-os e encorajando-os diante dos perigos e privações que certamente passariam na jornada.

Este versículo, portanto, enfatiza o dever que os cristãos têm de se envolver com a obra missionária. Nem todos podem ir. Mas muitos podem acolher, enviar e patrocinar os que vão.[478]

Em terceiro lugar, *um homem que dá testemunho perante os incrédulos ao dar suporte aos servos de Deus* (v. 7). "Pois por causa do Nome foi que saíram, nada recebendo dos gentios." O motivo que levou estes missionários itinerantes a sair pregando a verdade é o nome de Jesus. Zelo pelo nome de Cristo é o mais constrangedor de todos os motivos missionários.[479]

O nome de Jesus é o nome sobre todo o nome dado pelo Pai. O nome de Jesus é uma das maiores motivações da igreja apostólica. Paulo estava disposto a morrer pelo nome de Jesus (At 23.13). Sofrer injúria pelo nome de Jesus era bem-aventurança (At 5.41).

Jesus ensinou que os servos de Deus, que fazem a obra de Deus, merecem suporte financeiro (Lc 10.7), mas este sustento não deve vir dos incrédulos, mas do povo de Deus. Os crentes é que devem sustentar a obra de Deus. Isto é testemunho perante os gentios.

Augustus Nicodemus destaca o fato de que os missionários não eram mercenários que cobravam para pregar o evangelho. A atitude daqueles missionários de nada receber dos gentios serve de condenação eloquente para a voracidade com que líderes mercenários de igrejas ditas evangélicas hoje arrancam até o último centavo dos pobres e das viúvas que tolamente seguem esses lobos disfarçados de ovelhas.[480] Hoje temos visto, com tristeza, pregadores mercadejando o evangelho, cobrando altos cachês para pregar a Palavra. Isso está em desacordo com as Escrituras.

Concordo com John Stott quando diz que não há proibição de receber dinheiro de não cristãos que podem ter boa disposição para com a causa cristã. Jesus mesmo pediu e aceitou um copo de água de uma mulher samaritana, pecadora. O que se diz aqui é que estes evangelistas itinerantes (como questão de política) não procurariam obter seu sustento dos pagãos e, de fato, não receberam deles o seu sustento.[481]

Em quarto lugar, *um homem que se torna cooperador da verdade ao acolher os servos de Deus* (v. 8). "Portanto, devemos acolher esses irmãos, para nos tornarmos cooperadores da verdade."

O ministério da hospitalidade e do suporte à obra de Deus não é somente um privilégio e uma oportunidade, mas também uma obrigação (Gl 6.6-10; 1Co 9.7-11; 2Co 11.8,9; 12.13). Os missionários saíam para pregar em nome de Cristo e não tinham como se sustentar, daí a igreja precisava acolhê-los.

John Stott menciona três motivações que devem nortear os cristãos na contribuição com a obra missionária:

primeira, devemos apoiar os missionários porque eles são irmãos que saem a pregar a Palavra por causa do nome de Cristo. Segunda, estes mesmos irmãos não têm outra fonte de sustento. Os crentes têm o dever de sustentar esta causa que o mundo não sustenta nem é chamado a sustentar. Terceira, quando apoiamos os pregadores da Palavra de Deus estamos nos tornando cooperadores da verdade.[482]

Gaio não somente recebeu a verdade e andou na verdade, mas ele também se tornou cooperador para que a verdade chegasse a horizontes mais longínquos. Precisamos nos tornar aliados da verdade. Gaio tinha coração e bolsos convertidos. Sua vida, seu lar e seu dinheiro estavam a serviço do reino de Deus.

Nós precisamos de crentes como Gaio na igreja: gente que apresenta uma vida espiritual saudável, gente obediente à Palavra e que compartilha o que tem para que a Palavra seja proclamada.

Diótrefes, um homem arrogante (v. 9,10)

João faz a transição de um líder acolhedor para um líder ditador; de um homem que abria sua casa e seu bolso para abençoar os que chegavam à igreja para um homem que expulsava as pessoas que chegavam à igreja.

Diótrefes era um líder soberbo em vez de ser um líder servo. Ele queria ser o maior, em vez de ser servo de todos. Ele buscava a honra de seu próprio nome, em vez de buscar a glória de Cristo.

Simon Kistemaker diz o seguinte acerca dele:

> Sabemos pouco sobre Diótrefes. Seu nome significa "filho adotivo de Zeus", o que sugere que ele seja de descendência grega. Ele é um líder na igreja local e, de modo egoísta, tira vantagem de sua posição de liderança. Ele gosta de ser o primeiro. Em vez de servir à igreja, ele se

recusa a reconhecer a autoridade superior. Ele próprio deseja governar a igreja. Ele age de maneira contrária à instrução de Jesus: "Quem quiser tornar-se grande entre vós, será esse o que vos sirva; e quem quiser ser o primeiro entre vós, será vosso servo" (Mt 20.26,27).[483]

Vamos, agora, ver as marcas de Diótrefes:

Em primeiro lugar, *um homem amante da preeminência* (v. 9). "Escrevi alguma coisa à igreja; mas Diótrefes, que gosta de exercer a primazia entre eles, não nos dá acolhida."

A expressão "gosta de exercer a primazia" significa querer ser o primeiro, querer ser o líder, orgulhar-se de ser o primeiro. Diótrefes era um homem megalomaníaco. Ele gostava dos holofotes. Ele buscava ficar sob as luzes da ribalta. Ele era um narcisista. A expressão "gosta de exercer a primazia" significa ambição, o desejo de preeminência em todas as coisas. O verbo no tempo presente indica a atitude habitual e contínua.[484]

No caráter e na conduta, Diótrefes era inteiramente diferente de Gaio.[485] Ele se amava mais do que aos outros. Seu *eu,* e não Cristo, estava no trono da sua vida. Seu *eu* vinha sempre na frente dos *outros*. Ele buscava os seus interesses e não os de Cristo. Ele buscava não o interesse dos irmãos, mas o seu próprio. Ele construía monumentos a si mesmo, em vez de buscar a glória de Cristo. A atitude de Diótrefes era oposta à de João Batista: "Convém que ele [Cristo] cresça e que eu diminua" (Jo 3.30).

Por ser amante dos holofotes, e gostar de ser o primeiro em tudo, ele via o apóstolo João como uma ameaça à sua posição. A rejeição possivelmente não era doutrinária, mas pessoal. Seu problema não era heresia, mas egoísmo.

Os motivos que governavam a conduta de Diótrefes não eram teológicos, sociais nem eclesiásticos, mas morais. Ele não compartilhava o propósito do Pai, de que em todas as coisas Cristo tivesse a primazia (Cl 1.18). Ele queria a preeminência para ele mesmo. Ele estava ávido por posição e poder. Ele não tinha dado ouvidos às advertências de Jesus contra a ambição e o desejo de domínio (Mc 10.42-45; 1Pe 5.3). Seu amor próprio secreto irrompeu na sua conduta antissocial.[486]

Diótrefes queria ser o centro das atenções. Ele olhava para João como um rival a quem rejeitar, e não como um apóstolo de Cristo, a quem acolher. Diótrefes recusou receber João (v. 9), mentiu sobre João (v. 10a) e rejeitou os colaboradores de João (v. 10b).

Satanás estava encontrando brecha na igreja por intermédio de Diótrefes, uma vez que ele estava operando sobre a base do orgulho e da autoglorificação, as duas principais armas do diabo.

O orgulho e a soberba são pecados intoleráveis aos olhos de Deus. Deus resiste ao soberbo. Na igreja de Cristo, todos estamos nivelados no mesmo patamar: somos servos. Na igreja de Cristo não existe donos, chefes ou caudilhos. Na igreja de Cristo não existe culto à personalidade. Na igreja de Cristo não há lugar para se colocar líderes no pedestal. Na igreja de Cristo não há lugar para líderes ditadores.

O próprio Senhor da igreja não veio para ser servido, mas para servir. Diótrefes era um líder arrogante e ditador. Ele impunha sua liderança pela força e pela intimidação. Sua vontade era lei na igreja. Ninguém podia ocupar o seu espaço. Ele via cada pessoa que chegava à igreja como uma ameaça à sua liderança. Foi por esta razão que ele não deu acolhida ao apóstolo João.

Em segundo lugar, *um homem governado pela maledicência* (v. 10a). "Por isso, se eu for aí, far-lhe-ei lembradas as obras que ele pratica, proferindo contra nós palavras maliciosas..." A expressão: "proferindo contra nós palavras maliciosas" significa "fazendo acusações falsas e infundadas a nosso respeito".[487]

Diótrefes gostava de se projetar falando mal dos outros. Ele construía sua imagem desconstruindo a imagem dos outros. Ele erguia monumentos a si mesmo, atacando a imagem dos outros.

Diótrefes mentiu sobre o apóstolo João. Ele espalhou falsas acusações contra o velho apóstolo. Seu prazer era atentar contra a honra daqueles que eram ameaça ao seu orgulho e à sua posição de liderança. Evidentemente Diótrefes considerava João como um perigoso rival para a sua presumida autoridade na igreja e procurou solapar a posição do apóstolo mediante murmuração caluniadora.[488]

Ele cometeu o pecado mais abominável aos olhos de Deus: espalhar intriga entre os irmãos (Pv 6.16-19). A palavra grega *phluarron*, "proferindo", no grego clássico significa falar absurdos. Não eram apenas palavras ímpias, mas também palavras disparatadas.[489] Ele lançava acusações maldosas e sem base. Diótrefes era um especialista em rotular outros cristãos e em classificá-los em categorias rígidas segundo suas próprias intenções.

Diótrefes era como o rei Saul. Em vez de se humilhar e mudar de vida, queria destruir aquele que Deus levantou para fazer a obra. Diótrefes falava mal de João pelas costas quando o apóstolo não estava presente para se defender. Nem todo boato acerca de homens de Deus deve ser levado a sério. Há muitas acusações falsas e levianas. Precisamos ser cautelosos!

Em terceiro lugar, *um homem governado pela frieza e intimidação* (v. 10b). "E, não satisfeito com estas coisas, nem ele mesmo acolhe os irmãos, como impede os que querem recebê-los..."

Não só as palavras de Diótrefes são maldosas como seus atos são repreensíveis. Ele intencionalmente contraria as regras de hospitalidade cristã ao se recusar a receber missionários enviados para proclamar o evangelho. Ao negar-lhes abrigo, ele impede o avanço da Palavra de Deus. Diótrefes está servindo de obstáculo para os planos e propósitos de Deus e, por conseguinte, está sujeito à ira divina.[490]

Diótrefes não apenas não acolheu João, mas também não acolheu as pessoas ligadas a João. Ademais, ele impediu que os outros membros da igreja acolhessem os enviados pelo apóstolo. Diótrefes proibiu os crentes de receber missionários e procurou puni-los por abrir suas portas para os servos de Deus.[491] Sua influência foi para o mal. Ele exerceu sua autoridade de forma doentia, usando a arma da intimidação.

Diótrefes foi um líder controlador, manipulador e ditador. Ele queria sempre impor sua vontade autoritária. Para defender seus interesses mesquinhos, ele não apenas fazia o mal, mas também, impedia os outros de fazerem o bem.

Um exemplo clássico desta liderança doentia é o rei Saul. Ele mandou matar 85 sacerdotes em Nobe, bem como crianças, homens e mulheres, simplesmente porque eles receberam Davi, seu desafeto, na cidade.

Em quarto lugar, *um homem que pratica o abuso de autoridade* (v. 10c). "[...] e os expulsa da igreja" Diótrefes exerceu a sua autoridade para punir aqueles que discordavam dele. Ele não tinha autoridade nem base bíblica para expulsar as pessoas da igreja. A disciplina que ele praticava era abusiva. As pessoas eram expulsas da igreja não por desobedecerem à Palavra de Deus, mas por desobedecerem a uma ordem autoritária dele.

Diótrefes foi um líder totalitário. Ele usou o poder eclesiástico, talvez em nome de Deus, mas contra Deus e contra seu povo. Diótrefes colocou uma escolha diante do crente: ou tomava seu partido contra João ou recebia os missionários e era expulso. Uma situação paralela a essa foi a expulsão da sinagoga do homem cego curado por Jesus (Jo 9.1-34).[492]

A disciplina bíblica não é uma arma nas mãos de um ditador para proteger-se a si mesmo. A disciplina é uma ferramenta para congregação usar para promover a pureza da igreja e glorificar a Deus. Não é uma imposição da autoridade do pastor ou do conselho da igreja à revelia da verdade e do amor. É o Senhor exercendo autoridade espiritual por meio da igreja, a fim de restaurar um filho de Deus que se desviou do caminho da verdade.[493]

A igreja não é uma delegacia de polícia. Ela não trata as pessoas com dureza. A disciplina deve ser exercida com amor e com lágrimas. Líderes ditadores são uma ameaça à igreja. Eles julgam e condenam aqueles que discordam deles. Eles lutam não pela glória de Deus, mas pela projeção de seus próprios nomes.

John Stott está coberto de razão quando diz que o egoísmo vicia todas as relações. Diótrefes difamou o apóstolo João, tratou com pouco caso os missionários e excomungou os crentes leais porque seu amor era a si próprio e ele queria ter a preeminência em todas as coisas.[494]

Demétrio, um homem exemplar (v. 11, 12)

Após descrever o caráter disforme de Diótrefes e sua reprovável atitude, João encerra sua missiva falando de Demétrio, um homem de bem. Quem era Demétrio?

Em primeiro lugar, *um homem digno de ser imitado* (v. 11). "Amado, não imites o que é mau, senão o que é bom. Aquele que pratica o bem procede de Deus; aquele que pratica o mal jamais viu a Deus." Gaio não deveria imitar Diótrefes, e sim Demétrio. Diótrefes era um homem mau e Demétrio um homem bom. Demétrio procedia de Deus, mas Diótrefes nunca tinha visto a Deus.

Praticar o bem é a prova insofismável de que uma pessoa nasceu de Deus. Praticar o mal, entretanto, é uma evidência de que ainda não houve conversão. João deixa claro que Diótrefes não era um homem convertido, pois ao praticar o mal, dava provas de não ser nascido de Deus.

Augustus Nicodemus tem razão quando diz que líderes sedentos de poder são péssimos exemplos para os membros da igreja e é necessário adverti-los a que sigam o modelo do bem e não do mal.[495] Líderes que tentam dominar o rebanho e se posicionam como donos da igreja estão em desacordo com o ensino das Escrituras.

A Bíblia nos ensina a sermos modelo dos fiéis (1Tm 4.12). Precisamos viver de tal maneira que as pessoas possam nos imitar (Fp 3.17; 1Co 11.1; Hb 10.24). É conhecida a expressão de John Maxwell: "Liderança é, sobretudo, influência". Um líder influencia sempre, seja para o bem ou para o mal. Demétrio era um líder digno de ser imitado!

Em segundo lugar, *um homem que tem bom testemunho dentro e fora da igreja* (v. 12a). "Quanto a Demétrio, todos lhe dão testemunho...". Todos os membros da igreja conheciam Demétrio, amavam Demétrio e agradeciam a Deus pela sua consistente vida e profícuo ministério. Sua vida foi um exemplo para os membros da igreja. Os de fora também lhe davam bom testemunho. Sua vida era coerente.

Sua vida familiar, financeira e profissional era coerente com o seu testemunho.

Em terceiro lugar, *um homem que tem bom testemunho da própria verdade* (v. 12b). "[...] até a própria verdade...". Como Gaio, Demétrio andou na verdade e obedeceu à verdade. A genuinidade cristã de Demétrio não precisava da prova dos homens; provava-se por si mesma. A verdade que ele professa estava encarnada nele, tão rigorosamente a sua vida se ajustava a ela.[496] Sua vida era o selo das suas palavras.

Em quarto lugar, *um homem que recebe bom testemunho do apóstolo João* (v. 12c). "[...] e nós também damos testemunho; e sabes que o nosso testemunho é verdadeiro". João encontra na igreja Gaio e Demétrio que estão prontos a acolhê-lo a despeito da oposição de Diótrefes. Demétrio era um homem que estava disposto a correr riscos para defender a verdade. Ele tinha coragem de assumir posições definidas na igreja, mesmo diante das ameaças de Diótrefes.

A conclusão da terceira carta tem muita semelhança com a conclusão da segunda carta. João escreve: "Muitas coisas tinha que te escrever; todavia, não quis fazê-lo com tinta e pena" (v. 13). Em ambas João declara que tem mais coisas para escrever, mas prefere conversar de viva voz: "Pois, em breve, espero ver-te. Então, conversaremos de viva voz" (v. 14).

A discrição exigia uma visita pessoal urgente. Nicodemus diz que certas coisas são melhor ditas pessoalmente do que por meio da escrita. No trabalho pastoral, o contato pessoal jamais poderá ser substituído por outros meios de comunicação.[497] O apóstolo está comprometido não apenas com a instrução, mas também anseia por comunhão.

João conclui sua carta invocando a paz sobre Gaio: "A paz seja contigo. Os amigos te saúdam. Saúda os amigos, nome por nome" (v. 15).

A paz é o resultado da graça e da misericórdia. Graça é o que Deus nos dá e nós não merecemos; misericórdia é o que ele não nos dá e merecemos. Não merecemos a salvação, e Deus no-la dá. Isto é graça. Merecemos o juízo de Deus, e ele não o aplica a nós, uma vez que já o aplicou sobre o seu Filho. E isto é misericórdia. O resultado da salvação de Deus é a paz com Deus.

Os crentes devem ser solícitos e amáveis uns com os outros. Eles devem saudar uns aos outros pelo nome. Eles devem se importar uns com os outros. Eles devem ser amigos. Como o Bom Pastor chama as suas ovelhas pelo nome (Jo 10.3), um pastor sábio deve conhecer suas ovelhas pelo nome. Como sábio pastor, João diz a Gaio: "Saúda os amigos, nome por nome". Ninguém deve ser esquecido.

Notas do capítulo 13

458 STOTT, John. *I,II,III João: Introdução e comentário.* 1982: p. 186.
459 LOPES, Augustus Nicodemus. *II, III João e Judas.* Editora Cultura Cristã. São Paulo, SP. 2008: p. 52.
460 STOTT, John. *I, II, III João: Introdução e comentário.* 1982: p. 187.
461 LOPES, Augustus Nicodemus. *II, III João e Judas.* 2008: p. 52,53.
462 RIENECKER, Fritz e ROGERS, Cleon. *Chave linguística do Novo Testamento grego.* 1985: p. 595.
463 STOTT, John. *I, II, III João: Introdução e comentário.* 1982: p. 188.
464 BARCLAY, William. *I, II, III Juan y Judas.* 1974: p. 162.
465 LOPES, Augustus Nicodemus. *II, III João e Judas.* 2008: p. 53,54.
466 WIERSBE, Warren W. *Comentário bíblico expositivo.* Vol. 6. 2006: p. 693.
467 STOTT, John. *I, II, III João: Introdução e comentário.* 1982: p. 188,189.
468 WIERSBE, Warren W. *Comentário bíblico expositivo.* Vol. 6. 2006: p. 694.
469 STOTT, John. *I, II, III João: Introdução e comentário.* 1982: p. 189.
470 KISTEMAKER, Simon. *Tiago e epístolas de João.* 2006: p. 522.
471 LOPES, Augustus Nicodemus. *II, III João e Judas.* 2008: p. 56.
472 STOTT, John. *I, II, III João: Introdução e comentário.* 1982: p. 189.
473 LOPES, Augustus Nicodemus. *II, III João e Judas.* 2008: p. 58.
474 WIERSBE, Warren W. *Comentário bíblico expositivo.* Vol. 6. 2006: p. 694.
475 STOTT, John. *I, II, III João: Introdução e comentário.* 1982: p. 190.
476 RIENECKER, Fritz e ROGERS, Cleon. *Chave linguística do Novo Testamento grego.* 1985: p. 595,596.
477 WIERSBE, Warren W. *Comentário bíblico expositivo.* Vol. 6. 2006: p. 694.
478 LOPES, Augustus Nicodemus. *II, III João e Judas.* 2008: p. 59.
479 STOTT, John. *I, II, III João: Introdução e comentário.* 1982: p. 191.
480 LOPES, Augustus Nicodemus. *II, III João e Judas.* 2008: p. 60,61.
481 STOTT, John. *I, II, III João: Introdução e comentário.* 1982: p. 191.
482 STOTT, John. *I, II, III João: Introdução e comentário.* 1982: p. 192.
483 KISTEMAKER, Simon. *Tiago e epístolas de João.* 2006: p. 528.
484 RIENECKER, Fritz e ROGERS, Cleon. *Chave linguística do Novo Testamento grego.* 1985: p. 596.
485 STOTT, John. *I, II, III João: Introdução e comentário.* 1982: p. 193.
486 STOTT, John. *I, II, III João: Introdução e comentário.* 1982: p. 195.

487 WIERSBE, Warren W. *Comentário bíblico expositivo.* Vol. 6. 2006: p. 696.
488 STOTT, John. *I, II, III João: Introdução e comentário.* 1982: p. 195.
489 STOTT, John *I, II, III João: Introdução e comentário.* 1982: p. 195.
490 KISTEMAKER, Simon. *Tiago e epístolas de João.* 2006: p. 530.
491 KISTEMAKER, Simon. *Tiago e epístolas de João.* 2006: p. 530.
492 KISTEMAKER, Simon. *Tiago e epístolas de João.* 2006: p. 530.
493 WIERSBE, Warren W. *Comentário bíblico expositivo.* Vol. 6. 2006: p. 697.
494 STOTT, John. *I, II, III João: Introdução e comentário.* 1982: p. 196.
495 LOPES, Augustus Nicodemus. *II, III João e Judas.* 2008: p. 65.
496 STOTT, John. *I, II, III João: Introdução e comentário.* 1982: p. 197.
497 LOPES, Augustus Nicodemus. *II, III João e Judas.* 2008: p. 71.

Sua opinião é importante para nós. Por gentileza, envie seus comentários pelo e-mail
editorial@hagnos.com.br

Visite nosso site:
www.hagnos.com.br

Esta obra foi impressa na Imprensa da Fé.
São Paulo, Brasil.
Outono de 2021.